文春文庫

刑事たちの挽歌〈増補改訂版〉

警視庁捜査一課「ルーシー事件」

高尾昌司

文藝春秋

目次

刑事たちの挽歌〈増補改訂版〉

警視庁捜査一課「ルーシー事件」

序章　一審判決

ルーシー事件は無罪

平成十九年（二〇〇七年）四月二十四日午前十時。東京地方裁判所一〇四号法廷。俗にいう「ルーシー事件」の第一審判決が下されようとしていた。

この事件は、被告人・織原城二《おばらじょうじ》がクロロホルムなどの薬物で女性を昏睡《こんすい》状態に至らしめ、その上で陵辱の限りを尽くしたとされるもので、世間を大きく賑わせたことから、裁判所の前には傍聴券を求める人たちが朝から列をなしていた。

被害者は、準強姦行為を受けたとする女性六名と、準強姦の際に火傷を負わされたとする女性二名、さらには薬物の影響で死亡させられた女性二名の計十名だが、警察や検察の調べでは、実際の被害者は二百九人にも上るとされた。

薬物の影響で死亡したのは、イギリス人女性のルーシー・ジェーン・ブラックマン（二十一歳・死亡当時）とオーストラリア人女性のカリタ・シモン・リジウェイ（二十一歳・同）。

ルーシーについては、事件の発覚を恐れた織原が死体を損壊、遺棄《いき》したとして準強姦致死罪に加えて死体損壊と同遺棄罪で起訴された。検察はより重い罪状である準強姦致死罪で無期懲役を求刑していた。

しかし、織原被告の弁護側は、準強姦を受けたとする訴えの一部に対して、「時間が長期に亘って経過しているため無効」だと主張し、準強姦致傷や致死、あるいは死体損壊・遺棄などについても、ほぼ全面対決の姿勢で裁判に挑んでいた。

濃いグレーのスーツにノーネクタイ、サンダル履きという姿で入廷した織原被告は、報道されている写真よりも太っているように見えた。落ち着かない様子で眼鏡を外し、青いタオル地のハンカチで顔を拭う。時折、天井を仰いで溜息をつき、緊張した面持ちで椅子に深く腰を下ろした。

十時を数分回った頃、立ち上がっていた織原被告に対し、栃木力裁判長が「これから判決を読み上げますから」と言って、分厚い判決文をめくった。

「主文。被告、織原城二を無期懲役に処する。未決勾留日数中一千六百日をその刑に算入する」

続けて、

「本件各公訴事実中、ルーシー・ジェーン・ブラックマンに対する猥褻誘拐《わいせつゆうかい》、準強姦致死、死体損壊、遺棄の点については、被告人は無罪」

満員の傍聴席はどよめき、報道席に座っていた大手マスコミの記者たちは、この判決を伝えようと一斉に席を立って駆け出した。

傍聴席の最前列には、警視庁捜査一課の捜査員に付き添われたルーシーの父親ティモシー・クエントン・ブラックマンと妹のソフィー、さらには通訳やイギリス大使館関係者などが席を占め、その後ろには同じく一課捜査員とオーストラリア大使館関係者、カリタの両親と姉たちが座っていた。

栃木裁判長が主文を言い渡した瞬間、身じろぎもせず聞き入っていた織原被告は勝ち誇ったように何度も頷《うなず》き、傍聴席や弁護人席をまったく見ずに椅子に座った。ルーシーの父親ティモシーは、通訳から判決内容のメモを渡されると、厳しい表情を浮かべ、織原被告と裁判長を交互に見つめた。家族にもメモを回し、小声で何か囁きあっている。

この様子を見つめていた有働俊明《うどうとしあき》（元捜査一課長）、阿部勝義《あべかつよし》（元捜査一課理事官）、丸山とき江（元捜査一課警部）らは無念をにじませた。事件を担当した警察ＯＢたちにとっては、ただただ唖然として唸るだけの判決内容だったからだ。

裁判長は、さらに罪となる事実を述べた。

「被告人は平成四年から平成十二年六月までの間、神奈川県逗子市所在の逗子マリーナ四号棟四三一四号室において、九名の女性に対し、催眠作用を有する薬物を摂取させ、麻薬作用を有する薬物を吸引させるなどして同女らを意識障害に陥らせ、同女らの心神を喪失させて、その間同女らを姦淫し、うち一名に対し、吸引させたクロロホルムの作用により劇症肝炎を発生させて死亡させ、うち二名に対し、被告人が姦淫行為を撮影するために使用していたライトの熱により火傷を負わせたことで、準強姦六件、準強姦致傷二件、準強姦致死一件から被告人を無期懲役とした」

弁護側は被告人側の最終弁論で、「ルーシー事件ではルーシーが死亡したことと、遺体が発見されたこと以外、明らかにされていない」とした上で、「織原被告方から（被害者を）昏睡状態にする薬物は押収されているが、ルーシーに使った証拠はない」。さらに「死因を明らかにする証拠がない」と従来の主張を繰り返し、織原被告も結審に当たり、「ルーシー事件に関して暴行はしていないし、死体を切断することなどしていない。さらには埋めてもいない」などと無罪を主張していた。

裁判所は、ルーシー事件の準強姦致死、猥褻誘拐、死体損壊、遺棄については、直接証拠が乏しく、そのため余罪や状況証拠の積み重ねから検察側が立証しようとした捜査手法に対して、「そのような事実は推認力が乏しい」と立証能力を認めず、「犯罪の証明がない」と断じた。

謎のホームページ

織原被告の言い分をそのまま陳述し、無罪を主張した主任弁護人の神垣英郎は、東大法学部卒で司法試験に合格後、裁判官になり、千葉地裁所長、東京地裁所長、と順調に上り詰め、最後は名古屋高等裁判所長官で退官している（平成十九年二月死去）。また、慶應大学大学院法学研究科博士課程を修了し、法学博士の学位を持つ安富潔弁護士は、日弁連民事介入暴力対策委員会幹事でもある。弁護団には他六名の弁護士が名を連ねていた。

織原被告の兄弟たちは、重大な事件を起こした織原を勘当同然に見捨てているが、大資産家である母は、無罪を主張する我が子を庇《かば》い、六年以上の長きに亘る裁判で多額の費用を工面してきた。

インターネットのホームページでは「真実究明班」を名乗る何者かが織原被告の無罪を訴えている。そのアドレス（http://lucies-case.to.cx/）にアクセスすると、『ルーシー事件の真実』と題する裁判記録が現れる。

このホームページは、一見すると裁判傍聴マニアが作ったのではと思わせるが、その内容は日本の裁判制度の崩壊を促すような問題を孕《はら》んでいた。

「2000年12月14日より、スタートした本裁判を、今日まで我々は見続けてきた。明らかにされた事実、資料などを収集及び調査を行うと共に、麻布警察署員、検察官OB、弁護士、法医学者、専門医、各専門家などから、情報収集を行った。ここで明らかにされることは、全て真実である。真実を公表するに当たり、法律家及び本事件とは無関係の検察官並びに裁判官より、以下の事実を公表することは、法律上問題は無いとの指導を受けた」

次にこのホームページでは、一連の事件を「プレイ相手事件」と題して、「織原被告が『プレイ』を行った相手は、全員素人ではなく、外人ホステスはプレイ時に全員お金を受け取っている」と、まるで被害者を売春婦呼ばわりし、「織原被告のプレイは通称『フィリピンの酒』という気味の悪い強烈な臭いのする液体を、プレイの前に小さなガラスのショットグラスに注ぎ、女性と交互に飲み交わし、織原被告は2杯飲む」と前置きして以下のように続けている。

「法廷で明らかにされたことは、織原被告は2杯飲むことによって、羞恥心《しゅうちしん》が完全に吹き飛び、その後織原被告のみ大量の興奮剤を飲む。プレイ相手女性は引き続きこの強烈な味の『フィリピンの酒』を飲み続けるうちに意識が無くなってしまう。その後織原被告は、覆面を被り、プレイを行う。覆面を被ることにより、更に平常の自分ではなくなる訳である。そして醜いプレイを行うということである」(以上、原文ママ)

つまり、織原被告が行った準強姦は、金銭を伴う合意に基づいた行為であったと主張しているのだ。

その証拠に、わいせつ目的で弄《もてあそ》んだ複数の被害者女性に対し、弁護士は平均三百万円の慰謝料を仲介し、ホームページでは告訴取り下げ書とその確認書まで発表している。

さらに、このホームページでは公判速記録も掲示してあるが、実際には、織原被告の主張に沿ったところだけを抜粋して構成し、いかにも公平性に欠けている。当然、検察側の公判尋問や証人の証言は載せていない。

公判中にもかかわらず、その裁判記録の公表を指導したとされる検察官や裁判官はすべて匿名であり、もしも実在の人物がいるとするなら、このホームページを見て卒倒するだろう。一番の問題は、ルーシーの日記の一部が公開されていることで、検察側が裁判所に証拠として提出したものを、ホームページの主宰者がどのように入手したかだ。

この日記は、ルーシーが行方不明になった平成十二年七月二日、友人のルイーズ・アン・フィリップスと一緒に借りていたアパートの部屋に置かれていたもので、同月四日、ルイーズが麻布警察署に「家出人捜索願」を出した後、捜索の助けになれば、と任意提出したものだった。

こうした遺留品は本来、遺族に帰属するものだが、裁判が継続している間は返却されない。もちろん、個人のプライバシーにも関係するため、公開も許可されない。

では、ホームページの主宰者を名乗る「真実究明班」にルーシーの日記を渡したのは誰なのか。消去法でいくなら弁護団か、あるいは弁護団が直接ホームページを作成していたかのどちらかだろう。

平成十八年十二月十一日に裁判は結審しているが、ホームページはその二か月半前の同年九月二十五日に突然開設された。まさに織原被告を無罪にするためだけの目的で開設された、と言っても過言ではあるまい。

すでに始まった司法裁判員制度において、被告側の弁護士が検察に提示した数々の証拠を簡単にインターネット上で開示したのなら、法廷の信用が崩壊してしまう危険性は否定できない。

インターネットのホームページは、世界中どこでも開くことができる。このページの主宰者は、ルーシーの母親が閲覧することを予想していなかったのだろうか。

父親の一億円受け取り

さらに驚くべきことは、織原がルーシーの父親であるティモシーに〝お悔やみ金〟として渡した一億円の受領書と上申書までもが、平成十八年十一月十三日付けで、ホームページ上に掲載されたことだ。

その全文をあえて記す（ホームページには英文と翻訳された和文で掲載）。

〈私は織原氏から、私の娘ルーシー・ブラックマンに対するコンドーレンスマネー（お悔やみ金）1億円を受け入れ、受け渡しは今月以下のことを確認し、東京で署名し、行うことに致します。

1　裁判は日本の裁判所に委ねます。

２　私は、ルーシーの家族を代表し、総額１億円を受け取ります。その配分については、家族と相談し決定します。
東京に来る事前に、１億円の５％を以下に明記する私の口座に振り込んでいただき、東京に於いて私は、書面に署名し、残金を受け取りたいと思います。つまり、５００万円を保証金として以下の私の口座に振り込んでいただき、残金の９５００万円を日本で書面に署名し、受け取りたいということです。〉

英文では銀行名と口座番号まで隠すことなく示されていた。
父親が裁判所に提出した上申書は、

〈私は、私の娘ルーシー・ブラックマンの死因が不明であったことや、織原被告のＤＮＡ等が一切娘の体内から検出されなかったことや、娘を損壊・遺棄したとされる日時に織原被告が、旅館に宿泊していたことなどを知りませんでした。

日本の裁判所に対し、以下のことを上申しお願い申し上げます。
１　私の娘ルーシー・ブラックマンの遺体の口の中からあふれ出ていた真っ黒な物質及び頭部を覆っていた真っ黒な物質は、一体何であったのか。
２　私の娘ルーシー・ブラックマンの頭部を覆っていたコンクリートの成分分析。

3　私の娘ルーシー・ブラックマンが、何時どのように逗子マリーナから、油壺に移動させられたのか。

以上、死因及びこの事件が判明できると思われる最も重要なこの3点について、是非調べていただくよう、ルーシー・ブラックマンの父親としてお願い申し上げます。

死因が、判明できると思われる口の中に充満され顔全体を覆っていた真っ黒な物質が、もしも警察、検察によって捨てられたとするのなら、その行為は違法なものであり、娘を愛する父親として、その人間が警察官・検察官であっても、許すことはできません。〉

英文では「私の娘ルーシー」とは書かれておらず、翻訳する際に父親を強調する意味で付け足したのだろう。

父親のティモシーは、ルーシーが幼い頃に離婚し、その後、新しい家庭を持っている。

一億円という途方もない金額を提示され、その引き換えに、弁護士に言われるまま受領書と上申書に署名した。ゆえに犯人には極刑を求めず、逆に捜査当局を批判している。

一億円に目がくらみ、最愛の娘の魂を売ったのでは、と解釈されても仕方がない。

父親は平成十八年九月二十八日、一億円の現金受取書面にサインしている。

一方、母親のジェーン・ニコラ・ブラックマンは、一億円の受領に断固反対していた。

平成十六年四月二十日の公判に出廷したジェーンは、「ルーシーはすばらしい娘でした。もう娘の顔を見ることも、声を聞くことも二度とできないのです。娘を奪われ、私は今後も苦しみ続けることになるでしょう」と陳述し、さらに「子供を失う悲しみは最大だと思っていたけれど、それは間違いだと知らされました。最愛の娘の身体を冒瀆《ぼうとく》されたことを知るのは、もっと無慈悲なものでした」と話しながら、溢れる涙をそっとハンカチで押さえ、「犯人が娘にどんなことをしたのか、ずっと考えていました。どうしてあんな非人道的で邪悪なことができるのか理解できません」と、しゃくりあげた。

そして、ルーシーが来日する直前に贈ってきたカードを取り出し、「本当に愛しているよ。会えないのは寂しいけど、私の心はいつもママのそばにいるよ」とその文面を読み上げ、「最も厳格な刑罰を希望します」と最後に訴えた。

娘の日記が無断で公開され、その父親が一億円のお悔やみ金を受け取った事実を知ったときのショックは計り知れないものがある。

もう一人の被害者で、オーストラリア人女性のカリタ・シモン・リジウェイの母親アネットも、「娘が死んでしまい、（私が）死んでもいいと思うようになり、回復するまでには十年かかりました」と苦しみを語った。

弁護側はこの日の法廷で、「織原被告の誠意の表れとして、すべての被害女性に対して一人当たり平均三百万円の〝見舞金〟の支払いを行い、八人中七人とは示談が成立している。亡くなったルーシーの遺族に対しては、道義的責任に基づく慰謝料として、三十万英ポンド（約六千四百万円）、カリタの遺族にも同じ理由で五十万豪ドル（四千二百万円）を提示したが、双方の遺族は受け取りを拒否した」と陳述していた。

民事と刑事事件の違いはあるにせよ、織原陣営のこのような被害者遺族への工作が、判決にどのような影響を与えたのか、その程度は定かではないが、傍聴席にいた有働元捜査一課長は、裁判所が下した判決に納得がいかず、裁判長による判決文の朗読が続く中、席を立った。

有働は、平成十八年に警視庁を退官するまで、捜査一課畑を長きに亘って歩いてきた。ルーシー事件は、有働が捜査一課のナンバーツーである理事官として、実質的な捜査指揮をとった初めての事件だったこともあり、その思い入れは一層強く、捜査一課長になった後も裁判の行方を気にしていた。

しかし、裁判所から指摘された通り、ルーシーに対する準強姦致死、死体損壊、遺棄容疑については直接証拠が乏しく、立件は困難を極めた。自信はあったが、一抹の不安もあった。だからこそ有働には、今回のこの厳しい判決が、二十一歳の若さで命を絶たれたルーシーからの強い叱責であるかのように感じられたのだ。

第一章　家出人捜索願

行方不明

平成十二年（二〇〇〇年）七月四日。

この日の東京は、梅雨特有の雲が低く垂れ込めたかと思うと、雲の間から時折日が差し、じめじめとした湿気を含んだ空気が重かった。

日本列島に接近している台風の影響を受けての荒れ模様で、予報では雷が鳴り、雹《ひょう》も降ると言っていた。

雨脚の強くなった午前十時半頃、警視庁麻布警察署受付に二人の若い外国人男女と一人の日本人男性が立った。所轄管内には外国大使館が幾つもあるため、受付でも英語はわかるが、日本人男性は訪れた理由を深刻な表情で説明した。

「彼らの友人のイギリス人女性が行方不明です。帰宅していません」

受付の係員は、担当の生活安全課少年係に連絡を入れた。

少年係の担当者は、三人を五階にある生活安全課の狭い取調室に案内し、事情を訊いた。

日本人男性は六本木にある外人クラブ「カサブランカ」の店長で池田克彦と名乗り、若い外国人女性は、イギリスから来たルイーズ・アン・フィリップス、もう一人の外国人男性は横須賀に停泊しているアメリカ海軍艦船所属の水兵で、スコット・フレイザーと名乗った。

「一緒に来日して、同居しているルーシーが、七月一日の昼過ぎに外出してから帰ってこない。どこに行ったかもわからない」

と、ルイーズは不安な面持ちで担当係員に話した。

同行したスコットは、ルーシーのボーイフレンドだという。

ルイーズは自分のパスポートと査証を提示して、不法滞在でないことを証明すると、ルーシーの写真と共に彼女が行方不明になった状況を説明した。

担当係員は、外国人失踪事件として、先ずイギリス大使館に届けることを勧めた。

その勧めを受け、彼らは午後二時三十分頃、千代田区一番町にある駐日英国大使館でフォーガソン副領事に会い、ルーシーと連絡が途絶えたことを訴えた。フォーガソン副領事は話を聞いてルーシーの失踪に不審さを感じ、麻布警察署に電話を入れ、単なる家出人ではなく、誘拐事件の可能性も否定できない、と大使館として懸念を伝えた。

三人は一時間ほどで戻ってくると、麻布警察署に正式に「家出人捜索願」を提出した。

麻布警察署長の松本房敬（警視正）は、警視庁生活安全部・生活経済課長当時に宗教法人「法の華三法行」の詐欺事件捜査を指揮し、福永法源教主を逮捕できる目処がついたところで麻布警察署長の辞令を受け、捜査本部から離れた。それが八か月ほど前のことだ。

麻布署管内には各国大使館や関連の公館、宿舎が約九十か所、寺院が同じく九十か所余り、坂も約九十はあるという。

大使館関連施設が多い街だからこそ外国人が集まりやすく、国際的な歓楽街にもなっている。署で扱う外国人犯罪者を国籍別に見ると、毎年平均三十五〜四十か国、人数では百三十人を超すこともあった。

犯罪の内訳は麻薬の売買や所持、不法カジノの運営、殺人、傷害、暴行など多岐に亘る。そのため、麻布署には中国語や韓国語、イタリア語などが話せる署員のほか、大学卒で英語に堪能な署員も三十人以上在籍させているがそれでも足りない。松本が署長に就任した頃も、さまざまな事件が多発し、署内は八つの捜査本部によってほぼ占拠されていた。

署長から署員への訓示でさえ、建物の屋上や寮の食堂、庭などで行わなければならないような状況だった。

署長就任以来、松本は休みの日にも署に通った。

署長官舎から十分ほどの距離を歩いて署の留置場に向かう。

国籍や民族の違いから生じる留置場内でのトラブルに、気を遣っていたからだ。

その一方で、松本は署員とのコミュニケーションも大切にしていた。

通常勤務中でも、時間が空くと署内を一人で見て回る。気さくに声をかけた。できるだけ風通しのよい職場づくりに励むのも、署長の役目だと思っていたからだ。


七月四日、いつも通りに署内巡視を行った。緊急事態でもないのに階段を早足に駆け上がるのは、自らの体力を測るためだった。

年は取ったが体力はまだ衰えてはいない。五階までなら一気に駆け上がることができる。

中央大学法学部在籍時は柔道部の軽量級で活躍し、東京オリンピックでは柔道の強化選手にも選ばれ、名を馳せていたこともあった。

署長になった今でも体力には自信がある。小柄で痩身の体はまだ軽い。

「よう……」

署員に声をかけながら生活安全課の部屋に入った。署員と他愛もない雑談を交わしつつ、部屋の隅に目を向けた。

最近ではもう見慣れてきたとはいえ、それでもやはり外国人の姿は目を引く。

白人の男と女だ。少年係の署員が対応している。

男はアロハシャツから太く逞しい腕を露出させ、髪を短く刈っている。おそらく軍人だろう。連れの女は恋人だろうか。長く伸ばしたブロンドヘアーが眩しく美しい。細くしなやかな脚を惜しげもなくさらしている。

彼らの傍らには上着を脱いだワイシャツ姿の日本人男性がいた。風体からして堅気のサラリーマンには見えない。醸し出している雰囲気は、六本木界隈に多いパブやクラブの関係者のものだ。

白人の男女は二十歳代前半、日本人は四十歳代か。

扱いが少年係だとすれば、家出人の相談に違いない。

長年に亘って培ってきた警官の癖で、思わず「面体《めんてい》」を覚え込んでしまったが、この時はさほど気にも留めず、松本は各階各課への巡視を終えて一階にある署長室に戻った。

松本の手元に外国人女性の「家出人捜索願」とフォーガソン副領事からのメッセージを加えた「受理状況報告書」が届けられたのは、この日の夕刻になってからのことだった。

特異な家出人

報告書を一瞥《いちべつ》するや、松本は生活安全課の課長を署長室に呼んだ。

捜索対象である家出人の氏名はルーシー・ジェーン・ブラックマン。二十一歳。イギリス人。

二か月前の五月四日に観光ビザで入国している。

アパートの同居人であるルイーズに、「これから約束がある」と言い置いて出かけたのが七月一日の土曜日。それ以降、消息がわからなくなっている。

「届けを出したルイーズもイギリス人で、ルーシーと一緒に来日しています」

松本は課長の説明を聞いて頷《うなず》いた。

ルーシーとルイーズの身元については、駐日英国大使館がこれを本国に照会して確認している。

「同行人のスコット・フレイザーはアメリカ海軍の艦船に所属する水兵なのか……」

松本は、午前中に生活安全課の部屋で見たアロハシャツの男とブロンドヘアーの女を思い出した。あの時の見立てと違って、スコットはルーシーのボーイフレンドであるらしい。

スコットの所属や身分は、横須賀に駐留している米海軍に認識番号や身分証明書などで問い合わせて確認してあった。

「届け人の住所は代々木じゃなかったか」と松本は訊いた。

家出人捜索願は、原則として住所がある管轄署に届け出なければならない。

「それが、ルーシーもルイーズも、六本木のクラブでアルバイトをしているということから、うちに来たそうです」

「そうか……。わかった。所轄単独で捜査することは難しいこともある。まずは状況を把握し、基礎捜査をしてみろ。その後、絞り込みをしてみなさい。最悪のケースも考えられるだろう。そのことも考慮してな。ただし、三日間だけだ」

松本は、さらに捜査の進捗《しんちょく》状況を逐次報告せよと命じた。

その一方で、「進展具合によっては本庁の捜査一課に任せる選択肢も考えなければいけないか。そうならなければいいが……」とも危惧していた。


麻布警察署の生活安全課少年係単独で予備的な捜索を始め、ルーシーがアルバイトをしている「カサブランカ」や同じような外人クラブなどへの聞き込みを行い、イギリス大使館にはルーシーの生い立ちから友人関係の調査を依頼し、本人のパスポート転写なども得て、報告書にまとめた。

松本は、麻布署長として赴任する直前は生活経済課長だったが、捜査一課火災犯捜査管理官や刑事部刑事総務課の経験もあった。

その経験から、麻布警察署生活安全課作成の『家出人捜索願受理状況報告書』及び『家出人捜索願受理表』に、「寺尾部長の意見を聞いてほしい」という要望と署長所見を添えて本庁の生活安全部少年育成課に回したのだった。

署長所見は警視庁の寺尾《てらお》正大《まさひろ》生活安全部長（警視長）宛てで、「特異な家出人と思われる。至急判断されたし」と書いてあった。失踪状況が特異である場合とは、家出の動機がない、携帯電話も通じない、消息が一切不明といったケースがそれに当たる。

報告を受けた寺尾部長は「松本署長はいい勘をしている……」と呟いて、古い記憶を呼び覚ました。

寺尾は平成七年当時、刑事部捜査一課長に着任するとすぐに、日本全土を震撼させたオウム真理教の教団施設へ一斉捜索を行い、地下鉄サリン事件などの凶悪事件に立ち向かって辣腕《らつわん》を振るった。

長い警察官人生で扱ってきた難事件は枚挙にいとまがなく、管理官時代に手がけた「ロス事件」もその一つに数えられる。

しかし、ルーシーの失踪を告げる報告書が呼び覚ました記憶は、昭和五十七年に発生したいわゆる「死体なき殺人事件」だった。

この事件も、一通の「家出人捜索願」が端緒となって捜査が始まった。寺尾は当時、強行犯第九係の係長として現場の最前線に立った。

事件は新聞や週刊誌などの報道が先行し、世間が大騒ぎする中で捜査が進んだ。

行方不明になったのは、東京・池袋で古美術商を営んでいた五十六歳の男性。

店の屋号が「無尽蔵《むじんぞう》」だったことから、〝無尽蔵殺人事件〟とも呼ばれたこの事件では店の元従業員が「殺害して海に捨てた」との供述を始め、懸命な捜査を行ったが、結果的に遺体の発見には至らず、そのことが「死体なき……」という俗称を生んだ。

起訴された元従業員は公判で自供を覆し、全面否認を主張して裁判に挑んだが、一審では懲役十三年の有罪判決が下り、高裁、最高裁もこの判決を支持して有罪が確定した。

消息を絶った人物に失踪の意思がなく、何らかの事件に巻き込まれた可能性が少しでもあるのなら、警察は届出を受理するばかりでなく、積極的に動くべきだ、という持論が寺尾にはあった。

ルーシーは来日してからまだ二か月。日本語での会話はほとんどできない。スコットという水兵の恋人やルームメイトのルイーズが日本での数少ない身内だ。

一人でふらりと観光名所に出かけるというようなことは考え難く、ましてや「あと一時間で帰る」と言っておきながら消息不明になっている。

ルーシーが失踪したこの日、彼女は誰と約束を取り交わしていたのか。

報告書にはクラブの客らしいと書いてあるが、その人物が誰なのかハッキリしていない。

寺尾は少年育成課の課長を部長室に呼んでこう言った。

「この件は捜査一課に引き渡しなさい」

これがルーシーの失踪を、〝事件〟として扱うことになる瞬間だった。

捜査一課

平成十二年七月十一日午前十一時過ぎ、警視庁刑事部捜査一課の有働俊明理事官（警視）は、凶悪事件が多発し、ほとんどの捜査員が出払っているひと気のない大部屋を見渡して溜息をついていた。

突然、卓上にある警察電話が鳴った。

「はい。有働ですが」

「寺尾です。ちょっと来てくれないか」

寺尾部長は、尊敬するかつての上司だ。

有働は大急ぎで六階の捜査一課からエレベーターに乗り、八階の生活安全部長室のドアをノックすると、内側から応答があった。

寺尾部長からソファーを勧められ、その正面に座る。寺尾部長は、おもむろに一枚の「家出人捜索願」と麻布署が捜査した報告書をテーブルに置いた。

「ちょっと読んでみろ、事件の臭いがしないか」

有働は寺尾部長の言う真意を推し測るように報告書をじっくりと読んだ。

二人には、捜査一課で殺人など凶悪事件の捜査に携わり、長年地べたを這いずり回ってきた経験がある。無用な言葉はいらない。お互いに刑事の勘がある。

有働は、「きたな……これは大きな事件になる」と総毛立つ思いで読み終えた。

「これは、事件性がありますね」

沸き立つ興奮を抑えながら答える。

寺尾部長は頷いた。

寺尾部長が組織の壁を超えて、直接有働に連絡してきたのは、何よりも人命を優先すべきだと判断したからだ。

状況をすぐに飲み込んだ有働は、「直ちに一課の特殊犯を投入します」と答えて踵《きびす》を返した。特殊班は誘拐などの捜査を専門とする。

六階の捜査一課に戻った有働は、その足で弘光朗《ひろみつあきら》一課長（警視正）の部屋に飛び込んだ。

この案件は、大事件に発展する可能性もあるとの認識で一致し、弘光課長と共に栗本英雄刑事部長に同様の報告をした。

栗本刑事部長からの了承を取り付けた有働は、この日の夕刻までに麻布署内に「捜査本部」の設置を決め、光眞章《みつざねあきら》管理官（警視）率いる第一特殊犯捜査員らを充てた。

明けて十二日、一課だけでなく麻布署内においても完全に「保秘」の上、誘拐などの捜査を主とする特殊犯捜査の光眞管理官を長とする六名の精鋭、第六強行犯捜査強盗犯捜査二係長の寺前捷紀《てらまえかつのり》（警部）が率いる六名の捜査員と麻布署員十二名、少年育成課応援捜査員二名が加わり、麻布署別館四階に捜査本部を立ち上げた。

有働理事官が光眞管理官を指名した理由は、ルーシーが生きているという前提での捜査体制を敷くためだった。

別館四階でどのような捜査が行われようとしているのか、松本署長、光眞管理官以下、本部に集結した専従捜査員以外は知るよしもない。

別館四階にはコピー機材や机などが運び込まれ、都通信局（通称・都通）に要請し、仮設電話や無線機なども設置された。

本部の陣容には女性捜査員三名が含まれた。通訳センターから派遣された二名と、一課強行犯のベテラン捜査員・丸山とき江警部補だ。丸山はロス事件でも通訳として活躍。英語の他三か国の言語に堪能で、特に英語の取り調べは他の追随を許さないといわれる。

捜査本部の陣立てが整った後、光眞管理官がまず命じたのは、家出人捜索願を届けたルイーズから、ルーシーの失踪までの経緯を重ねて聞き取らせることであり、これは当然、丸山警部補が当たることになった。

「コーワ」と名乗った男

麻布署の別館四階にやって来たルイーズは、身長一七〇センチ。モデル体形ともいえそうなプロポーションを持つ美人で、まるでファッション雑誌から飛び出してきたかのように見えた。

その美しい顔立ちが不安の色に染まっている。

ルイーズと対座した丸山は西浦礼恵通訳人を立ち会わせ、

「あなたの友人であるルーシーについて、できるだけ詳しく教えてほしい」

と英語で協力を要請した。

「知っていることなら何でも話すわ。でも、彼女とは中学時代からの親友だから、どこから話せばいいのかわからない」

「だったらまずは、知り合った頃のことだとか、ルーシーのご両親についても教えてくれないかしら」

「わかったわ」

ルイーズは小さく頷いた。

七月一日に消息を絶ったルーシー・ジェーン・ブラックマンは、グレート・ブリテン及び北部アイルランド連合王国出身で、一九七八年九月一日、父ティモシー・クエントン・ブラックマンと、母ジェーン・ニコラ・ブラックマンの長女として生まれた。住所はイギリスのケント州セブンオークス。

ルーシーとルイーズが知り合ったのは中学時代で、以後親しい友人として付き合っていた。

ルーシーは投資会社に就職したが、英国航空の客室乗務員になったルイーズの後を追うかのように同じ航空会社の客室乗務員になった。

ルイーズはこの頃から近い将来の夢として、退社したら一人でバックパッカーとして世界中を歩いてみたいと考え、少しずつ貯金をしていた。

滞在先で旅費を稼ぎながら長期間旅をするやり方は、世界中の若者が取る手法の一つだった。

この計画をルーシーに話すと「いいな。バックパッカーか。そういうことなら私も一緒に連れて行ってよ。お願い！」と懇願された。

「一緒に行くのはいいけれど、お金はあるの？　滞在先で働くといっても、旅費や当面の生活費は必要よ」

「旅行費用は誰かから借りるし、旅先で働いて捻出するから」とルーシーは言った。

やがて二人は、英国航空の客室乗務員をそろって退職。旅の目的地には日本を選んだ。所持金の少ないルーシーは、旅費や生活費を借金で賄っていたようだった。

二か月後の五月三日正午、ルイーズとルーシーはロンドン・ヒースロー空港から成田国際空港に向け飛び立ち、約十三時間経った四日、成田国際空港に降り立った。日本は午前九時十三分、朝の明るい日差しが眩しいほどだった。

渋谷区の代々木ハウス二〇三号で共同生活をしながら、五月九日から知人に紹介された六本木のクラブ「カサブランカ」で二人ともホステスとして働いた。

ルーシーは、イギリスで負った借金の返済や、これまでに利用してきたクレジットカードの決済にも迫られ、すぐにも収入が欲しいという事情があった。

「カサブランカ」の開店は午後九時、狭い店だった。十五人ほどのホステスは多国籍で、オーストラリア、スウェーデン、アメリカ、ルーマニアなどの国から来日していたが、イギリス人も多くいて、狭い更衣室でドレスに着替え、化粧をする。

時給は二千円、一晩五時間ほど働く契約で、指名されると四千円になる。だが、ノルマがあり、同伴出勤が一か月に五回以下、指名が十五回以下だと退店させられる。

客と同伴の約束を取ることは多くのホステスにとって強迫観念となり、心身ともに苦痛だった。

六月二十四日の夜、ルーシーは店に来た客で「コーワ」と名乗る男についた。アパート一階の共同電話とルイーズの携帯番号を手書きしてあった店の名刺をコーワに渡し、自己紹介をする。

ルイーズがルーシーから聞いた話では、コーワは派手に高級シャンパンを抜きながら、

「僕は海の近くにセカンドハウスを持っているんだ。携帯電話をプレゼントするから一緒に行こうよ」

と言葉巧みに話しかけ、ルーシーをデートに誘っていたという。

ルーシーは自分専用の携帯電話を欲しがっていた。デートすることで、この客が何度も店に来てくれたり、同伴でもしてくれたりするようになれば、指名料がもらえるようになると単純に考えたのではないか、とルイーズは話した。

さらにルイーズに比べてホステスの給与が少なかったことや、数少ない客との関係がこじれたことも影響していたのだろう。ルーシーは新しい贔屓《ひいき》客を開拓することに積極的だったという。

ルーシーにはもう一つ、八月に観光ビザが切れ、日本にいられなくなるという別の事情もあった。もちろんルイーズも一緒に出国するつもりだったが、他の国では東京ほどの稼ぎは期待できない。ルーシーは悩んでいた。

六月三十日頃、ルーシーはルイーズに「コーワという新しい客が携帯電話を買ってくれる。二時間くらい会っておけば、来週には同伴客になってくれるかもしれない」と話

したが、ルイーズにはコーワとの面識がなく、この男性客の特定はできなかった。

　ルイーズの携帯電話の番号やアパートに設置してあるピンク電話の番号などは、初期聴取の段階で麻布署が確認していた。ゆえに丸山警部補は今回の聴取に当たって、ルイーズが話しやすいように相槌を打ち、二人が住んでいる代々木ハウスでの生活や、来日してから交わしたルーシーとの会話などを中心に話を訊いた。

　しかし、聴取の中で「ブランニュー」という言葉だけはルイーズの発音が聞き取りにくく、何度も訊き直した。ようやく「ブランニュー」の意味が「ブランド・ニュー・カスタマー」、「新客」だと理解した。そしてルイーズは常連客からもらったルーシーの写真数点を机に置いた。

　続けて丸山警部補は失踪当日の状況を訊いていった。


　七月一日午後三時二十分頃、アパート一階に設置されてある共同のピンク電話が鳴った。受話器を取った誰かが「ルーシー、電話だよ」と呼び、ルーシーは浮き浮きと部屋を出て行った。数分後、部屋に戻ったルーシーは、

「コーワから電話があって、千駄ケ谷駅辺りで待ち合わせしたの。これから行ってくるわ」

　とルイーズに言った。

「気をつけて……」

と、その時はルイーズも気軽に声をかけた。

それから夕方五時過ぎ、ルイーズの携帯電話に「今、彼が海岸でランチを食べようと連れて行ってくれるところよ。車の中よ。遅くならないから、また二〜三時間のうちに電話するね。彼の電話を使っているから切らなくちゃ」とルーシーから連絡があった。

次は七時過ぎ、これがルーシーとの最後の会話になった。

「本当に良かったわ。コーワが携帯電話を買ってくれたの。彼がドン・ペリニヨンを一瓶くれるって。あと一、二時間で帰れると思うから、私たち今晩飲むことができるわよ」

ルーシーの声は弾んでいた。ルーシーとルイーズにはこの日の夜、スコットたちと渋谷で会う約束があった。だからドンペリを一緒に飲もうと言ったのだ。

しかし、ルーシーは約束の場所に現れないばかりか帰宅もせず、客から買ってもらったというルーシーの携帯電話も、非通知だったことからかけ直すことができなかった。

七月二日は丸一日連絡がなく、心配の余りルイーズは母親のモーリン・フィリップスに「客と出かけたルーシーが戻ってこない」と国際電話を架けた。

夕暮れから六本木の街に出て、二人でよく行った「プロパガンダ」「ディープブルー」「東京スポーツカフェ」「ジェロニモ」といったクラブに電話し、ルーシーの消息を尋ねた。さらにルーシーと二人で行くはずだった渋谷のクラブ「フーラ」に入り、顔見知りに会い、確かめてみたが、誰も知らないと言う。

困惑したルイーズは、携帯電話で「カサブランカ」の店長・池田克彦に助けを求めた。池田は都内数か所の病院に電話を入れ、ルーシーが運び込まれていないかと訊いたが、行方は全く分からないので、ルイーズに「どこかで遊んでいて、君に連絡を忘れているのではないか」と呑気なことを言う。ルイーズはルーシーらしからぬ行動に不安を募らせた。

日本へは九十日の短期観光ビザで入国した二人は仕事に就くことができない。不法就労がバレることを恐れたルイーズは警察に行くことを最後まで躊躇《ためら》っていた。その矢先の三日午後五時頃、ルイーズの携帯電話に不審な電話がかかってきた。

「ルーシーと一緒に千葉にいる。ルーシーは〝ニュー・リーズン・レリジョン〟という宗教団体の寮に入って、新しい生き方を勉強し、修行をしている。一週間ぐらいは出られない。ルーシーは六千ポンドから七千ポンドある借金をとても心配している。ホステスよりいい方法で借金を返している。ルーシーは新しい人生を計画中だ。『カサブランカ』の人にも、もう仕事には戻らないと手紙を書いた」

流暢《りゅうちょう》な英語で話すこの男性は「タカギアキラ」と名乗ったが、まったく面識がなく、これまで名前すら聞いたことがなかった。

ルーシーが、親友の自分や恋人のスコットにさえ何も告げず、身勝手な行動をとるはずがない。ルイーズは何かの間違いだと思った。

「そんなことは嘘です。ルーシーはそこにいるの、どこにいるの、元気なの？」

と語気強く男に訊いた。

「私は二日前の日曜日にルーシーと会った。土曜日の夜の行動はわからない。ルーシーは千葉にいるが、場所はルーシーの希望で教えられない。ルーシーは新しい人生を始めたい、もっと簡単にお金を稼ぐ方法があるので東京には戻りたくない、あなたにも会いたくないと言っている」

などと言って、ルイーズが再度ルーシーの安否を尋ねても、相手は「教えられない」と答えるばかりで、ついには電話を切ってしまった。

不安になったルイーズは、ルーシーのボーイフレンドであるスコット・フレイザーと相談して麻布警察署に来た。「ルーシーが今どこでどうしているのか、心配で眠れないの」と涙ながらに訴えた。

失踪案件の背後には、人間関係が複雑に絡んでいるケースもある。「一刻も早く捜し出して！」と悲痛な声を上げて訴える人物が、実は殺害や拉致の犯人だったという例も少なくない。

時には興奮気味に語ることもあったルイーズをどうにか宥《なだ》めつつ、丸山警部補は穏やかに質問を重ねた。この件が重大な事件につながる可能性も考え、ルイーズの携帯電話に残された着信履歴も写し取ったが、「タカギアキラ」からの電話は非通知設定になっており、この線から追う捜査は当初から困難が予想された。

二十一歳の若さにもかかわらず、身寄りもいない異国へはるばるとやって来たルイーズの不安は理解できる。中学時代からの大切な親友が、思いがけないかたちで行方不明になってしまったのだ。その孤独感はひとしおだろう。同情したい気持ちもなくはなかった。

丸山警部補は、ルイーズから聞き取った話をありのまま光眞管理官に報告した。

要約すると――。

(一) 六月二十八日頃「新しい客とデートする。その客が携帯電話を買ってくれる」とルーシーが言っていた。

(二) 三十日頃、ルーシーは「七月一日に会う客とは一度もデートしたことはない。だけど、二時間でも会っておけば来週には同伴客になってくれるかもしれない」と話していた。

(三) 「コーワ」と名乗る人物が携帯電話を買ってあげる、同伴客になってあげると甘言をもってルーシーを誘い出した……ということになる。

また、七月一日にルーシーが客と交わしていた約束は、相手と千駄ケ谷付近でランチを食べるだけであり、その夜は、ルイーズやボーイフレンドたちと渋谷に遊びに行く別の約束があった。

さらには、午後七時頃、ルーシーからルイーズの携帯にかかってきた電話では、一時間後には帰れると言っていたにもかかわらず、それ以降連絡がなく、どこに連れ出されたのか、安否もわからない状態だった。


光眞を通じて報告を受けた有働は、ルーシーの失踪には第三者の関与が濃厚であるとの認識をさらに深め、捜査本部を立ち上げた二日後には早くも人員の拡充を決断した。光眞管理官の下に、田原親志警部補、金賀吉文警部補、畑下亮巡査部長、谷川欣吾巡査部長、鈴木利明巡査部長、是永洋巳巡査部長、被害者対策として山口光子巡査らを送り込んだ。

本来ならば未解決の殺人事件や強盗など、特命案件を継続して捜査する部隊であるが、主に外国人からの情報収集に充てた。

ルーシーが身代金目的で拉致されたのではなく、性的暴行などの対象としてどこかに監禁されているのであれば、捜査は急を要する。殺害されてしまう事態も視野に入れなければならなかった。

オウム真理教の信徒らによって目黒公証人役場の役場長が拉致された「假谷さん事

件」がふと有働の脳裏を過ぎった。この事件では、有働も庶務担当管理官として捜査にかかわったからだ。

九年二か月にも及んで少女を監禁し続けた「新潟少女監禁事件」もまだ記憶に新しい。

この犯人が小学四年生の少女をナイフで脅し、自宅に引き入れたのが平成二年十一月。発覚は平成十二年一月。半年前のことだった。

平成元年には、暴行目的で拉致した女子高生を衰弱死させ、ドラム缶に詰め込んで遺棄するという凄惨な事件も起きている。

有働は、「コーワ」や「タカギ」からの連絡をただ待つのではなく、捜査本部の人員拡充によって積極的に犯人を捜し出す、攻めの捜査に打って出たのだ。

ルーシーの日記

ルイーズとルーシーが「カサブランカ」で働き始めた経緯や出勤状況などは、四日の午前に麻布署へ同行してきた店長からさらに詳しく聞き、ルーシーが六月二十四日の深夜二時頃から三時にかけて男性客の接客をしていたことも、常連客などへの聞き込みで裏付けられた。

また、アパートでの生活や「コーワ」が電話をかけてきたときの様子などについては、同じアパートに住むダウン・フィリップチュックというイギリス人男性が「電話は僕が取ってルーシーにつないだ」と証言した。

ルイーズからは、ルーシーの旅行カバンや所持品を任意提出してもらい、捜査本部に持ち帰った。

旅行カバンの中にあったルーシーの日記には、失踪にまつわる記述があるものと期待され、すぐさま翻訳に回された。

日記は、次のような書き出しになっていた。

〈今、東京は9時13分。英国は深夜の12時10分頃だろうか。

これまでの簡単な出来事。東京へ着いてからこの日記を買うまでの間、たくさんのことがあった。私たちは汚い〝豚小屋〟に着いたけど、徐々に私たちの家になっていった。耐乏生活を送り、体重が減ったことに乾杯したが、すぐに戻ってしまった。

カサブランカというクラブでホステスとして働くことになった。私たちはこの20日間に私がこれまでの人生で消費した量よりも多いアルコールを飲んでしまった。

私たちは常に……(判読不能)、音楽はクレイグ・デイビッドのものなら何でも、絵葉書……(判読不能)に熱中した。とてもハードで精神的にも大変な3週間だった〉

読みにくい文字は判読不能とされていたが、判読できるアルファベットを拾い読みすると、「ドラッグ」と読めなくもなかった。六本木という土地柄を考慮すれば、薬物の使用も疑える。

これがルーシー失踪に絡んでいる可能性もあった。

この点を重く見た捜査本部では、ルイーズをはじめ、アパートの住人や「カサブランカ」の従業員、さらには客などへ、薬物に関する事情聴取も行った。

ルイーズによれば、ルーシーは「ロンドンにいた時に遊び半分にちょっとコカインやエクスタシーを数回やっただけで、ドラッグを常用する習慣はないし、意識を朦朧《もうろう》とさせるようなドラッグは好きじゃない」と言う。

ルーシーの発見につながるのなら、負の部分も正直にさらけ出す……。それだけルーシーの安否が気がかりだということなのだろう。

捜査本部では「任意」でルイーズの尿を採取し、検査を行ったが、陽性反応は出ず、ルーシー失踪の背景に薬物使用を疑わせるような事実は、何も浮かび上がってこなかった。

ルーシーの日記は続く。

〈今日の東京は非常に美しい。私たちは特にこれといってやることもなく、リラックスしている。しかし、気分は非常に落ち込んでいる。すべてのことに対して目眩《めまい》がし、ダウン寸前だ。昨日はとんでもない日で本当に落ち込んでしまった。

その1番目、クレジットカードが超過貸し出しだ。2番目は、想像したよりも借金がある。これはつまり8月2日までに家に帰れないという事だ。借金は返すしか方法はなく、家がものすごく遠くに感じる。

非常に大きく方向感覚を見失い、そして迷ってしまい、しかし、いつも何かを求めるけど、物事は変わっていくの〉

〈5月26日午前5時50分、いったい何が悪いのかわからない。ここにいると私の最悪な部分が出てくる。私はここで上手くやっていけない。胃がものすごく痛い。完全に破壊された感情から出てくる物理的な兆候だ。泣くことを止めることはできない。

大声で泣き叫んでしまったので、涙はもうまとまって出てこなく、波のように打ち寄せてくる。

もう私はここで上手くやっていけない。

私は落っこちた穴から私自身を引っ張り出すことはできない。

私はスポーツカフェにキーナンとルイーズを置いてくるしかなかった。あそこにはもう我慢ができない。あそこは大嫌い。あそこにいると私は非常に醜く太っていて、まったく存在価値がない。あそこにいるといつも私は自分自身が嫌いになってしまう。

私はアベレージ（注・恋愛初心者）だ。頭の先からつま先まで完全にアベレージだ〉

〈私は私自身の外見が大嫌い。私の髪が大嫌い。私の顔が嫌い。

鼻や垂れ目、顔の黒子《ほくろ》、歯、顎《あご》、私の横顔が嫌いだ。

私の首、私の胸、太った腰周り、出っ張ったおなか、垂れ下がった尻が嫌いだ。

生まれつきある私の痣《あざ》、ぼてっとした脚も嫌いだ。

私は吐き気がするくらい醜くて、首まで借金まみれ。

でも、何とかやっていくしかない。ルイーズと一緒にやることはラッキーで嬉しいの。

でも、私はクズなホステス。私はシャノンのお陰で一人の同伴しかできなかった。

他の客にはスッポカされる。同伴にスッポカされるというのはどれだけ惨めになると思うの。私にはジョーしかいない。しかし、それがいつまで続くのだろう。

ルイーズは自分の周りに男たちを侍《はべ》らせている。だけど私は騙され、そしてスッポカされる。ニシはルイーズにチップをやって、彼女は喜んでいるけど、ルイーズはすぐに狎《な》れてしまった。

私がどこにいようとも、ルイーズは相変わらず友達を大勢つくっている。

私は一人ぼっちだ。それは……（判読不能）のせいじゃない。それは私のせいだ〉

この日記を書いた五月二十六日の早朝六時頃の代々木は、初夏を思わせる新緑の季節。東の空から陽が上り、明るくなってきた時間に酔っ払って独りで帰宅したルーシーは、酷く落ち込んでいたと思われる。

イギリスでつくった借金を清算する手っ取り早い方法は、バブル経済の繁栄を謳歌している東京で働き稼ぐこと。しかし聞いていた話と違い、実際はそんなに甘いものではなかったようだ。

この日記から伝わってきたのは、ルイーズへのコンプレックスとジェラシーが入り混じったルーシーの感情ばかりであり、失踪の動機を窺わせる記述や「コーワ」について触れた箇所はまったく見出せなかった。

何か新しい手掛かりが摑めるのでは、という捜査本部の期待は裏切られてしまったわけだが、無意味に終わったわけではない。これまで写真でしか知らなかったルーシーに、人間としての親近感を抱くことができたのである。

日記を読んだ有働は、異国の東京で彷徨《さまよ》うルーシーを一刻も早く捜し出し、親元に帰してやろうと心に誓った。その気持ちは光眞や捜査員一同も同じだった。

巷での噂

捜査本部では「秘密保持」が徹底され、事情聴取のために接触した関係者にも口外しないよう釘を刺していたが、噂の広がりだけは、やはり抑え込めなかった。

六本木の芋洗坂を下ったところにあるバー「KAZOO」は、深夜ともなると外国人客の溜り場になる。

店の名前は、経営者の飯塚和男が自分でつけた。意味は英語の〝草笛〟に由来しているが、動物園のＺＯＯと和男の一文字もかけてある。

十坪に満たない小さな店だが、壁一面に描かれたキリンやライオンなどが店名の通り動物園をイメージさせる。カウンターの背面に描かれたマウンテンゴリラもリアルで、客からの評判もよかった。

その評判が口コミで伝わり、雑誌でも紹介された。未明まで店を開けていることもあってか、近くのクラブなどが跳ねたあとで流れてくる客も多い。

顔見知りの客やホステスたちが深夜から明け方にかけて集まり、興に乗ると激しいＢＧＭを要求してカウンターの上で踊りまくる。

店内の興奮がさらに高まると、酔客に囃《はや》し立てられた外国人ホステスが、ストリップ紛《まが》いのダンスを披露することもある賑やかな店だ。

客のバカ騒ぎが落ち着いて、空も白み始めた明け方近く、カウンターに見慣れた外国人男性が座った。

どうやらバーテンの友人らしい。その友人がバーテンのマーロンに話しかけた。

「どうかしたのか」

「何が」

「顔色が冴《さ》えないぜ」

聞くともなく耳を傾けていると、マーロンの口からは行方不明だの、警察だのというなんだかキナ臭い言葉が次々に吐き出され、飯塚はにわかに関心を寄せた。

「それが、同じアパートに住んでいる女の子なんだ」

「男からの電話か？」

「何でも、千葉にある宗教団体に入信したらしいけど、その子の友達も彼氏もそんなはずはない、って言ってるんだよ」

「相手は日本人か」

「みたいだね。『タカギ』って名乗ったらしい……」

「ドライブに誘った男は『コーワ』って言うんだろ？　同じヤツかな」

「さあ、どうかな。俺にはよくわからない」

マーロンの知り合いらしい二十一歳の女が、勤めているクラブの客に誘われて出掛けたまま、行方がわからなくなったらしい。

若い女を誘っておいて、まさか千葉の海でもあるまい、と飯塚は思ったが、似たような話をどこかで聞いたような気もする。クラブの女をデートに誘い、海の近くに連れて行く。

もちろん、行き先は千葉じゃない。そうそう、神奈川だ。あの子が確か、そんなことを言っていたよな……。

酒で鈍った脳ミソが、過去の記憶をまさぐっている。

「モニカだ。モニカの話に似ている……」

飯塚は小さな声で呟《つぶや》いた。

飯塚には「ＫＡＺＯＯ」のほかにもう一軒、六本木界隈で経営している店があった。カウンターがメインのバーではなく、そこはホステスが男性を接客するクラブ形式の店だ。その店で働いていたイギリス人のモニカから、

「デートに付き合ってあげた日本人の男にレイプされた」

という相談を受けたのが確か三年ほど前だったはずだ。しかし、マーロンの話と関係があるかどうかまではわからない。飯塚は、

「いつか役に立つことがあるかも……」

と思うことにして、蘇ってきた記憶を、鈍った脳ミソに仕舞い込んだ。

公開捜査

捜査本部にとって、大きな問題が持ち上がった。ルイーズが帰国したいと言い出したのだ。

ルイーズは度重なる事情聴取には積極的に応じていたが、一人アパートにいるときは泣いていた。ボーイフレンドに慰められても、安否がわからないルーシーを思い、悲しい気持ちを抑えられない。不安な毎日が耐えられなかった。

捜査本部としては、参考人としてこのまましばらく滞在してもらいたいところだが、ルイーズは旅行者の身だ。観光ビザのみで働き続けている現状も無視できない。しかし、ルイーズの生活費を捜査費から捻出することもできず、捜査本部はイギリス大使館に相談し、ルーシーと二人で住んでいたアパートから費用の安いビジネスホテルに移ってもらうこととした。

だがこの間、ルーシー失踪事件の情報は、遠く離れたロンドンまで伝わっていた。ロンドンで発行されているタブロイド判の新聞が、ルーシーの失踪事件を取り上げ、センセーショナルに報道した。他各紙もルーシーの写真入りで続報を打った。

七月十三日には、日本国内でも大手新聞各紙がこの事件を朝刊で一斉に取り上げた。追い討ちをかけるように夕刊専門紙が続き、テレビ各局のワイドショー、週刊誌も後を追って大騒ぎになった。

有働は、あくまでルーシーが生きていることを前提に、誘拐事件を主に担当する光眞管理官率いる特殊犯捜査係を投入し、極秘捜査を開始したのだが、マスコミがルーシーの失踪を写真入りで報道したことから、翌十四日には公開捜査に踏み切る決断を下した。

「英国人女性をさがしています」と赤字のタイトルが入ったA４判のポスターを作製し、

英国人女性をさがしています

7月1日（土）午後3時ころ、東京都渋谷区千駄ヶ谷付近から外出したまま所在不明になっています。

LUCIE《ルーシー》 JANE《ジェーン》
BLACKMAN《ブラックマン》
（21歳）

身長175cm
中肉、面長、色白
瞳の色　青色
髪ブロンド色ロングヘアー
※　日本語は話せない

見かけた方、心当たりの方は、
お知らせください。

警視庁麻布警察署
電話　03(3479)0110
内線　401又は402

マスコミに発表した。
《7月1日（土）午後3時ころ、東京都渋谷区千駄ヶ谷付近から外出したまま所在不明になっています。LUCIE《ルーシー》 JANE《ジェーン》 BLACKMAN《ブラックマン》（21歳）身長175㎝。中肉、面長、色白、瞳の色　青色。髪ブロンド色ロングヘアー。＊日本語は話せない。見かけた方、心当たりの方は、お知らせください。警視庁麻布警察署》

ポスターにはルイーズが提出したルーシーのバストショットのカラー写真も載せた。麻布署に押しかけた外国人報道記者は三十人以上。海外メディアの関心はかなり高かった。

捜査本部は、マスコミ対応を三井敏彦副署長（警視）に絞り、捜査に直接支障がない情報を渡した。

さらに十五日、麻布警察署に突然中年の外国人男性が飛び込んできた。受付で「私はルーシーの父親だ」と言う。ルーシーの妹も一緒だった。

玄関の扉に貼ってあったルーシーのポスターを指差し、ロンドンで報道を聞いて、「居ても立ってもいられず捜査の状況を聞きに来た」と言い、パスポートを提示し身分を明かした。

妹のソフィーは小太りだがルーシーに似て美人だった。丈が短めのタンクトップにミニスカートをはき、白人特有のソバカスが可愛らしさを浮き立たせていた。

受付から連絡を受けた松本署長は、捜査本部の光眞管理官と共に親子を署長室に招いて面会した。

白人男性にしてはそれほど身長が高くない父親のティモシーは、薄茶の頭髪をきれいに撫で付け、強い香水の匂いを漂わせていた。サマージャケットを小脇に抱え、洒落っ気たっぷりだった。話す英語のアクセントには、ロンドン訛《なま》りの特徴が窺えた。

丸山とき江警部補が通訳し、差し支えのない範囲で捜査経過を話したが、ティモシーはこれを不審な面持ちで聞いていた。日本の警察の捜査方法が信用できないらしい。

明治時代初期の日本政府は、大英帝国から刑事警察機構の在り方を学んだ。首都を守るロンドン警視庁にならって東京にも警視庁を置いた。こうした経緯をティモシーは知っているのだろうか。ティモシーにとっては歴史あるロンドン警視庁こそが警察そのものであり、日本の警視庁などは格下だと思っているのかもしれない。言葉や態度が尊大だった。

ティモシーは、「私は自分の方法でルーシーを捜してみる」と言い残して、署長室から出て行った。

この日の晩、捜査本部の刑事二人が麻布署地域課の注意報告書の情報をもとにクラブ「KAZOO」を訪ねていた。

オーナーの飯塚和男は、刑事の目的がルーシー失踪事件に絡んでの話だと思った。

「目的はイギリス人女性の失踪騒ぎでしょう？」

と言うと、一人の刑事が頷いた。

「それなら話は早い。うちの女の子も同じような被害にあって、以前、麻布署に被害届を出したんだけど、まったく相手にしてくれなかったんだ」

「どんなことだ」

刑事が先を促す。

「その子はイギリス人なんだけど、事件後一旦帰国してから、また来日しているから、三年ぐらい前かな。店に来ていた客に食事に誘われて、湘南のほうへ車で連れて行かれたらしい。その野郎は本当に口の巧い男で、なんだかわからないうちに野郎のマンションの部屋に連れ込まれてさ、その後に変な酒を飲まされて、気を失ったらしいんだ」

刑事は「ほう……」と関心を示した。

「気がついたら丸一日以上経っていて、裸で寝かされていたんだそうだ。下腹部や性器には弄《いじ》くられた様子があったけど、気持ち悪くてそれどころじゃない。吐きそうで、やっとのことで東京に帰ってきた。当然、その野郎が送ってきたらしいけど。そのまま店に出勤してきたが、顔色が真っ青でフラフラしていたから、仕事は休んでいい、と言ったんだ。だけど、どうしたんだ、と聞くでしょう、普通は」

「そりゃ、そうだ」と刑事は相槌を打った。

「それで、その子の名前と連絡先はわかるかい」

もう一人の刑事が訊いた。

在庁祝い

警視庁本部庁舎六階にある「大部屋」には、捜査関係者のみが入室でき、記者クラブの記者は別のドアから庶務係、さらに課長室に入ることだけが許される。

廊下から大部屋に入ると、通路右側は特殊犯捜査の部屋で、左側は宿直室と現場資料の部屋があり、その奥に在庁捜査員が使う長机が寄せられて置かれ、その先が各管理官の机、中央に理事官の机がある。

大部屋の主である有働理事官は、宿直室横に祭られている神棚を見つめていた。この神棚は警視庁設置以来、ずっと捜査一課で奉ってきたもので、レンガ建築の旧警視庁庁舎から新庁舎に移設された。

十六日もそろそろ午後六時に近かった。

弘光一課長が姿を現したのを合図に有働理事官、主に殺人事件を扱う第二強行犯捜査担当の新妻正平《にいづましょうへい》管理官（警視）、性犯罪に絡む事件を担当する第六強行犯捜査担当の阿部勝義管理官（警視）が横一列に並ぶ。殺人犯捜査十一係山代悟《やましろさとる》係長（警部）、山代班エースの児玉末義警部補、浅野泰彦警部補、デスク担当の麻生和正警部補、副島雅彦警部補、井ノ口徹警部補、藤井幾男警部補、九々《くく》純一郎巡査部長、宇佐見正美巡査部長、飯弘雅彦巡査部長ら班員九名も、神棚の前に直立不動の姿勢で整列した。

山代班はいわゆる〝待機番〟と呼ばれる面々だ。捜査一課には彼らのほかにも多くの捜査員が所属しているが、その大部分は所轄署に設けられた捜査本部にそれぞれ振り分けられる。犯人を検挙して事件の処理が済めば休み（自宅待機）になる。〝待機番〟は、次の事件に備えて「在庁」する控えの係であり、神棚の前での儀式が済むと〝事件番〟の捜査員になる。

「次に取りかかる事件もオミヤ（迷宮入り）にならないよう、早期に解決できますよう」と係員全員で願をかける。皆の表情は真剣そのものだ。

山代は神棚に供えてあるコップ酒を取り、ひと口飲んでから、児玉、浅野、副島、井ノ口へと回し、全班員が回し飲んだ後、一斉にかしわ手を打つ。

一課の大部屋に、その音が凜と響いた。

夕方に行われるこの儀式は、「在庁祝い」とも「在庁開き」などともいう。コロシ（殺人）やタタキ（強盗）、アカ（放火）、マルカン（強姦）といった凶悪事件を扱う刑事たちの慣わしは厳《おごそ》かに終了した。

併任辞令と命免

この山代班が結成された経緯は、一風変わっている。この在庁祝いから四年前の平成八年（一九九六年）六月、山代は突然、山田正治東村山署長に呼ばれた。

「併任で捜査一課に戻れと辞令が出ているが……」

署長は一課出身であり刑事の先輩として尊敬していたが、山代も二十三歳で武蔵野署刑事課から捜査一課第二強行犯捜査三係に配属されてからの一課育ちだ。昇任配置で所轄に出ると三年在勤が通常人事だ。山代は東村山署に赴任して一年三か月、刑事課長代理として初めて自分専用の机と椅子に座る居心地の良さを味わっていた。制服や着替えの衣服を入れるロッカーもある。それに課員ともやっと気心が通じ合える関係ができたのに……、と恨めしくもあった。

しかも「併任辞令」だ。併任とは現在の署に籍を残しつつ、捜査一課に派遣されるということであり、きわめて珍しい。一年三か月で戻されるのも異例な事態だ。捜査一課総掛りでオウム真理教事件の捜査を行っている最中だけに、その補充捜査でもやらされるのかと山代は呑気に構えて、警視庁本部六階にある捜査一課の部屋に向かった。

庶務担当の有働管理官に挨拶をしてから、がらんとしている大部屋を見渡す。久し振りだが刑事部屋の独特な空気感は変わっていない。オウム事件捜査で大増員された捜査員たちは各所轄に散らばっているのであろう。

有働に促され捜査一課長室に入ると寺尾が待っていた。

「ご苦労さん。頼むぞ」

労いの言葉の後、第四強行犯捜査の殺人犯捜査十三係長として頑張ってくれと激励される。正式な編成でいうと、捜査一課には九係までしかない。

「はて、十三係？　まあいい。併任なら臨時の班編成だろうし、いわゆる事件番だ」

管理官は二歳年下の久保正行警視である。山代はオウム事件の後処理を任されるのではと予想していたが、確かに一課が捜査すべきはオウム事件だけではない。日々凶悪事件は起こっているのだ。

山代班は有働管理官が集めてきた人員で、みな併任辞令で一課に来ていた。統括主任の麻生和正警部補は西新井署から、浅野泰彦警部補は石神井署で盗犯捜査一係長だった。若手では副島雅彦《よしまさ》警部補が蒲田署から、井ノ口徹警部補は玉川署、永留福督巡査部長は第二機動捜査隊、上條良彦巡査部長は板橋署の暴力団担当、九々純一郎巡査部長は下谷署の盗犯捜査担当だった。

通常、一つの班に警部補は一人ほどだが、四人もいるのは異例だ。とはいえ、一課経験者は麻生に、藤井純也巡査部長、後から追加された是永洋巳巡査部長だけ。残りのメンバーは特捜本部の捜査に従事したこともない寄せ集めで、凶悪事件を手掛ける一課員としては素人も同然の刑事たちだった。山代は頭を抱えた。

「こいつらで大丈夫かい……。調書だって取れるんだろうか？」

冗談含みで言うと井ノ口が怒気のある目で返した。井ノ口は今でもこのときの悔しさを苦々しく覚えているという。

係員らは自分たちの席を探していたが、捜査一課に決まった席はない。与えられたのは山代班全員で使うキャビネット一つだけだった。

早速の出動要請は駒沢公園内で暴走族の少年が刺殺された事件だった。併任とはいえ一課のバッジを襟に付け、腕章をポケットに入れて、特別捜査本部が置かれた世田谷署に向かう。

一課のバッジは小豆色の地に英語の頭文字は金色。小さな金属製のバッジだが、他の道府県警にはない。警視庁捜査一課だけの誇りであり、選ばれし捜査員の証だ。「捜査一課」を意味するS1S（Search One Select）のバッジと、小豆色に「捜一」と金色で書かれた腕章を持つ捜査一課員は、プライドを持って捜査に当たる。それが一課の伝統なのだ。もともとS1Sの最後の「S」は「Service」だったのだが、いつのまにか「Select」に変わったのも一課のプライド故か。

刺殺した容疑者らが暴走族の少年だったことから、生活安全部少年課に事件捜査を引き渡すと、休む間もなく久保管理官の指示を受け、七月には渋谷署の特捜本部に転戦する。

前年暮れに起こった行方不明者事件捜査の応援だった。不明者は慶應大学出身の経営者で、父母が連絡を取れないと渋谷署に家出人捜索願を出したのだ。管理人立会いで高級マンションの一室を捜索すると部屋が荒らされており、何らかの事件に巻き込まれたと思われる。不明者は五反田周辺でＳＭクラブを何軒か経営しており、口座から数千万円が引き出されていた。捜査が難航していた中、山代班が投入されたのだ。

八月に入ると暑気払いと称して、「捜一会」が主催する恒例の親睦会が錦糸町のロッテ会館で行われた。この暑気払いと新年会の年二回だけ、普段は帳場（特捜本部）に散らばっている一課全員が顔を合わせる。山代班の面々は併任辞令のままで肩身も狭く、出席を遠慮するつもりだった。だが久保管理官が遠慮せずに出席せよと命じた。しかたなく、新参者らは目立たぬように会場の隅に固まって酒を飲んでいた。

少し離れた場所に陣取る古参連中が、「俺たちに挨拶がない。素人集団のくせにバッジを付けて格好付けやがって」と口汚く罵っているのが聞こえる。その中の一人が烏龍茶を飲む副島に眼を付けた。若くて生意気に感じたのだろう。「お前、併任組か？」と声をかけてきた。先輩風を吹かして絡んでくる輩はどこにでもいる。

「お前らは所轄だろ。何で捜一会の暑気払いに来て、偉そうにタダ酒を飲んでいるんだ」

浅野や井ノ口、九々を指差して毒づいた。

まだ昭和の空気を引きずっていたころの警視庁には、こんな言い回しがあった。〝一課は「様」、機捜（機動捜査隊）の「連中」に、所轄の「野郎ども」〟。前近代的なヒエラルキー意識がはびこっていたのだ。

「足手まといのひよっこ連中は帰れ！　解体組が！」と大声で相手が怒鳴る。

山代班はじきに解体するのでは、という噂があったのは事実だ。併任辞令を受け取った時、一課の庶務担当からは一週間分の下着と根性を持ってこいと言われただけなのだ。

「この野郎！」悔しさを抑えきれず副島が前に出た。

「売られた喧嘩だ。オレが買ってやる。いつまで所轄、所轄と馬鹿にする気だ！」

一触即発の状況に麻生と井ノ口が止めに入った。生粋の一課育ちの山代係長が相手を宥めてこの諍いは終わった。

だがこの時、山代班全員があいつらに負けてなるものかと心に誓い、結束を強めることとなったのだ。

渋谷署特捜本部に戻った山代班は先陣の加藤班と共に捜査を開始。紆余曲折の末、証拠が集まり容疑者が浮上した。ＳＭクラブの従業員たちを任意同行の末、厳しく追及すると遺体を遺棄した場所を自供した。そこで茨城県鹿島港を捜索。するとドラム缶にコンクリート詰めされた二体の遺体が発見され、身元確認の結果ＳＭクラブ経営者らと判明。容疑者三人を逮捕して送致したが、死体が出たことで事件解決に繋がっている。

併任辞令が解けたのは九月に入ってからだった。命免辞令を受け、晴れて正式に捜査一課の一員になれたが、喜んでばかりはいられないのが一課の定めだった。

山代班が捜査を担当した数多くの事件で、世間的に大きな話題となったものを挙げるとすれば、自称・デザイナーの小田嶋透による強盗殺人事件と、青酸カリを送って女性たちの自殺を幇助した「ドクター・キリコ事件」だろう。どちらも捜査が難航する事件だったが、山代班が事件解明に大きく寄与している。

捜査というものは、解決するまでの数多くの捜査員による地道な努力で成り立っている。「伝説の刑事」などの回顧録にあるように、たった一人の活躍や、取り調べで全容が解明できるわけではない。

班編成から四年の歳月が流れる間、山代班の面々は辛酸を味わうも、へこたれずに耐え忍び、凶悪事件捜査の苦労を学んでいった。当初は素人集団でしかなかった班だったが、逞しい殺人犯捜査刑事の面構えに変わっていた。

そして、平成十二（二〇〇〇）年七月、山代は有働理事官から呼び出しを受ける。

第二章　本格捜査

捜査開始

麻布署にある捜査本部では、各署から集められた捜査員たちによる寝る間を惜しんでの捜査が続けられていた。

昼間は、ルーシーが待ち合わせの場所として呼び出された千駄ケ谷駅周辺での目撃者探し。捜査本部に帰ってからは、アパートから持ってきたルーシーの荷物を検査・検分し、記録目録に記載していかなければならない。

こうした地道な作業の結果、ルーシーが消息を絶った七月一日、所持金はわずかに二千円足らずであったこともわかった。

しかし、七月十七日になってもルーシーの行方は判明せず、有働はさらなる決断を迫られていた。

問題は、これまでルーシー失踪事件の捜査本部に専従していた光眞管理官の処遇だった。

ルーシーが誘拐、または拉致されたとの想定で、捜査本部設置時には特殊犯捜査担当の光眞管理官を充てたが、刑事捜査の花形・捜査一課の捜査員でさえ憧れる高い専門性を帯びた特殊犯の、ましてや一人しかいない管理官である光眞を、このまま捜査本部に張り付けておくわけにはいかなくなっていた。

誘拐や立てこもり事件はいつ発生するかわからず、管理官には事件発生直後の機動性も求められる。事件は刻々とその姿を変えていく〝生き物〟であり、捜査本部の陣容編成も、その変化に対応させていかなければならない。

さらにルーシーの失踪に第三者の関与が濃厚である以上、すでに投入してある寺前警部の係だけでは人数が足りない。

そこで有働は「コーワ」や「タカギ」が連絡してくる状況に備えて、特殊犯の捜査員二名だけを捜査本部に残し、現場の実質的なトップについては、光眞管理官から第二強行犯捜査の新妻正平管理官に差し替える判断をした。

光眞管理官については、一般電話や携帯電話を追跡する捜査と通常業務との兼務を頼んだ。

この判断には、実は一つの前提があった。これまでに続けられていた捜査の中で容疑者と見られる人物がすでに浮かび上がっており、〝本ボシ〟であるかどうかの決着をつけておかなければならなかったのだ。

捜査勘

七月中旬、有働理事官から「三日間でいい。捜査線上に浮かんだ〝仮ボシ〟を潰してくれ」と依頼された新妻管理官は、事件番で本部待機をしていた配下の山代班を当てることにした。

この頃、山代班の編成は殺人犯捜査十一係の山代悟警部、児玉末義筆頭主任警部補、麻生和正次席警部補、浅野泰彦警部補、副島雅彦警部補、井ノ口徹警部補、藤井幾男警部補、九々純一郎巡査部長、飯弘雅彦巡査部長、宇佐見正美巡査部長の面々。ただ、麻生次席は前の事件処理と公判対策で渋谷署に特任派遣されており、九名体制だった。

麻布署の捜査本部に出向いた山代らは新妻同席のなか、最初に投入された寺前係長から捜査経緯を聞く。寺前班に与えられた任務はルーシーが生きていることが前提での誘拐・失踪事件としての捜査であり、本部詰めの捜査員らも彼女の足取りを探っていた。その手薄な捜査態勢を応援するのも山代班の役割だった。

仮ボシとされた容疑者は、ルーシーが勤めていた外人クラブ「カサブランカ」の常連客から割り出した一人だった。

山代は渡された捜査報告書を一読して、本ボシと見るには詰めが甘いと感じた。だが下命されれば動かざるを得ない。捜査本部の見立ては容疑者が変質者だという証言を基に組み立てられたものだった。山代班は密かに容疑者の身辺を洗い、動向を確認。数日後、当該容疑者と妻に任意同行を求め、青梅署の取調室で事情聴取に及んだ。なぜ青梅署かというと、公開捜査になってから麻布署は記者クラブ所属の記者連中が出入りしていたからだ。

だが、聴取の結果、当該容疑者にはしっかりとした当日のアリバイがあり、裏付け捜査で単純なSM好きの男だと判明した。山代の見込み通り大外れだったのだ。

捜査はこれで振り出しに戻り、警視庁本部に戻れると束の間喜んだ山代班の面々だったが、有働理事官から引き続き「カサブランカ」の常連客を洗えと下命された。

有働と新妻はこのルーシー失踪事件は「もはや単なる失踪事件ではないかもしれない。本腰を入れてかからないと死体が出る……」との認識を深めていった。

麻布署に届いた手紙

千葉中央局管内で投函された七月十八日付け消印の速達が、二十日になって麻布警察署長宛てに郵送されて来た。英語で印字された白色の封筒に三百五十円分の切手が貼ってある。差出人は同じく英語で、「ルーシー・ブラックマン」と書かれていた。

署長宛ての手紙ではあったが、捜査本部に直接渡すことはできない。署長の身分は警察官ではあるが、行政官という立場でもあるので、送られてきた手紙が捜査に必要であっても、法的な手続きが必要であった。捜査本部は松本署長に対し、任意提出の書類を作成して、引き渡しの同意を求めた。

手紙はA４判大の用紙に、ワープロで打たれた二枚。

失踪しているルーシーが書いたと思わせる署名があり、以下のような内容になっていた。

「お金が目的で来日した。借金の内訳は友人のプレタニアに一一四・六ポンド、ポールに二五〇ポンド、母一〇〇ポンド、父一〇〇ポンド、オーバードラフト一〇〇ポンド、ビザカードには一五〇〇ポンド、その他に五二五〇ポンドで、合計すると七四一四ポンドがある。これらを返済しなければならないから、外人クラブで働いた」

また、このクラブで売春やドラッグをしていたこと、タカギアキラを通じてルイーズに心配しないよう電話をかけてもらったことのほか、千葉の宗教団体に自らの意思で入信し、修行をしているので捜さないでほしい旨が書かれてあった。

さらに来日している父と妹には、

「早く帰国して家に帰ってほしい。私は有名になりすぎた。しかしどんなことがあっても借りたお金は返済しなければならない」とあり、手紙は、「ルイーズのことは愛しているけれど、私の計画を台無しにした」という言葉で締め括《くく》られ、末尾には、「7月17日」の日付と「ルーシー・ブラックマン」の英字署名が書き添えられていた。

この手紙には、本人しか知らないはずの内容が認められたが、捜査本部は逆に疑った。英語圏、特にイギリス人がよく読めば、文章の流れや言い回しなどにおかしな点が幾つも見受けられ、日本人が書いた文章を英訳したもののように思われたからだ。

光眞管理官は、捜査本部を代表してイギリス大使館に捜査協力を要請し、再来日していたルーシーの父親ティモシーと妹のソフィーに連絡を取ってもらった。麻布署まで来てもらい、手紙の筆跡を確認させるためだった。

捜査本部の部屋で話を聞くわけにもいかず、松本署長に頼み込み、署長室に案内した。松本署長、光眞管理官、通訳として捜査本部詰めの丸山とき江警部補らが立ち会った。

お互いの自己紹介と挨拶の後、父親は捜査状況を尋ねて、

「この質問は素人的だが、娘の友達の携帯電話や、アパートにも犯人から電話がかかってきたと聞いている。イギリスでは携帯電話でかけると、受信したほうにも料金がかかる。領収書が取れれば、犯人の番号が割れるはずだが……」

と訊いてきた。丸山が父親の質問を訳した。

光眞管理官は父親の質問内容を咀嚼《そしゃく》してから、父親に理解できるように、

「まず、日本の電話料金は通話したほうから徴収されるようになっています。課金体制の違いから、領収書では発信した番号はわからないのです」

と答えた。

父親はなるほど、と理解を示し、さらに質問を重ねる。

「イギリスの主要都市、特にロンドンでは市内の至る所に防犯カメラが設置されている。犯罪防止だけではなく、テロリストの侵入防止といった問題を解決する手段としても活用されているが、東京ではどうなっているのだろう」

光眞管理官は慎重に言葉を選んだ。

「東京では新宿の一部、歌舞伎町に設置されているだけです。この地域は以前、外国人犯罪が多発したことから、東京都が設置したのですが、日本では人権問題やプライバシーの観点から合意ができていないのが現状です」

「それは驚いたな。私はてっきり日本中どこでも防犯監視カメラが普及していると思っていた。なぜなら、イギリスの防犯カメラはすべて日本製だからだ」

父親はそう言って、肩をすくめた。

「ほかに何かご要望はございませんか」

父親はしばらく考えた末、「この暑さは何とかならないものだろうか」と言ってウインクした。

「さて、そのご要望は大変難しいことで、私たちにはいかんともしがたいことです。日本には天気の神様がおりますので、神様の機嫌次第。なんとかお願いしてみましょう」

光眞管理官も笑顔で返した。

お互いに緊張が解けたところで手紙を見てもらった。

父親が読んでいる脇から、妹のソフィーが覗き見する。

梅雨を過ぎた東京の蒸し暑さに、二人は汗をかきながらも真剣に熟読していった。

ソフィーが顔を上げて指摘する。

「これは姉のルーシーが書いた手紙ではないと思います。本当に姉が書いたのなら、この日付（七月十七日）を見て。父の誕生日は七月十七日だから、父に宛てたお祝いの言葉やメッセージがあるはずです。それがまったくありません」

父親も封筒の宛名を示して、「タイプ印字されている。これはおかしい。ルーシーがどんな環境の場所にいても、手紙が書けるなら自筆で書くはずだ」と主張した。

「それに英語圏、特にイギリスの常識であれば、封筒の表に差出人の名前は書かない。裏に書くのが当たり前で、今まで娘から来た手紙は、すべてそうなっている。もう一つ、宛先がこの麻布警察署となっているが、ルーシーはここの所在地番号を知っていたのだろうか。どうやって調べたのだろう」

ソフィーは手紙の二枚目をじっくり見ていた。

「お姉さんが書くいつものサインとは違う。このサインはブロック字で似せてあるけれど、ルーシーはもっと崩して、滑らかに書いているわ。この手紙は誰か別の人が書いたものだわ」

娘の断言に父親も同意する。

「そうだな。よく読んでみると、文体もおかしい。確かに英語だが、イギリス人が書いたものとは思えない」


この手紙は、犯人の偽装工作である疑いが濃いと判断した捜査本部は、直ちに消印のあった千葉市内に捜査員を派遣した。徹底的に付近の宗教団体や関連施設も密かに洗わせ、タカギアキラなる者がいう、ルーシーが入信した「ニュー・リーズン・レリジョン」という宗教団体が存在しないとの確証を得た。しかし、その一方で、ルーシーは最悪の場合、殺害されている可能性が高い、という推定が現実味を深めていった。


捜査本部立ち上げ当初に投入された光眞管理官と寺前班の捜査陣容は、変則編成で人数も少なかった。この最初の陣容を基立《もとだ》ちと言い、捜査本部の核になる。しかし、初動捜査は容疑者を探すことはもちろんだが、それだけではない。

ルーシーの友人関係者からの事情聴取、住んでいたアパートやアルバイト先の捜索。ルーシーの荷物の検査及び記録目録の作成。さらに千駄ケ谷駅周辺の目撃者探しと昼夜を問わず捜査員を振り分けるが、それでも捜査項目を消化できず、応援部隊が来るまで全員が帰宅できない状態が続いていた。

幾つかの情報を集約した初動捜査の結果、ルーシーの失踪は極めて事件性が高いと弘光捜査一課長、有働理事官は判断を下した。ルーシーの所持金は二千円足らずであり、来日してから一か月半しか経っていない外国人女性で日本語が話せず、都内から離れた海と仮定するならば、地理に疎《うと》いことなどから、自力では帰宅できないと思われた。

国際的な注目

七月二十一日になって、捜査側としては困った問題が起こった。

いったん帰国していた父親のティモシーが、六本木七丁目にあるビルの一室にホットラインを兼ねた事務所を開設、自ら娘の捜索に動き出したのだ。

父親は夜になると、六本木周辺の外人クラブに顔を出し、酒を飲みながらホステス相手に娘の消息を尋ね、クラブのシステムなども参考に聞いていた。その背後で、どこかのテレビ局クルーがカメラを回している。

取材謝礼は当然払われると思って差し支えないだろう。それ自体が悪いとは言わないが、テレビ放送を通じて虚報が一般に伝われば、捜査側にもたらされる情報も歪んでくる可能性があると捜査本部は考えていた。

捜査会議では、聞き込みに回った捜査員に対し、協力を婉曲的に断る店や、父親ティモシーの飲み方に反感を抱いた店、違うクラブでは酔ってホステスに失礼な言動をしたという苦情などがあり、捜査に支障をきたし始めている現状が報告された。

七月二十一日から二十三日まで、先進八か国首脳会議（通称・沖縄サミット。参加国はアメリカ、イギリス、イタリア、カナダ、ドイツ、フランス、ロシア、日本）が、沖縄県名護市を主会場として開催された。このサミットも捜査に意外な影響を及ぼすことになった。

来日していたブレア英国首相が森喜朗首相への挨拶の後、イギリス内のマスコミが騒いでいるルーシー失踪事件の捜査状況を聞きたい、と話題にしたことから、森首相は外務省や警察庁、さらには就任したばかりの西田司自治大臣兼国家公安委員長にもこの件を伝えた。

外務省は、警察庁を通じて麻布警察署捜査本部に「詳しい捜査状況を聞きたい」と申し入れてきたが、「現在鋭意捜査中であり、具体的かつ詳細な経緯は申し上げられない」とした上で、松本署長は光眞管理官、新妻管理官と協議して、捜査に差し支えない情報を外務省に報告した。

ルーシー失踪事件は、またたくまに国際政治問題化の様相を帯び、注目されていた。

また、西田国家公安委員長の秘書官からも「西田自治大臣がルーシー関係の話を聞きたい」と松本署長に打診してきた。

就任直後の国家公安委員長は、通常ならば警視庁を表敬訪問するのが通例で、刑事部長以上の副総監、総監が対応することになっている。しかしこの年は、麻布警察署から表敬訪問が始められた。異例中の異例ともいえる事態だった。予定は四十分。若い警察官とも話しあいたい、と秘書官は言う。

署を訪れた西田国家公安委員長に松本署長が所轄管内情勢などを説明し、光眞管理官が本題であるルーシー事件の捜査体制と初期捜査の進展を報告した。

捜査本部にとっては、ルーシー失踪事件を「優先順位を上げて捜査しなければならない重大な事件」と位置づけることになった。


さらに麻布署は、スティーブン・ジョン・ゴマソール駐日イギリス大使からも表敬訪問の打診を受けた。松本署長は翌日の夕刻を指定した後、英語が堪能な署員三人を用意してゴマソール大使を迎えた。

警察庁や警視庁本部への表敬訪問、ということならまだしも、大国であるイギリスを代表する大使が、一介の警察署へ出向いてくるのは異例だった。

大使は開口一番、「松本さん、こんにちは」と流暢《りゅうちょう》な日本語で挨拶し、皆を一瞬唖然とさせたが、署員の間からはその後、ニガ笑いが起こった。

大使のひと言で松本の肩の力が抜け、今までの捜査状況と管内情勢を忌憚《きたん》なく話し、理解を求めた。

「松本さん、よくわかりました。ロンドン警視庁にも優秀な捜査官が多くおります。署長の指揮下に二十人ほど派遣する用意もあり、アメリカのＦＢＩ（連邦捜査局）と同様の特殊な捜査官もいます。遠慮なく言ってください」

ゴマソール大使は、気負いもなく松本に話した。

「大変有難いご配慮痛み入ります。しかし、ご安心ください。日本の警視庁にも貴国のロンドン警視庁と同じように優秀な捜査員が大勢おります」

松本はこう断った上で、それ以外の協力をお願いした。ゴマソール大使は深い理解を示し、どんなことでも協力すると請け合った。

イギリス大使館の素早い対応と陰での協力に感謝し、大使を玄関まで見送った松本はふと、日本人が海外で事件に遭遇した場合、外務省や日本大使館はこんなに動いてくれるのか、と思ったりもした。

サリンの後遺症

七月二十五日、新妻管理官は麻布警察署別館四階まで階段を上った。エレベーターが設置されていない建物だった。

捜査本部には四階の一部屋が与えられていたが、それほど広い部屋ではない。

壁際に新妻の席があり、横には寺前係長が率いる寺前班の捜査員が使う長机や山代係長と班員八名の専用長机などが置いてある。

新妻は、それぞれの捜査員を見渡せる位置を好んだ。

重要な情報も含め、すべてオープンにする主義は、それだけ仲間を信頼し、大事にしてきた証だ。これは先輩たちから引き継いだ捜査一課の魂でもある。

デスク係長の寺前警部が部屋に残っていた。電話を受けているデスク主任をベテランの田原親志警部補が補佐してくれている。主任はいわば捜査の司令塔の役目だ。

公開捜査以降、マスコミが一斉に報道してからの反響は大きかった。一般人からの通報や情報が多く寄せられた。さらに麻布管内周辺各署からの捜査協力もあり、先行して聞き込み捜査をしてきた寺前班から上がった情報、警視庁管内の各警察署などから寄せられた情報をファイルし、裏付け捜査の優先順位をデスク管理官の新妻が決める。

これまでの経験則に照らし合わせ、ルーシー行方不明後の情報整理と状況把握を冷静に検討していく。

「管理官、疲れたでしょう。一服しませんか」

主任の田原が、コーヒーのカップを机に置いた。

「おっ、有難う。喉が渇いていたところだった」

タバコにはコーヒーがつきものだ。インスタントであっても、新妻のヘビースモークを知っている部下の気遣いは嬉しかった。

新妻が刑事になって四半世紀が過ぎた。忘れられない事件は数多い。

昭和六十三年八月に発生した「警察庁広域重要指定一一七号事件」、通称「宮崎勤幼女連続誘拐殺人事件」もその一つだ。新妻は当時、第一機動捜査隊の班長から深川署に設けられた特別捜査本部に派遣され、捜査に当たっていた。

犯人の宮崎勤が逮捕された後は捜査一課に戻り、橋爪茂捜査一課長から襟章と警部の腕章を渡された。襟章のいわれは昭和五十二年、第四十一代捜査一課長の斎藤訓正が発案してから脈々と続いてきた捜査一課の魂だ。小豆色地の腕章には、上下二本の金筋。その間にやはり金文字で「捜一」と書かれていた。

その後、新妻は警視に昇任したが、平成七年三月二十日、築地警察署刑事課長の時に地下鉄サリン事件が起きた。

オウム真理教幹部らによって地下鉄にサリンガスが撒かれ、五千人を超える死傷者が出た大事件で、発生直後、新妻は築地署管内の日比谷線・築地駅に飛び込んで被害者の救出と原因究明捜査の先頭に立ったが、サリンを浴びて倒れた。

突発的に起こったテロ事件だったが、凶悪事件として捜査一課が中心となって捜査に当たった。その時の捜査一課長が寺尾正大であり、築地警察署に特別捜査本部が設置され、新妻は署の刑事課長として前線に復帰し、陣頭指揮した。

だが、サリンの後遺症は今でも残る。

二年後、捜査一課に戻り、平田富彦課長から再度バッジと腕章を渡されるが、同じデザインの腕章には「管理官」の文字が追加されていた。

喜びと同時に責任を感じたその思いもあと数年間。間もなく定年を迎える歳になったが、一課一途の人生に悔いはないと思っていた。

「古い職人気質と言わば言え。俺は俺の流儀で事件捜査にかかわり、解決してきた自負と誇りがある」

しかし、経験の少ない若い後輩たちに対しては、心配な一面もあった。

例えば、容疑者や重要参考人の調べで作成する員面調書（司法警察員調書）は、ノートに取ったメモの清書ではない、ノートに取ってから調書に纏《まと》めるな、と言ってきた。きれいすぎる調書を、目の前で破って捨てたこともある。調書は汚くてもいい、整合性のないものでもいい。なぜなら、真剣勝負で対峙した容疑者が納得して署名するものが本当の調書だからだ。それを口が酸っぱくなるほど注意してきた。

捨てられた「注意報告書」

山代係長率いる捜査員たちは二人一組になって麻布署別館の捜査本部から夜の六本木に向け出発した。本来地域に明るい麻布署捜査員とペアを組むのだが、情報漏洩を懸念する有働理事官は間口を狭くする意味もあり、捜査一課だけで初動捜査を行う方針だった。だが山代班に与えられたのは臨時の応援部隊扱いゆえ、「カサブランカ」の常連客のリストを渡されて聞き込みを行う仕事だった。

山代は巡査当時から捜査一課に配属されて、時代に取り残された古い一課体質の中で育ったが、時代と共に捜査手法も変わりつつあった。山代班の面々も併任辞令で来た当時は頼りなかったが四年も経つと一端《いっぱし》の刑事だ。

山代は、井ノ口警部補と九々巡査部長、浅野警部補とは宇佐見正美巡査部長、副島警部補は藤井警部補、児玉警部補に飯弘巡査部長とイレギュラーなペアを組ませた。個性が強い者同士のペアは時としてぶつかることもある。決して仲が良くないことは承知、分った上での組み合わせだった。

ルーシーを連れだした男は他のクラブにも顔を出している可能性もあるが、渡された「カサブランカ」の常連客リストを丹念に潰していくしか方法はない。

成果がないままデスク担当に報告するために麻布署に戻るしかない日々が続いた。彼らの足取りは重い。夜の捜査会議が終わって道場で仮眠を取る前に一杯飲もうかと九々が提案した。酒豪の浅野と井ノ口が同調する。

九々の道案内で六本木交差点にある喫茶店「アマンド」の裏側に回り、エレベーターで四階に昇る。居酒屋「兜」は鰻の寝床のような造作の店で、奥に小さな個室があった。

「いつの間に開拓したんだ……」

浅野が呆れたように呟いた。

「そりゃ聞き込みの時に見つけただけですよ。ねぇ、井ノ口主任」

「へぇー、素早《すば》しこいってお前のような奴を言うんだな」と浅野は腹を抱えて笑った。

席に着くと先ずビールで喉を湿らし、枝豆、冷奴などの定番を頼んだ以後はそれぞれで冷酒や焼酎ロックに切り替えた。

しばらくしてほろ酔い程度に飲んだ三人は麻布署に戻る。浅野が道場に敷かれた煎餅布団で仮眠を取ると言い、手持無沙汰な井ノ口と九々は誰もいない捜査本部のドアを開けた。

寺前班の仕事ぶりを覗いてやろうという悪戯心だ。

電気を点け何気なく庶務担当のデスクの上を見る。九々は各捜査員が提出した日々の捜査情報に興味をそそられた。軽い気持ちで捜査報告書をパラパラと捲《めく》る。

井ノ口が決済済みのケースにあった「注意報告書」に目を止めた。署長の決裁印が押されているが、これは所轄の各交番勤務の警察官が捜査や行政に関する情報を署長に報告する日報のようなものだ。巡回の際、暴力団組事務所の動きや、よく見かける車の出入り、その車両ナンバー、管轄地域の噂話の類、取るに足らない小さな事件の情報など、街の住民や商店主から聞いた話などをまとめている。

　井ノ口は付箋がついた三枚の注意報告書を指で弾く。九々が横から覗き込んだ。

　六本木交番勤務の地域三係、綿引浩巡査と水野谷和寿巡査が提出したものだった。外人クラブ「クエスト」の店長などから聞いた話とある。

「三年ほど前になるが、外国人ホステスを週末ドライブに誘う客がいた。コースト（海岸）の別荘に連れ込み、薬を飲ませていかがわしい写真を撮るユウジと名乗る男。被害にあったホステスはオーストラリア人女性とカナダ人女性など」

　さらに、同じような話をクラブ「ＫＡＺＯＯ」の経営者も話している。

　女がいて、男がいる街には、このような噂話はつきもの。だが何か引っかかる。

「これって？」

　井ノ口が頷いた。

「これが何でボツなんですかね……」

　九々が疑問を呈す。

「ルーシーを探すことが主眼だからだろう。他のいかがわしい事例は幾らでもあるからこれは関係ないと見たんだろうな」

「だけど、話が似ているなあ。どうでしょう、この情報を掘ってみませんか」

「そう勝手に走るな。独断捜査はまずいだろう。それなら明日にでも山代キャップに話してみないか」

九々の性格上、猪突猛進的で向こう見ずなところがあることは重々知っている。捜査本部の有働理事官らが捜査方針を決め、それに沿って現場を仕切る立場の寺前班が捨てた情報だ。あくまで応援の山代班が勝手に動くことは許されない。キャップに確かめてみないと……。井ノ口はそう懸念した。


翌朝、井ノ口と九々は捜査会議の前に山代キャップを捉まえ、注意報告書の件を話した。山代が興味を示したので報告書の現物を見せ、声を潜めてそれぞれの意見を言う。呉越同舟の狭い室内でも三人の話し声は注意を引く。寺前が聞耳を立てている様子が窺えたからだ。気にしている寺前がついに席を立ち、山代たちの傍にきた。

「その情報（ネタ）は俺のところでやったが、終わった話だ。その経営者の飯塚和男ってのは六本木界隈での評判が悪すぎる。麻布署でも駐禁を勘弁しろと駄々を捏ねてくる、いい加減鼻つまみな野郎で信用できないらしい。ルーシー捜査に結び付かないと俺が判断した。それに外人ホステスたちが仲間内で話していた戯言程度、余計に信用できないと。このことは有働理事官にも報告済みだ」

だが、言い訳する寺前の言葉は山代の頭上を素通りした。井ノ口や九々、浅野、副島らの班員は気力、体力が最も充実して盛りのついた猟犬だ。その中の二人が進言するならば、捜査勘を信用するしかない。山代は適当な相槌を打ち、寺前との話を終わらせた。

進展のない会議が終わり、山代班は与えられた常連客の聞き込みに全員が飛び出した。

この日も気温が三十一度。曇り空は湿気を含んだ空気が淀み、汗で下着がへばりつく。六本木の街を東西に貫く幹線道路はいつものように混雑していた。特に交差点付近は日中続く地下鉄工事のせいで渋滞に拍車がかかっている。それでも昼間はましだ。商業施設が乱立する渋谷や新宿と違い人通りはそう多くない。だが、夜の帳が下りて毒々しいまでのネオンが灯る頃になると、六本木の貌は一変し租界と化す。

猥雑な街に魅惑された人が多く集まるようになり、喫茶「アマンド」の店頭には若い男女が待ち合わせる中、一様に黒いスーツを着た得体の知れない男たちが屯し始める。噎せ返るような体臭と香水の匂い。交差点を行き交う人の波は引きも切らず、客引きの黒人たちが一夜の享楽に期待する男たちへ次々と狙いをつけていく。山代班の面々たちはこれといった成果もないまま気が重い捜査本部へ帰っていった。

それでも聞き込みの中、井ノ口と九々は常連客の一人、大手金融機関の最高幹部を務めていた男の自宅で、ルーシーの近影を複数枚入手している。男の携帯電話で撮られたものだった。

夜の捜査会議が終わった後、山代係長を先頭に井ノ口、浅野、九々、副島、児玉、飯弘、藤井、宇佐見らは示し合わせて居酒屋に集まった。

酒が飲めない副島だけが烏龍茶を頼み、他はビールから始めて日本酒や焼酎に切り替えていく。酒が入ると捜査本部が見立てた方針に異論反論、愚痴がでた。

一通り愚痴が出たあと山代が口火を切る。井ノ口が何枚かコピーされた紙を取り出して配った。九々と二人で見つけた例の報告書だ。

錯綜するなかで見逃した情報など幾度となく経験した山代も疑問を抱いたネタだ。

先ず筆頭主任の児玉が喰いつき、井ノ口と九々を除いた五人がこの報告書に興味を持った。どんな如何わしい情報でも色眼鏡で見ずに当たってみる。それが足で稼ぐ一課の常套手段だと児玉が言う。浅野も同調した。

山代は「この情報は捜査本部が捨てたネタだ、ホジくり返すとなりゃ結構面倒なことになるぞ」と思案気に言った。「だけどキャップ……、掘ってみなけりゃ分かんないじゃないですか」と全員が不満を漏らした。

熟慮した結果、山代班の総意として報告書を元に本部には報告せず、単独で捜査することを決めた。ならば話は早い。情報源であるクラブオーナーの飯塚に会ってみろと浅野と宇佐見に命じた。だが、単独で潜るが全員という訳にはいかない。浅野と宇佐見以外は本部から命じられた捜査を続けることにした。どこまで胡麻化しとおせるか……。一抹の不安はあったが先ずは情報を潰していかざるを得ない。

指示を受けた浅野は無言で頷き、グラスの底に残っていた麦焼酎をグイッと乾した。眼鏡を掛け、やや小太りで長い髪を七三に分けた浅野は大学教授を思わせる風貌だが、口数が少なく服装には無頓着。黙って座っている姿からは近寄りがたい雰囲気が漂っている。どう見ても刑事には程遠い。一方の宇佐見は体重が百キロを超える巨漢だが、愛嬌があって皆から愛される存在だ。

翌二十六日、六本木交番で当直の綿引巡査と会い、注意報告書の内容を確かめた。

三年前の「コウジ」と「ユウジ」

七月二十六日の夜、浅野と宇佐見はクラブ「ＫＡＺＯＯ」の事務所に歩いて向かった。麻布署裏から六本木六丁目の芋洗坂までは十分とかからない。事前に連絡を取っていたので経営者の飯塚和男が待っていた。

「この間も麻布署の刑事さんたちが来たぜ。その時知っていることを話したが、通り一遍のやり取りだけで帰っていった。だけどさぁ、何なんだい、あの態度は――」と不満顔で言う。「人にモノを訊く態度じゃないよな」と。

「悪いなぁ。何度もすまないね。もう一度詳しく話してくれないかなぁ」と浅野が詫びた。その言葉に気をよくしたのか飯塚は、「三年ほど前になるかなぁ……。店で働いていたイギリス人のモニカ・ウィルソン（ルーシーとカリタ以外の被害者はすべて仮名）って娘なんだけど」

続けて、日本人の客に誘われて葉山か逗子方面に連れて行かれた。その後、マンションの部屋で薬物を飲まされて十五時間ぐらい意識不明になったらしい。他にも二、三人の外国人ホステスが同じような被害にあった、というものだった。

「信じられないなら仕方ないけど。もし必要ならモニカを事務所に呼んでおくが、具体的な話はそのとき直接訊いてくれ」

さらに飯塚が続ける。

「その当時、麻布署に相談したが、けんもほろろにあしらわれた。その時に捜査をしていたら被害者は出なかったのによ……。恨むぜ」と嫌味も忘れていなかった。浅野は丁寧に頭を下げて協力を願った。

飯塚の本業はバイクの販売と修理で、全国展開をしている宅配ピザの配達用バイクを扱う会社を経営していた。この仕事が当たって多少のゆとりができ、六本木を中心に遊びまくっていた。その縁で知人に頼まれて出資したクラブのオーナーに納まった。

他店で遊ぶより自分の店で呑んだ方が安い。そんな感覚で始めたビジネスが合っていたのだろう。先行していた外人クラブを真似てみたが、ヒッピー崩れの外国人女性より美人の留学生を選んで店に置いた。愛嬌があって可愛い感じの娘、スタイルの良い娘、すべて白人女性だった。それが嵩じてスウェーデン、フィンランド、イギリスなどを回り、直に会ってスカウトするまでになっていた。

　翌日の夕方、浅野の携帯電話が鳴った。飯塚からだった。

「モニカと連絡が取れた。事務所に来てくれよ、会わせるからさ。ただ話の具合によっちゃ三浦半島までドライブってこともあるからさ、車を用意してくれよ。本人は協力してもいいいって言ってるし」

　浅野と宇佐見は山代と相談し、当日は休暇を取って浅野の自家用車で行くことにした。

　その日、浅野は目黒区池尻の官舎を出て、宇佐見を拾い飯塚の事務所に向かった。

「主任、その娘、美人だったらいいですね」と助手席の宇佐見がおどけて囁く。

「馬鹿を言うんじゃない。口を慎め」

　事務所で飯塚からモニカを紹介され、浅野が話を聞いた。

　彼女はたどたどしい日本語と英語を混ぜて被害を訴える。それを飯塚が訳し、宇佐見がメモを取り始めた。

「ちょっと待って、順を追って訊いていくから。ゆっくりと話して……」

　浅野は興奮して早口になっていくモニカに優しく言った。

「わかったわ。今から三年前だったかな。だから一九九七年だわ。十月十日のことだけは絶対忘れない。デートの約束をした客の名前はコウジ。午後一時に六本木で待ち合わせをしたの。クラブには何度か来ていて、その都度モデルの仕事を紹介してあげると言うの。今度ランチを食べながら詳しい話をしよう、と誘われた。それで会ったんだけれど……」

浅野が目で話を促した。

「車はセダンタイプだったと思う。ドライブして海の見えるレストランで食事をしようっていうから車に乗った。どこかのヨットハーバーに寄って、そこのレストランで食事をしていた時、友達のパーティがあるから一緒に行こうって。マンションの部屋に連れて行かれたのよ」

「それで？」

「コウジの部屋に入って、リビングでマライア・キャリーや他の歌手のビデオを見ながら話をしたわ」

「コウジとは何語で話したの？」

「彼とは英語で話した。とっても巧い。それで、彼からフィリピン産のワインがあるけど、珍しい物だから飲んでみないかと勧められた。だけど、ワインはあまり好きじゃないし、ちょっと怪しいじゃない。フィリピン産なんて聞いたこともないしさ。だからジントニックを頼んだ。二口、三口ほど飲んだかしら。アッと思う間に眠くなって、その後は意識がなくなった。気がついたのは翌日の昼頃……。服は着ていたけど、どこかおかしいと感じたの。どこがって上手く言えないけど、他人から着せられたと言った感じね。それに下着も撚《よ》れていたの。男じゃ分らない感覚よね。なんて表現したらいいのか……。とにかく気持ちが悪かった。もぞもぞと動いていたら『部屋にガスが充満して中毒に掛かった。僕も気持ちが悪い。でも、このことは誰にも言わないで欲しい』って頼まれた。暫く休んでいたけど、早く東京に帰りたいからって言うと、『近くまで送っていく』と言うから車で送ってもらった。どこかは知らないけどタクシーが通りかかったので、クーポン券を貰って六本木に帰ってきた」

モニカが話し終わるまで黙っていた飯塚が急に喋り出した。

「なにか、まどろっこしい話だな。俺は聞いているから大体の見当がついているんだ。そこまで行けばモニカだって思い出すだろうさ。なあ、直ぐに行ってみようぜ」

彼女も同意している。飯塚に急かされた浅野は山代に連絡を入れてから車に乗った。ハンドルは宇佐見が握り、首都高速道路の渋谷料金所から用賀経由で第三京浜に抜けるコースは飯塚が指示をだした。

「モニカが言うには、悪戯されたあと一年ぐらいイギリスに帰国していたけど、再来日して友達の別荘に遊びに行ったんだってさ。そしたら、偶然、野郎に連れ込まれた場所を見つけたって言うんだよ。そうだよな」

飯塚がモニカに同意を求めた。そう、そう、と応える。

「どこだったの？」運転をしている宇佐見が口を挟んだ。

「湘南っていうの？　海が見えて、ヨットやモーターボートがたくさんある場所」

「湘南って一口に言ってもいっぱいあるけどさ、話の内容ならヨットハーバーかマリーナだろう。だけど幾つかあるぜ、わかるのか？」

助手席から浅野が疑問を呈した。すかさず飯塚が言い返した。

「大体の見当がついているって言っただろう。モニカはパームツリーの並木があったって。多分逗子マリーナさ」

車は狩場インターから横浜横須賀道路に入り、逗子インターで下りた。

暫く走り、逗子トンネルを抜けた時、左折しようと飯塚が言った。

「えっ、逗子マリーナなら右折でしょう？」驚いた宇佐見が言い返す。

「そうだけどさ。俺の経験だと、遊び人なら先ず葉山マリーナでお茶するけどね。まさか初めてのオンナを一直線で部屋に連れ込もうとしないだろう。警戒されちゃうからさ。まぁ、ダメもとで行ってみようや」

わかった、と浅野が頷いた。

四人は葉山マリーナに車を停め、コーヒーショップに入った。

海側の席を取り、それぞれ飲み物を注文する。夏真っ盛りの午後、青空には入道雲が湧き相模湾の波は穏やかだった。ディンギー（小型ヨット）が数艇、色とりどりの帆を張って疾走している先に遥か江の島が霞んでいる。

ウエイトレスが冷たい飲み物を運んできた。飯塚が躊躇もせず気軽に声を掛ける。

「かれこれ三週間前になるんだけどさ、七月一日に外人の女性がここに来なかったかな？　探しているんだけどね」

飯塚がルーシーの写真を見せろ、と顔で宇佐見に合図する。

宇佐見がちょっと躊躇すると浅野が顔を曇らせた。慌てた宇佐見がセカンドバッグから手帳を取り出し、挟んであったルーシーの写真をウエイトレスに見せる。

彼女は一瞬訝ったが、何か思い当たったような表情を浮かべた。浅野はその表情を見逃さない。

「何か心当たりでも？」

「今、テレビや新聞のニュースで話題になっている人ですよね……」

「そうです。見たことがありますか」

「ええ、覚えています。みんなであの人だよね、って話していましたから……」

「この店に来たんですか？」

「はい。多分その人だと思うんですが……、あそこの窓際の席で男の人と……」

他に見た人がいますか、と浅野が突いた。彼女はもう一人のウエイトレスを呼んだが曖昧さが残る証言だった。テレビの印象が残っている可能性もある。その日のルーシーらしき女性の特徴を覚えているかと問うた。二人ともハッキリと覚えていないが、黒っぽいタンクトップに金髪だか明るい茶の長い髪の白人女性だった、と証言する。

「ほかに何か思い出したら連絡をください」と名刺を渡し、四人はこの場を後にした。

車は逗子マリーナのメインロードに入り、パームツリーの並木が四人を迎える。

「ここよ、思い出した」とモニカが口を手で塞ぎ、噛み締めるように過去の忌まわしい思いを吐き出した。敷地の中をゆっくりと一周してから施設の駐車場に止めた。

モニカは三年前の微かな記憶を呼び覚ますかのように、棟の一つひとつを確認しながら四号棟に辿り着いたが、連れ込まれた部屋までは特定できずにいた。浅野は彼女に間取図を書かせてみた。記憶を呼び戻すかのように書くが、大雑把な感じだ。だが初日に追い詰めても仕方がない。

「今日はここまでにしましょう。だけどよくここまで思い出してくれました。お疲れ様でした」とモニカを労い、飯塚にも礼を言う。

「さてと、これから車で六本木へ戻るとなると、道が混んで時間が掛かるしなぁ。俺たちは電車で帰るか。なあ逗子駅まで送ってよ」

飯塚が時計を眺めて言った。

「結構ですよ」

浅野は二人をＪＲ逗子駅まで送っていった。

その夜、児玉と井ノ口はクラブ「クエスト」に向かった。店に在籍していたオーストラリア国籍でパース出身のジェシー・マードックが待っていた。彼女は関西訛りの達者な日本語でこう言った。

「店長から聞いたわ。協力してもいいけど、私の名前は出さんといてな。約束して。その男とは何度も付き合うていたし、現金や品物も貰っていたやさかいに……。でも、騙されていたなら口惜しい」

ジェシーは暗に金銭目的で交際していたことを認め、男の特徴や車など、微に入り細に入り話し出した。

海の見えるマンションの部屋で食事をしながら変な酒を飲まされたあと、意識を失い、気がついたら翌日の昼過ぎだったこと。さらに、起き上がったときに吐き気を覚え、気持ちが悪かったことや下腹部や性器に異常な感覚があったという。

ジェシーは忌まわしい記憶を呼び戻すように断片を話すが、何年も前のことなので曖昧さも隠せない。それでも児玉は黙って聞いた。被害者が記憶を辿って思い出す言葉に頷く。

井ノ口が小さな手帳にメモを取っていた。その様子を見て、男の携帯電話番号と名前が自分の手帳に書いてあると突然言い出した。でも、オーストラリアの家に置いてあると。

「いいわ、母に聞いてみるね」

店長の許しを得て、事務所の固定電話から国際電話を架けた。母親に確認してもらうと手帳があった。ボールペンで黒く塗り潰した箇所を開くと確かに携帯電話の番号があった。明かりに透かすと何とか読み取れる。

『030―2××―3301』と書かれてあった。番号の下には名前もある。

「ユウジ・ホンダ？」母親が読み上げた。

「そう、その男や」とジェシーは相槌を打った。

だが、その男が今回のホシ（犯人）だと決めつけられる訳ではない。あくまで捜査の過程で浮かんだ一人にすぎない。

井ノ口は手帳の任意提出をジェシーに頼み、本人了解のもと母親に送ってもらうことになった。

次に店長が名前を挙げていたカナダ国籍のケティ・ブラウンと会った。

ケティは都内でレストラン経営者と会った時「最近イギリス人ホステスが男性客に海辺にドライブしようと誘われ、出かけたまま所在がわからなくなった」と聞かされた。

「私も三年前に同じような経験をしたの。以前、カズという男に誘われて海の方に行ったことがあって、その時、薬を飲まされて意識がなくなり、何か変な事されたかもしれない」

驚いた経営者に「そりゃ大問題だ。警察に届けた方がいい」と勧められて当時交番に届けたが、相手にされなかったと不満顔で児玉に愚痴を溢した。

ケティはカナダ人の父親とフィリピン人の母親から生まれたハーフで美人だ。

「三年前の三月上旬だった。店の客でカズと名乗る男の席に付いて知り合ったの。何度か来てくれ指名もしてくれた。その時ドライブに誘われて海辺でランチをしようと言われたの。そして逗子にあるマリーナに連れて行かれて部屋で飲もうと連れ込まれた。飲み物に薬を入れられたのか、直ぐに意識を失い性的な暴行をされたらしいの。それで警察に届けても相手にされなかった」

その時の悔しさを思い出して怒りを募らせたが、気持ちが落ち着くと、一転して捜査に協力すると約束してくれた。

通話履歴

麻布署の捜査本部は、当初から投入された捜査一課特殊犯捜査二係の六名に加えて、生活安全部少年育成課員二名、麻布署員以外は第一方面本部所管の各警察署から一名ずつ、実働捜査員は二十名だった。その後に加わった殺人犯捜査十一係の山代班が九名。

さらに八月二日になると捜査一課から二十九名、通訳センターから二名、麻布署が十五名、原宿署から一名が動員され、さらに基立ちだった寺前班は入れ替えと補充が繰り返されていた。捜査本部にはこれまでにも不審者情報は数多く寄せられており、手分けしてそれらの情報を潰していたが結果は無残なものだった。

一方、山代は組織捜査を主眼とした本部の方針に逆らって潜って捜査を続けているが、命令違反であることは重々分かっている。

世間から注目されているルーシー失踪事件は海外からも注視されていた。八月に入り捜査開始から約三週間が経過したが捜査に進展がないことで幹部たちは焦り始めていた。捜査本部からの指示を受け、形ばかりの捜査の報告書を提出するが、会議で報告すれば叱責されることが多くなってきた。

適当な報告書はいつか見抜かれる。山代班だけの捜査メモはまだ報告できず綱渡りの状況だった。

「なにをこそこそ嗅ぎまわっているんだ。勝手な行動をするな」と有働からも注意を受けた。さらには制裁として捜査本部にいながら事件番に戻されたことさえあった。周りの白い眼にも耐えた。

しかし、まだ報告するだけの決定打がない。山代は上司の新妻管理官や有働理事官に対し心底苦しく、万が一の時の責任は自分が取ると決めていた。

重苦しい捜査会議が終わった後、毎夜集合する居酒屋で山代班だけの捜査会議は活気があった。疲れた体に一杯のビールは、喉を潤すと同時に解放感を与え、軽口が飛び出してくる。

単独捜査で分かったことがある。それは被害を受けたという女性三人の証言で共通しているのが、逗子マリーナと被害状況だった。決定的だったのは携帯電話の番号だ。細い糸が切れずに段々と太くなるように感じる。それは捜査の勘と言うべきか。姿が見えない容疑者にヒタヒタと近づく実感があった。

しかし、当面の難題は捜査幹部の目を、どうごまかすかということだった。山代班の捜査員は八名、裏で動かせるとしても二名が限界だった。誰を当てるか、山代の悩むところだ。

井ノ口はまだ三十五歳の警部補で頭脳明晰、快活な刑事だと自分なりに評価している。県立広島工業高校のラグビー部では全国大会で活躍したと記憶していた。しかし最近は走り込みができず、腹回りに肉がつきすぎたことを気にしている。実は二十年後に捜査一課長に就任することになるとは、この時点では誰も想像すらできない。

児玉筆頭主任警部補は福岡出身で五十代半ばを越えていたが、捜査一課の生え抜きで他の班からの異動で山代班に加わった。服装には気を遣う一方、捜査に対する執念は人一倍で幹部からも信頼されていた。昔気質で叩き上げの苦労人だと評する後輩もいる。

山代はこの二人を組ませてみることにした。

ジェシーが手控えていた末尾3301番は十分な手掛かりになると踏んで、聴取した児玉と井ノ口が担当することにした。ただ、この件は正式な捜査ではない。井ノ口は直ちにNTTドコモ本社に勤務している友人に連絡を取り、携帯電話番号の末尾3301番の契約者と通話履歴を密かに調べて欲しいと頼み込んでいた。

回答の結果、契約者は『田中一』という人物で、住所が東京都台東区上野四丁目一〇番×号〇〇ビル四階とわかった。副島・藤井組がこのビルに出向いて確認したが、同名の人物は存在しておらず偽名での契約であったと判明。被害者女性から得られた貴重な情報の一つだっただけに、班員の落胆は大きかった。

残された一縷の光明を求めて、丹念に通話履歴の記録を目で追ってゆく。

通話記録には電話を受信した情報も記載されているが、ルーシーの友人ルイーズの携帯電話は勿論のこと、『代々木ハウス』のピンク電話に架けたという記録もない。

万事休す、と思われたが、平成十二（二〇〇〇）年六月二日の通話が引っかかった。相手の番号は090―44××―2204。これはプリペイド式の携帯電話で、契約者は『タカギユウジ』。通話時間は数秒足らずだ。何か変だ。数秒足らずの通話先だとしても潰しておく必要性があった。

井ノ口は再度友人に連絡し、末尾2204番を含む通話記録を詳細に調べて欲しいと懇願した。捜査本部に許可を得ない非公式な依頼だけに友情を頼るほかないのだ。

数日後の八月二十二日、宇佐見は汗を拭きながら千代田区永田町の山王パークタワーの玄関を入った。三月に移転したばかりのNTTドコモ本社の受付に預けてあった回答書を受け取り、逸る心を押さえてビルのトイレに駆け込んだ。

通話記録の中に何か貴重な情報があるはず、一縷の望みは山代班全員の願いでもある。末尾２２０４番は平成十二年六月二日から七月三日までの間に十一人と延べ五十四回通話している。宇佐見は相手番号の欄を目で追った。手帳に書かれている番号と照し合せ、まるで宝クジの当選番号でも確かめるかのように何度も突き合わせる。

七月一日十七時四分、末尾２２０４番の発信地は逗子。

相手の番号は０９０―７２××―９５２１番。ルイーズの携帯電話だ。

「ビンゴ！」

宇佐見の胸は高鳴った。同時にルイーズの供述書にはルーシーが架けてきたときの様子が記されている。

「今日は楽しかった。彼が約束通り携帯電話を買ってくれた。あと一～二時間後には帰るからね。この電話は彼のだから切らなくては……」

ようやく見つけることができたルーシーとの接点だ。宇佐見はトイレの狭い個室で思わず飛び上がった。焦る気持ちをどうにか落ち着かせ、山代に一報を入れた。

山代は休暇中の新妻に電話して今までの単独捜査を詫びつつ、とんでもない成果を報告した。それを聞いた新妻は、同じく夏休み中の有働に報告した後、二人とも休暇を取り止めて捜査本部に駆け付けた。

山代班員も本部に集結した中、判明した事実を基に仮説が立てられた。

「この2204番が十七時四分にルイーズの携帯電話に架電していることは実証できる。この時間にルーシーはルイーズに対し『彼の電話だから……』と言って早々に通話を止めている。つまり、2204番は『コーワ』の携帯電話でなければならないはずだ。しかし、問題はこの電話の契約者は『タカギユウジ』となっている。さらにプリペイド式の携帯電話だから、おそらく偽名での契約だろう。あるいは電話機そのものが転売されていることも想定しなければならない」

「契約者と利用者が別人と言うこともあるわけですね」

「それも視野に入れつつ、先ずは2204番からの発信を受けた十一人から聴取すること。もう一つは携帯電話機の製造番号から購入した店舗を割り出すことだな」

新妻は見解を加えたあと、「それと……、単独で動いて成果が出たからといって決して褒められたものではない。今回は当たったけど、まぐれだったと言われぬように頑張ってくれ」と山代たちを窘《たしな》めた。

それを見ていた有働は立ち上がって「俺の見立てが間違っていた。勘弁してくれ……」

と山代に頭を下げて詫びた。

班員らは理事官の有働が自ら非を認めて頭を下げたことで、それみたことかと溜飲を下げたのだが、新妻が有働の気持ちを代弁する。

「理事官も係長時代にお前らと同じようなことをした事件もあったのさ。だからお前らの気持ちはわかる。ただな、今はお前らと違って立場がある。上には一課長、参事官、刑事部長もいるんだ。分ってやれよ……」

それぞれの感情はさておき、捜査を進展するためにはやらなければならないことがあった。好意で出された通話記録は証拠にならないため、通常は所轄の麻布署刑事課長名で令状請求をするのだが、秘密保持のため、捜査本部の山代悟警部の名前で裁判所に令状請求が出された。所謂後追い令状だ。これを突破口にして一気呵成に動き出す。

その夜、いつもの居酒屋「兜」に山代班全員が集まって祝杯を挙げたことは言うまでもない。自分の非を認め山代班に詫びた有働は、管理職として男らしいと言う者もいた。

山代班の面々は意気軒高、日頃の疲れも一杯の酒が吹き飛ばしていった。

四年前はどうなるものかと心配したが、よくぞここまで頼もしくなったものだと山代はしみじみと思いを噛みしめた。

数日後、プリペイド式携帯電話機を販売した店は、契約書類に記載された製造番号から直ぐに判明した。ヨドバシカメラ新宿店が平成十二年六月二日に販売した中の一台で、数台まとめて購入されていた。ところが一括購入された電話機であるにもかかわらず、契約者はそれぞれ別の名前になっており、購入者そのものを割り出すことができなかった。

勿論、契約者をすべて洗い出していったが、末尾3301番の『田中一』と同様に契約者の実在は確認できず、宇佐見の喜びも〝糠喜び〟に転じる気配が濃厚になりつつあったが、一つずつ丹念に調べて潰していくしかない。

その一方で捜査班を思わず勢いづける情報が入った。

製造番号のさらなる追跡捜査で、ヨドバシカメラで携帯電話をまとめ買いした人物はNTTドコモだけでなく、ツーカーセルラーとも契約を結んでいたことが判ったのだ。

ドクター・ケイ・スカーペッタ

ジェシーの事情聴取結果は、直ちに新妻管理官や有働理事官にも報告された。捜査判断を任されていた新妻は山代係長に、ジェシーを突破口にして捜査に当たれ、と指示を出した。

山代は捜査の主眼を二点に絞った。

過去、被害にあった外国人女性が三名いる。容疑者の男は日本人で、モニカには「コウジ」、ジェシーには「ユウジ」、ケティには「カズ」と名乗っていたが、三人が受けた犯行の手口には共通点がある。犯行場所の特定ができれば、同一人物の犯行と推認できる可能性は高まる。

さらに、ジェシーからは携帯電話の番号という貴重な情報も得ていた。

それでも、ルーシーとこの容疑者たちは結びつくのだろうか。

「間違いない。絶対にこいつだ」

山代だけではなく、有働理事官、新妻管理官たちの長年の捜査勘も一致していた。

被害女性たちは犯行があったと見られる場所で酒を勧められ、疑うこともなくそれを飲んだ。その直後に意識を失い、気がついたときには翌日になっていたという。被害女性のなかには、「ほんの数十秒」で意識を失ったと証言する者もいる。彼女たちが飲まされたのは、おそらく酒だけではあるまい。酒になんらかの薬物が含まれていた可能性は高い。

有働は理事官席の電話で、警視庁捜査一課科学捜査官室の服藤恵三《はらふじけいぞう》警部を呼び出した。

「服《はら》さん。ちょっと来てくれる？　相談したいことがあるんだけど……」

警察官でありながら医学博士でもある服藤は、警視庁内では例外的な経歴の持ち主だった。東京理科大学で化学を学んだ後、製薬会社に入社。その後、科学捜査研究所への転職を果たしている。科捜研への入所後も休日や空き時間を使って東邦大学医学部薬理学教室に通った。専攻は薬毒物学で、博士号を取得している。

服藤のこの経歴と専門性は、オウム真理教が引き起こした事件の解明でも存分に発揮され、のちに〝地下鉄サリン事件〟と呼ばれることになる事件では、当時築地署の刑事課長だった新妻から緊急鑑定を託され、乗客乗員の殺傷に使われた毒物がサリンであることを僅か三十分で突き止めた。その後も服藤は、オウム真理教関連事件の捜査で「オウムの科学」を、次々に解明していく。

服藤のこうした実績は、警視庁の幹部に〝科学捜査官〟の必要性を強く認識させ、平成八年四月には、早くも「科学捜査官室」が設置されることになった。服藤はこの時点で、科捜研の研究員から科学捜査官へ転任している。

警視庁の総合庁舎七階に新しく設けられた科学捜査官室は、証拠品の検査・分析が主な役割である科捜研とは違い、事件捜査に科学的な観点からのアプローチを行う部署であり、捜査一課長時代に「地下鉄サリン事件」で指揮をとった寺尾が、服藤の高い専門性と捜査センス、また捜査員への適切なアドバイスに惚れ込んで設置を主導した。

寺尾の指示で「科学捜査官室」の設立準備を担った服藤は、新設と同時に責任者に就任する。

その二年後に、和歌山県で「毒物混入カレー事件」が発生し、警視庁捜査一課から警察庁に出向していた有働が、捜査の陣頭指揮を任されることになり、服藤と何度も和歌山に赴いた。この時も服藤の高い専門性にはずいぶん助けられ、まさに服藤との二人三脚で事件を解決に結びつけた。

有働が服藤に抱く信頼は深く、捜査において科学的な難問に直面すると、有働は必ず服藤に意見を求めた。服藤もまた、有働の期待には必ず応え、服藤はいつしか、〝警視庁のドクター・ケイ・スカーペッタ〟と呼ばれるようになる。

「スカーペッタ」とは、米国人作家パトリシア・コーンウェルのミステリー小説である『検屍官』シリーズに登場する法医学者のことだが、一課内では敬意を表してこんな愛称で呼ぶようになった。寺尾もコーンウェルのファンだという。

外国人女性たちへの性的暴行に、なんらかの薬物が使用されているのなら、今回も服藤の力を借りなければならない。有働はこう感じて服藤に電話をかけたのだ。

捜査一課の理事官席へやって来た服藤を前に、有働は女性たちの訴えをかいつまんで伝えた。

「服さん。これはまだ極秘なんだけどね。アルコールに混ぜると数十秒で意識を失ってしまうような薬物って何かあるかな?」

「直感的にはベンゾジアゼピン系の睡眠導入剤が思い浮かびますが……。睡眠薬を服用した人が感じる入眠までの時間は、目覚めてから思い起こすと、実際よりも短く感じる傾向があるので、もしかすると、その被害女性たちも意識を失うまでには数分から十数分はかかっているのかもしれませんね。この種の薬物は、アルコールと併用すると効果が増強されるという報告もありますよ」

「服さん。それ、リストにまとめておいてくれないかなあ」

服藤には全幅の信頼を置いている。それはもうすでに絆といっても過言ではなかった。

有働は服藤からの報告を黙って待つことにした。

第三章　逮捕

消せない痕跡

有働はツーカーセルラーの携帯電話の追跡捜査を、光眞管理官率いる特殊犯に任せた。先陣を切って光眞が動く。特殊犯捜査は拉致・誘拐捜査で培われたノウハウを生かしツーカーセルラーに協力を要請した。

ツーカーセルラーは「膨大な通話記録からの抽出は困難」という理由で、一度は協力を断ってきた。だが光眞は何度も訪問して誠心誠意、捜査状況を説明した。

すると、「国際的にも関心が高い事件であると同時に、技術的負担が極めて大きいため、今回の要請を前例としない」という条件で、協力を約束してくれた。

光眞は時間がかかっても捜査が一歩前進するなら有難いと礼を述べた。

ツーカーセルラーはエンジニアを休日出勤させてまでコンピュータをフル稼働させ、捜査本部は科学捜査官室の諸橋薫警部補を派遣して、共に調べて一つの電話番号を割り出した。第一種電気主任技術者の資格を持つ諸橋は科学捜査官の狭き門を突破し、平成十一年（一九九九年）に民間企業から転職してきた男で、服藤の部下である。解析能力に長けていることから今回も携帯電話の解析をするよう下命されていた。今回判明したのは、まとめ買いされたうちの一台、090―44××―4997番だった。

この電話機も契約者は偽名を使っており、結果として使用者には辿り着けなかったものの、初めて使用されたのが平成十二年七月三日の十六時五十四分で、『代々木ハウス』にいたルイーズの携帯電話に架電していたことがわかったのである。

ルイーズが非通知設定された電話を受信したのが、まさにこの時間だったのだ。つまり、末尾4997番の利用者は『タカギアキラ』だったことになる。

さらに、まとめ買いされたなかの一台の製造番号から明らかになったこともある。契約者不明の090―44××―5302番の発信地が逗子で、日付は七月一日だった。僅か十秒にも満たない通話だったが末尾2204番に架電している。ルーシーが『コーワ』の持つ末尾2204番の携帯電話機を用いてルイーズに架けたのも逗子だった。僅か数秒間の通話は2204番とジェシー・マードックがメモしていた末尾3301番との間でも交わされている。光眞と有働は、初めて使用する電話機が正常に機能しているか否かを試す通話だったと位置づけた。

それだけではない。十九時六分に5302番からルイーズの携帯電話に架電している。かけたのはルーシーで「彼がこの携帯電話を買ってくれたの。あと一時間ほどで帰るから一緒に渋谷へ行く準備をしておいて」と。

さらにこの電話番号からの最後の発信は、十九時十七分、ルーシーの恋人であるスコットに向けたものだった。だが、スコットは電話に出ず、留守録にメッセージを残している。

「ごめんなさい、今夜は一緒になれない。ルイーズと一緒に出掛けるの。明日一緒に楽しみましょう」

以後、ルーシーは音信を絶っている。


ルイーズは重要な参考人であるため、聴取による供述書や調書作成には裁判所法に則り専門職の通訳人を入れなければならない。光眞管理官は警視庁警務部教養課の通訳センターに要請し、西浦礼恵にルイーズの通訳を依頼していた。

さらに八月七日、ルーシーの母親ジェーン・ニコラ・ブラックマンが東京都千代田区一番町にあるイギリス大使館を頼って来日した。父親のティモシーが来日していることは全く知らない。その理由は離婚。ティモシーはルーシーが子供の頃に浮気が発覚し、幼い子供三人を置いて愛人のもとへと去っていった。そのあと、苦労して子供たちを育てたジェーンだが、ルーシーが異国の日本で行方不明になったことに、行き場のない怒りと不安を抱えていた。大使館の担当者から捜査状況を聞けば聞くほど不安が増した。

光眞は西浦を介して電話し、慰めの言葉と捜査状況を伝えると、「ルイーズが誘わなければこんな事件に巻き込まれなかった……」とジェーンは悔しがった。

憧れの旅で日本を選び突然事件に巻き込まれたのだ。母親としては至極当然の恨みを口にすることもあった。

五月四日に来日して三か月余り。親友の失踪事件に巻き込まれ、ルイーズは一か月間連日の聴取を受けた。心に深い傷を受けたルイーズは八月十日、成田国際空港から一時帰国している。


麻布署の捜査本部が手狭になってきたことから、弘光捜査一課長と有働理事官は捜査体制の強化を主眼に捜査本部の移設を考えていた。

前任の一課長であり、有働と同じ熊本出身の一ノ口正士丸の内署長（警視正）から丸の内署を使えと好意的な申し出があり、直ちに捜査本部の一部を丸の内署に移動した。

それに伴い、山代班だけは完全な保秘を徹底する必要上から、警視庁本部の四階にある捜査共助課別室に移された。同時に、寺前班の丸山とき江警部補と畑下亮巡査部長、他に二課出身の植村正彦警部補と原宿署から出向の西真人巡査部長、三重県警から派遣された葛山裕倫巡査部長が山代班に加わった。

葛山は国立三重大を卒業した県警のキャリアで警視庁に教育実習に来ていた若手であ

る。また西は第三方面本部に属している原宿署から出向。ルーシーとルイーズが住んでいた代々木ハウスの管轄が原宿署であり、ルイーズが最初に相談したのがこの署だった。だが受付を拒否され、仕方なく第一方面本部の麻布署に相談した経緯があり、この懲罰の意味合いから、西が生贄にされたのだと周囲から囁されていた。

畑下は寺尾生活安全部部長が捜査一課の管理官、理事官、一課長と昇進する度に運転担当として指名され、「捜査の神様」と言われた寺尾の薫陶を受けてきた。この畑下が後に大金星を挙げるのである。

丸山の経歴は公安部外事一課を振り出しに巡査部長に昇任。昇任配置で昭和四十九年から五十三年までの四年間、麻布署に勤務した後、古巣の外事一課に戻り、六十二年に請われて捜査一課へ転出している。この当時女性捜査員は数が少なく、特に性被害者に対する聴取を男性捜査員が行っていたことから問題が指摘されており、それらに対処する役割を担っていた。寺尾が管理官当時に着手した「ロス疑惑事件」捜査に参加し、得意の語学力を生かしてロサンジェルス市警及び保安官事務所との交渉等に力を発揮した。その後「オウム事件」でも捜査に加わり、平成八年三月、女性警察官として珍しく警部補として高輪署に昇任配置。交通課の係長として勤務していた。

その四年後の平成十二年七月に入り夏季休暇を取ろうとしていた矢先のことだった。弘光一課長から犯罪捜査ができる女性捜査員として一課に戻れと言われ、外国人被害者対策の要員として七日、麻布署の捜査本部に加わった。ルーシーの失踪に絡む捜査状況の説明を受け、ルイーズの聴取、十五日にはルーシーの父親の面談にも立ち会う。さらに、捜査員として外人クラブでの聞き込み捜査に奔走していた。

山代班は警視庁四階の部屋に陣取ると、直ちに携帯電話の通話記録から追跡を再開した。ジェシーのメモにあった電話番号末尾３３０１番で浮上した契約者の「田中一」を唯一の手掛かりとしてしつこく調べてみると、青森県青森市に在住していることが割れた。さっそく山代は副島と西に青森出張を命じた。容疑者とは断定できないが、重要参考人であることには間違いない。

青森駅前でレンタカーを借り、西がハンドルを握った。本州の北の果てとはいえ、八月は朝から気温が上昇し汗ばむ陽気だ。郊外の戸建市営住宅に田中の家がある。古い平屋の木造住宅が見通せる場所に車を停めて様子を窺った。

副島はさりげなく周辺の聞き込みから始めて田中の風体を訊き、所在を確かめた。田中は青森市内にあるタクシー会社に勤務する運転手で、結婚していることまでわかったが、妻は乳飲み子を抱えてパートに出ているらしい。

張り込みを始めた翌朝、妻が乳児を抱えて出てきた。尾行をすると近所の弁当工場へ入っていく。勤務先のようだ。暫く張り込んで退勤時に話を訊くと、田中は帰宅していないようだった。別居中ということか。身の上話を丁寧に聞き、田中と連絡を取ると約束してもらい、二人は帰京した。

数日後、田中から連絡があり急遽児玉と飯弘が青森に向かった。

田中を聴取した結果、平成十二年六月二日、新宿のヨドバシカメラでプリペイド式の携帯電話を契約した日は青森のタクシー会社に勤務し、仕事中だったことが判った。つまりアリバイがあり、これも偽名での契約だったのだ。

ではなぜ実在の田中一という人物の名前を使ったのか？　田中は契約日より数年前に都内で働いていたことがあった。当時アパートの郵便受けから公共料金の請求書を盗まれた記憶があり、それが偽装契約に使われたのではないかと推測された。捜査とは結果が無駄足でも、最後まで一つひとつ潰していく作業にほかならない。

前歴者照会

関西弁を話すジェシー・マードックに犯行現場を特定させる。これを引き当たり捜査と言う。井ノ口は本人から聴取しているが、浅野は初めて会うのである。山代から命じられ二人はジェシーから当時の話を訊いてみることにした。

「確か……、海の近くで……、ヨットハーバーがあった気がする。大きな建物がいくつもあって、道路脇にはパームツリーの並木が続いていたはずなんやけど」

ジェシーにとっては一度行っただけの場所だ。記憶は曖昧だった。井ノ口はモニカやケティが証言した逗子マリーナだと思うが、後の公判維持を考えると、誘導尋問になっては元も子もない。

「その場所まで行けば何か思い出すかな?」

浅野は他にも被害を受けた女性がいることは告げず、ジェシーを車に乗せて三浦半島へと走らせた。

微かな記憶しかない場所へ通じるルートなど覚えているはずもないジェシーだったが、車窓から景色を眺めているうちに記憶が少しずつ鮮明になってきたのか、試行錯誤しながらも浅野たちをどうにか逗子マリーナへと導いてくれた。

これでモニカ、ケティ、ジェシーの三人が同じ場所を示したことになる。三人とも部屋の番号までは覚えていなかったが、彼女たちが被った被害と逗子マリーナには何らかの関係があるはずだ。

浅野が一人で管理棟を訪ねて、身分を提示し責任者に面会を求めた。

しばらくして管理部長が対応したが、浅野が入居者の名簿を見せて欲しい旨申し入れると、全室賃貸物件ではなく所有権売買のため管理組合の許可がいるという。さらに著名人や大手企業経営者などが物件を所有しており、個人情報は開示できないと断られてしまった。

三人は一旦帰京し、ジェシーを送り届けたあと山代に報告。山代は事件解明のためには名簿がどうしても必要だと力説した。浅野は翌日から何度か管理部長を訪ねて説得に当たった。その熱意が通じたのか管理部長は自分の責任で所有者の登録台帳を貸すと約束した。ここから山代班が怒濤の動きを見せていく。

逗子マリーナ内に立ち並ぶ建物は一号棟から九号棟まであり、戸数は有に千を超える。千人を超す所有者の前歴者照会は宇佐見と畑下に任された。二人が相談して名簿を半分に分け、情報管理課のパソコンから前歴者記録に照らし合わせる作業を始めた。

豪華なマンション所有者の中には僅かだが前歴者として記録されていた人物がいた。そのほとんどが軽微な犯罪だった。その中で四号棟四三一四号室の所有者である織原城二という人物の前歴には畑下も目を奪われた。

南紀白浜海岸の女子トイレをビデオカメラで盗撮したとして、和歌山県警白浜署が平成四年に逮捕していた。遡れば昭和五十九年にも同様の犯罪行為を行っている。つまり性犯罪の常習者だったのだ。

山代班は千金に値するこの事実を得て一気に色めき立った。前歴者記録には顔写真も残っている。取り急ぎ、写真をファクスで送ってもらい、山代は副島と西に和歌山に飛べと指示を出した。

さらに織原の顔写真を入手したことから、もう一つ確認するべきことがあった。

ジェシーに連絡を取った浅野と井ノ口は、何枚もの男の顔写真の中に織原城二の写真を紛れ込ませて見せた。ジェシーは少し躊躇していたが織原の写真を選んだ。これで手帳にメモしていた末尾3301番の携帯電話と織原が繫がった。

別の機会に写真を見せたモニカも同じ写真を手に取った。複数の証言が一致したのだ。

「こいつか！」

浅野から報告を受けた山代は感慨深げに織原の写真を見つめて続けた。

「後はこの野郎がルーシーと結び付くかどうかだな……」

山代は浅野がまとめた報告書を持って新妻と有働に上げた。

有働は光眞に諮って、特殊犯捜査係が突き止めたツーカーセルラーの末尾2204番で連絡を取り合っていた二人の日本人女性に写真を見せた。やはり、織原の写真を指し、『カズ』と名乗っていた織原から性的被害を受けたと証言した。

逗子マリーナに部屋を所有する織原城二が、通話記録を通じて『タカギアキラ』使用の携帯電話に結び付き、それればかりか新たな性的被害者に結び付いていく。

「目下の最重要参考人は織原城二！」

山代班や特殊犯捜査係の地道な捜査によって狙うは一人の男に絞り込まれる。ようやく辿り着いたのだ。

和歌山県警・白浜署

ジェーンがメモした末尾３３０１番は地裁からの捜索差押許可状が下りている。

ＮＴＴドコモの通信記録や発信基地の位置探査記録を眺めていた九々はふと思いついてゼンリンの住宅地図を手に取った。ひらめきを忘れないよう急いで港区元赤坂のページを開き、拡大コピーして眺めてみた。

携帯電話に不可欠なのが基地局だ。ビルの屋上や電柱、鉄塔などにある無線通信基地局のアンテナに番号が振られて設置されていた。何か謎解きをしたようなピクピクした感じが身体から湧き上がってくる。

弁慶橋の外堀、首都高速道路四号線が堀に沿って走っている。九々は鉛筆で地図をなぞる。

中央は青山通りだ。豊川稲荷東京別院横の一方通行を上がると、弾正坂と交差、さらに信号を直進。左側は宮内庁官舎。基地局の番号を書き、探査記録から電波の方向性と強弱を重ねると、浮かび上がったのは外堀通りに面した元赤坂タワーズ——。

この発見を山代に報告し、畑下と共に捜査車両で赤坂に向かった。

青山通りから赤坂署前の信号を左折、弾正坂を下り切った三差路を左に曲がると信号があった。ここの三差路で右折は一方通行入口になる。左側は宮内庁の敷地で職員官舎が木立の隙間から垣間見え、門は皇宮警察官が立番していた。畑下は制限速度の三十キロを下回る速度で走行し、目的の元赤坂タワーズを探していた。周囲は超高級地で高級マンションが林立している。

「こんな場所に住んでいる人間ってさ、どんな人種なんだよ」

九々が呟くほどの立地だ。首都高速四号線が上に走り、外堀通りに突き当たる角地に立つ瀟洒なビルが十五階建ての元赤坂タワーズだった。

畑下が駐車場所を探している間、九々が単独で建物を見に行った。正面玄関横からスロープが地下の駐車場に続いている。覗くと、外国人女性被害者たちが話していた超高級外車ベントレーやロールスロイス、フェラーリ、ベンツ、ジャガーなどが並んでいる。高級外車の展示場のようで、合流した畑下と顔を見合わせた。

さらに玄関ホール脇の郵便受けプレートを見ると、六〇一、六〇二号室が『プラント・オリハラ』と表示されていた。

「これ、当たりじゃねえのぉ？」九々が呟くと畑下も頷いて同意した。

部屋から出てきた管理人に気安く声を掛けてみると、

「何かお調べですか？　あの岩手出身の大物国会議員のことでしょうか。秘書が逮捕されたという。あぁ、違うんですか。こっちの部屋ですね。そうですね、以前の所有者が中東のお金持ちでね、モスク（イスラム礼拝所）でした。そのあと買った人ですけど、大きい声では言えませんけどね、とにかく変わった人ですよ。会っても挨拶しないし、とにかく顔を隠すんですよ。さぁ、なにをしている方なんだか。地下の駐車場の車はその方が何台分か契約して使っているんで」

管理人との話を畑下に任せ、九々はエレベーターで六階に昇ってみた。二部屋の入り口周辺には数台の可動監視カメラが設置されている。大慌てでエレベーターに戻り階下に降りて畑下と合流。二人は管轄している赤坂見附駅前にある交番で巡回カードを確認するが、この部屋の所有者とは「面接なし」と記載されていた。

急いで警視庁四階の部屋に戻って山代に報告し、(有)プラント・オリハラの会社謄本等を取得すべく港区管轄の法務局港出張所長宛に弘光捜査一課長名で「捜査関係事項照会書」を発送した。

室内では副島と西が和歌山地検、和歌山県警白浜署から持ち帰った品々を、井ノ口や児玉が確認していた。白浜署の捜査報告書によるとこれは異常な盗撮事件だった。

犯人は電柱から海の家にある女子トイレの個室へ電源を引っ張り、女装して一日中個室に籠り、隙間から覗き込みながらカメラで盗撮していたのだ。一つの個室がずっと塞がっていたため、女性客たちから不審がられて通報された。白浜署員が駆け付け犯人に呼びかけても出てこない。揚げ句の果てに逃走しようとして逮捕された。

取り調べでは一切犯行を認めず、拘留が二十日間に及んだあと弁護士がついた。

弁護士から軽微な犯罪であること、罰金刑で済むと知らされた途端、織原は犯行を認めて釈放されたのだ。犯行については全く自供せずに罪だけ認めた形だった。

織原城二が逮捕された当時に所持していたもの全てが写真に収められている。それらを捜査員たちが検分している中、九々も一枚の写真を手にし、指紋検出に使うルーペで拡大してみた。それは現金書留を送った際に郵便局から渡される受取証だった。

氏名と住所が記入されているが、字が細かいので拡大してみると、住所は東京都港区赤坂9丁目××番地　秀和赤坂レジデンシャルホテル1032号室と読め、氏名欄には会社名「(有) クリエイション」と書かれている。

「これも調べてみる必要があるよね」

九々たちは他の捜査員にこの社の調べを譲り、元赤坂タワーズのプラント・オリハラの購入経緯や資金等の調べに入った。数日後、法務局港出張所から届いた二つの会社謄本の役員欄に織原城二の名前があったことから以後身辺調査が開始されていった。

Nシステム

光眞管理官直轄の寺前班捜査員は、手分けして毎日のように京浜急行に乗り、その先はレンタカーを借りて移動した。織原は湘南にマンションを二部屋持っていた。事件現場の逗子マリーナ周辺や三浦市三崎町諸磯にある織原所有のマンション「ブルーシー油壺」周辺などを、ルーシーの写真を持って聞き込みに歩いた。

それでわかったことは、七月一日の午後に葉山に近いレストランに二人が立ち寄ったこと、さらに逗子マリーナの管理人との雑談で、この日、四三一四号室でガスが出ないと、この部屋の住人から苦情があったことなど、重要な情報を複数入手した。

捜査員は東京ガスの「お客様センター」に確認した。担当係員によると、七月一日の午後六時過ぎ頃、織原が直接、お客様センターに電話をかけ、修理を依頼してきたという。

七時十四分、作業員が部屋を訪れ、湯沸かし器の修理を行った。その際、作業員は台所と風呂場蛇口からの湯の出具合を確認しようとしたが、織原がそれを頑《かたく》なに拒んだため、七時三十一分に帰った。

さらに捜査員は、神奈川県警三崎警察署などに挨拶し、地域課からも重大な情報を入手した。

地域課で見せられた報告書には、「挙動不審者に関する通報」とあった。七月六日の夜、「ブルーシー油壺」の管理人から四〇一号室の入居者が鍬《くわ》を持ってうろついているとの内容だった。

三崎署の警部補ら数名が臨場し、ドアをノックしたが、四〇一号の室内にいた男は、「シャワーを浴びていて裸だから開けられない」

と答えてドアを開けようとしなかった。「いいから開けなさい」などの押し問答を繰り返した末に、男はようやくドアを開けたが、警部補は男の上半身が裸で体中に汗をかき、所々に石灰のような粉が付着していて息も荒く、とてもシャワーを浴びていたように見えなかったことから、嘘をついているのではないかと疑問を持った。

男は「服を着てくる」と言って部屋の奥に戻ろうとしたが、ズボンに付いていたコンクリートの塊が落ち、わざわざ玄関の鍵を閉めたことから、「面妖《めんよう》だ」との不信感をさらに募らせた。

数分後にドアが開けられた時、警部補らは注意深く男の挙動や部屋の様子を見た。玄関内には無数のコンクリート破片が落ち、管理人が言っていた手鍬が廊下に立てかけてあり、奥の部屋には樹脂袋が見えていた。

不審を感じた警部補が「任意で部屋を見せてほしい」と言うと、男は強い剣幕で、「だめだ。何の権利があって室内を見るのか。それなら令状を取ってから来たらいいだろう。これ以上しつこく言うなら弁護士を呼ぶぞ」

と喚《わめ》き散らした。

同行していた警察官が「このコンクリートの塊は何だ」と追及すると、「風呂場のタイルを張っている」と言い張った。

「それならタイルを張っているところを見せてくれ」と説得しても、頑なに拒否する。

「じゃあ聞くが、あなたは何者だ。証明できる物を見せなさい」

と言うと、しぶしぶ免許証を提示した。男の名前は織原城二。四十八歳。東京に住所がある。

一時間以上やり取りを繰り返したが、警部補らはこれ以上任意では追及できないと判断し、管理人から事情を聞こうと管理人室に戻った。

しばらくすると、織原が管理人室まで下りてきた。警部補らに部屋を見せてもいいと言い、田園調布にある旧宅から運んできたという冷凍された犬の死体を見せて弁明した。これがあったために室内を見せられなかったと言う。

その後、県警の捜査一課員は確認のために管理人を訪ね、通報時の状況を詳しく訊いた。

「六日の夜、十一時過ぎだったと思う。しばらく使われていなかった四〇一号室に灯りが点り、誰か不審者が入り込んでいるのかも、と思い警察に連絡したんです。なぜかと言うと、夜の九時頃だったか、四〇一号室に鍵の修理屋が来て、部屋のドアの鍵を交換する様子だった。その時の音が聞こえたので、見に行ったんです」

捜査員がさらに突っ込んで訊くと、織原に対し不信感を持ったのは、七月五日午後五時頃、駐車場に停めてあった織原の白いベンツの車内にシーツで覆われた布団のような荷物が積んであり、翌日の六日にも、織原らしき男が「ブルーシー油壺」裏の海岸でスコップを持って歩く姿を目撃していたからだ。

この二日間、「ブルーシー油壺」に宿泊していたのは織原だけであり、夜になって四〇一号室から不審な物音が聞こえ、心配のあまり警察に通報したのだという。

また、織原使用の携帯電話通話記録を調べていた光眞が率いる捜査チームでは、織原が逗子市の消防署へ電話をかけていた事実も摑んだ。この情報は直ちに逗子方面で地取り捜査をしている捜査員に伝えられた。

七月二日の午後九時頃、織原は逗子市消防本部に携帯電話から連絡していた。当日、消防本部で応対した担当署員は、消防本部がテープに録音していた会話を聴きながら、「慌てた声で電話がかかってきた記憶があります。『大変なことが起きた！　救急病院を紹介してほしい』と早口で捲《ま》くし立て、その日の当番医で逗葉地域医療センター他二か所を紹介しました」

と証言。電話をかけてきた織原はこのあと、「そこは外科もやっているんですか。朝までやっている病院ですか」と言い、急いで電話を切った。

録音されていた会話の長さはおよそ三分。この一連のやり取りは、重要な証拠として捜査本部に報告された。

断片的な情報が幾つも集められた捜査本部は、さらに織原の車を特定した。Nシステム（自動車ナンバー自動読み取りシステム）を解析した結果、事件当日の七月一日午後、スポーツタイプの白いベンツにルーシーを乗せた織原が、千駄ケ谷から第三京浜経由で横浜横須賀自動車道を使い、逗子マリーナに到着していることなどを摑んだ。

線は間違いなくつながった。ルーシーは織原によって誘拐されていた。

しかし、ルーシー本人はどこにいるのか。

捜査本部は事件の組み立てとして、逗子マリーナ四号棟四三一四号室を、織原が強姦に使っていた部屋だとし、たとえ容疑者が自供せずとも、ジェシーやケティらを部屋に連れ込んだこと自体が、わいせつ目的の誘拐事件に当たると位置づけた。

これで織原を逮捕できる。身柄を拘束した上で取り調べれば、ルーシーの所在もいずれはっきりしてくるだろう。取り調べには山代警部を当たらせる。有働はこの方針に自信をもった。

三年前の『カズ』

八月上旬、丸山直紀警視は英国の留学から帰国後、刑事部捜査一課に着任。弱冠二十七歳のキャリア管理官として麻布署捜査本部の捜査現場に投入された。刑事捜査の帳場指揮は初めての経験で、初めは面食らったものの新妻管理官の下で朝の捜査会議に出て、上がってくる捜査報告書から全体像を掌握するなど慣れない業務の日々を送っていた。

着任早々の七日、ルーシーの母親ジェーン・ニコラ・ブラックマンが来日し面談したことを皮切りに、父親のティモシーが情報提供キャンペーンをするための調整や、ルーシーの名前で投函された手紙の分析などに追われていた。

九月十三日、ケティは再度事情聴取に応じた。今回の聴取は丸山管理官と通訳センターの西浦が行う。一回目の聴取では興奮した余り、協力的ではなかった。その理由は三年前にクラブの客に性的暴行を受けたと交番に届けたが相手にしてもらえず、警察に対して不信感を持っていたからだ。

今回は立件するための被害者調書（員面調書）を作成するため、山代班の児玉が担当することになった。

ケティは生年月日が一九七二年十月二十二日の二十七歳。平成八年（一九九六年）二月二十日頃に来日し、渋谷区内に居住している。六本木のクラブでホステスとして働き、三月上旬に『カズ』と名乗る男性客を接客した。

カズは話が巧く、つい乗せられて三月十日には東京ドーム球場で開催されたコンサートに誘われ、数日後には港区内の中華料理店で食事をするほどになった。その頃に彼から、「東京郊外の海沿いにマンションを持っている。そこで料理を作ってあげるから週末にでも一緒に行かないか」と誘われた。

三月三十一日の正午頃、赤坂東急ホテル前で待ち合わせ、カズのベンツで逗子マリーナに連れて行かれたという。

「車を降りて、海を見ながらビデオカメラで私を撮っていたの……。それからカズの部屋に行き、リビングでシーフード料理を食べて楽しい雰囲気だった。そうしたら彼はフィリピン製のハーブで作った珍しいワインがあるから、といってグラスに注いで勧めてきたの」

それまで楽しい雰囲気で過ごしていたことから無警戒にグラスを受け取り飲んだ。直後に意識を喪失する。翌日の夜、ケティがベッドの上で意識を回復した。素っ裸にバスローブを羽織っただけの姿に驚いた。突然激しい頭痛と目眩、吐き気に襲われて体に力が入らず、ベッドから這ってトイレで便器に嘔吐した。

「君は楽しい子だね。ウォッカをたくさん飲んじゃって私の上に戻しちゃったんだよ。だから服を脱がして風呂に入れたんだ……」

カズは意識を回復したケティに向かって言い訳めくように嘯いた。

「嘘じゃないんだ……」とばかりにケティの呻き声や風呂に入っている音など録音したテープを聴かせた。全く卑怯なやり方だ。

不審感はあるが気持ちの悪さが先行し、渋谷のアパートまで送らせたが、途中二度ほど嘔吐した。

「そんな状態では二、三日、店に出ることは無理だろう……休んだ分はお金を払う」

カズはケティの日給分に相当する六万円を手渡した。

だが、日給分を貰っても目眩や吐き気が続き、四月一日から四日までの四日間クラブを欠勤していたが、記憶の断片では変なワインを飲まされたことまでで、後は意識を喪失していたため、暴行されていたことまでは認識していなかった。

以来、カズは来店せず、住所やフルネームを知らなかったため、被害相談をしても交番は簡単には受け付けてくれなかった。

丸山はケティに数枚の写真を見せ、カズはどれかと訊いた。彼女は躊躇なく織原城二の顔写真を指し示したことで面割ができた。正式な調書にまとめてケティがサインをした。

麻布署別館四階の捜査本部に戻った丸山は新妻、有働と協議した。

現況を分析すればモニカやジェシーら複数の被害者に共通しているのは、怪しげな酒を飲まされたあと、瞬時に意識を失っていること。ただ、ケティをはじめ他の被害者は織原城二の欲望が満たされた後に解放されている。なにしろ三年前のことだ。以後も届け出ていない被害者もいるだろう。なぜ、ルーシーだけが二か月以上も音信不通で行方不明なのか――。

今までの状況証拠から織原の毒牙に掛かったことは否定できず、もはや生存は絶望的との空気が支配的になりつつあった。

有働は三人の外国人女性被害者の事件での逮捕を弘光一課長と協議した結果、まずは織原の逮捕に向けて徹底的な身辺捜査を山代班に命じ、次いで二十四時間体制の監視下に置く動向確認は第六強行犯捜査強盗犯捜査三係の内藤正警部率いる七名の他、所轄から数名の捜査員を当てることを決断する。さらに「一課の捜査情報は一週間と持たない」と苦々しくこぼす捜査幹部もいることから、情報がマスコミに洩れないよう保秘の徹底も図った。

八月下旬、ルイーズがひっそりと再来日していた。捜査本部の要請を西浦礼恵通訳人が英国大使館経由でルイーズに伝えてあった。今回の渡航費用や滞在費は捜査本部を立ち上げた麻布署が持つことになるが、堪ったものじゃない。あとで刑事部総務課が補塡するにしても、署の会計課の悲鳴が聞こえるようだ。

麻布署が滞在先として用意したのは管内の麻布十番にある古い木造のアパートの一室。ルーシーが行方不明になった当時を知る唯一の重要参考人を、マスコミに察知されず、じっくりと聴取するためだ。この日から約一か月間、ルイーズは警察以外には誰とも会えず、ただただルーシーが救助されるように願いながら堪えていた。ベテラン通訳の並木雄一が毎朝アパートまで迎えに行き、麻布署の狭い取調室で聴取された。聴取は寺前班の金賀警部補が担当した。

身辺捜査

丸山とき江警部補は山代班に加わったものの、被害者対策要員として複数の外国人・日本人被害女性のケアをしていた。補助は西浦通訳人に頼み、幾つもの大使館を相手に捜査の状況等を説明して協力を願った。

その中で地検からの要請を受け、ウクライナ国籍の被害者タチィアナ・チェビエコの来日を調整していた。彼女にかかる費用は法務省が受け持つので、ルイーズとは対照的に待遇はいい。ビジネスホテルを予約し成田国際空港まで迎えに行く。聴取は東京地検刑事部の長野哲生検事が担当し、聴取が続けられた。

警視庁本部四階の小部屋に陣取る山代班は本部の捜査会議にも出席せず、織原城二の身辺捜査に全力を挙げるべく、応援捜査員を含めて総掛りで潜った。デスクは児玉が務め、それぞれ持ち場を決めて各所に散らばった。

織原城二の戸籍謄本によると生年月日は昭和二十七年八月十日。出生地は大阪市天王寺。次男として生まれている。昭和四十九年二月に本人だけが帰化しており、以前の通名は星山聖二、韓国名は金聖鐘。家族は父が大手タクシー会社を経営していたが死亡しており、母は大阪市阿倍野区に居住していた。

一族は（一）不動産売買、賃貸管理、ホテル経営、飲食店経営、（二）遊技場（パチンコ）、駐車場管理、（三）タクシー会社などの事業を展開している。

織原の免許証から世田谷区玉川田園調布二丁目の邸宅を確認。

さらに犯歴は碑文谷署で逮捕された軽微なのぞきで起訴猶予処分、和歌山県警白浜署ものぞきの軽犯による罰金刑くらいだった。交通違反も八件あり、違反切符の住所は港区麻布台一丁目××番××号401号室、(有)アトランティック通商の役員とある。

経歴を調べるために大阪に飛んだ捜査員らは徹底して織原を裸にしていく。生まれた場所から、幼稚園、小学校、中学校と回り、関係者に当たって聞き込んだ。

中学卒業時にジャルパックで十日間の米国旅行に行き、慶應大学付属高校に入学してから親元を離れ、東京都世田谷区玉川田園調布の豪邸を購入し、家政婦を雇って生活していた。

高校生活は競泳部に入ったが長続きせず、水球部に移り、次はバスケット部、さらに陸上部に移るほど、飽きっぽさが目立つ学生だった。二年生に上がる直前の三月、一か月間ハワイに滞在し、島巡り観光に興じている。翌年の三月には一人で米国に向かい、ニューヨーク、ボストン、フィラデルフィアからワシントン、バッファロー、デトロイト、ラスベガス、ハワイ経由で帰国していた。米国人女子高生に惚れるも失恋したり、友人と国内旅行を楽しんだりして高校を卒業。卒業旅行はグアムからヤップ、パラオ諸島に二週間滞在。数か月後、外国人女性と機内で出会って恋に落ちた。

だが慶應大学は不合格。音楽バンドを結成して赤坂のクラブで演奏したり、彼女を追ってフランスへ飛んだり、海外旅行に明け暮れる青春を送った。二年後、慶應大学を受験するも失敗、二十一歳で運転免許取得、その年に小型船舶免許を取った。二十三歳の時、通信教育により慶應大学経済学部経済学科を一年履修したあと、同大学法学部政治学科二年に編入している。この頃から薬物を使った強姦計画を始めている。

慶應ソシアルクラブ内において自ら慶應医学研究会を名乗り、エーテル、抱水クロラール、クロロホルムを発注していた。一年後、同大学法学部政治学科を卒業したあと、再度学士入学をしている。四年後に同学部を卒業した。

翌年の昭和五十八年四月、香港で客死した父親から遺産相続した不動産の一つ、大阪市北区堂島一丁目にある新地モータープールを担保として富士銀行から融資を受け、東京都港区麻布台一丁目にある麻布台ユニハウスの一室で(有)アトランティック通商を設立した。

その後、バブル景気を受けて、(有)プラント、(有)都市工学、(株)銀座ビルインスティテュート、(有)アドバンスインターナショナル、(有)クリエイション、(株)北新地タワー、(株)銀座フーズ、(株)ゼネラルシステムなど、次々に会社を設立していた。

捜査で会社名が判明すると、次に資産関係の調査に移った。

新妻管理官出席の下、朝の捜査会議が始まり、各自がそれぞれ報告の後、山代は畑下を呼んだ。「畑坊よ、会議で誰かが言っていたよな。不動産担保で銀行が二十億円融資しているってさ、忠サンと一緒に当たってくれないか」と囁いた。

忠サンとは鈴木忠一警部補のことで、有働がタタキ（強盗犯捜査）の班から応援要員として引き抜いた捜査員で、山代も信頼を置いている。

二人は警視庁本部から歩いて富士銀行虎ノ門支店の融資担当を訪ねた。

「何度もお断り申し上げているんですが……」と慇懃に拒絶する態度に畑下は「人の生き死にに関わる捜査だ。それを拒む理由はなんだ」と強弁して責任者と会いたいと言った。

生き死にとまで言われたら、それ以上拒むことは難しい。支店長に取次いだ。

取締役支店長は改めて理由を尋ねた。

「人が理由なく行方不明になった。あなた方が担保として押さえている物件に監禁されている可能性があるんだ……」

暗に現在マスコミが騒いでいる外国人女性失踪騒ぎに触れると、支店長が銀行内部資料の他、融資担保目録を手渡すまでにさほどの時間はかからなかった。

織原の持つ企業の資産目録は、都内だけで元赤坂タワーズの六〇一、六〇二号室。この部屋の元の所有者はアラブの大富豪で相場は二十～三十億円と言われていた。世田谷区玉川田園調布の邸宅。さらに銀座七丁目のマンション、六本木が二か所、麻布台、渋谷区代々木のマンション、赤坂九丁目の秀和赤坂レジデンシャルホテル、銀座八丁目のビル、同じく銀座八丁目の二階建て木造家屋、神奈川県逗子市にある逗子マリーナ本館四〇九号室の他四三一四号室、三浦市のブルーシー油壺の一室。

大阪に飛んで、北区堂山町のマンション一室、中央区西心斎橋のマンション一室。静岡県熱海市のマンション一室、和歌山県南紀白浜のマンション一室。北海道旭川市のライオンビル六号館、同じく五号館を所有している。釧路市では末広町の釧路パッションビル。青森県青森市新町の青港ビル、秋田県秋田市大町のライオンズビル秋田館、同市大町にある川反八番館。長崎県に飛んで佐世保市本島町のライオンタワー佐世保。山梨県南都留郡山中湖村にあるロイヤルビレッジの一室。全二十六か所に資産があった。

これらの調べは近づくXデーに向けて、取り調べのために重要な情報であり、被疑者織原と対決するためには、彼自身よりも人物像を知っておくことだ。そのためには織原が歩んできた人生をとことん調べて置く必要があったからだ。それぞれ任務を与えられた捜査員は各地に赴き、小学校、中学校、高校、大学時代の知人や友人に会って当時の思い出話は勿論のこと、授業の得意科目や成績まで把握する。育った環境についても丹念に調べる。織原が経営している会社の事業内容や取引銀行なども知っておきたい。

調査項目を挙げていけば切りがないが、取り調べは相対の真剣勝負、相手の情報は出来るだけ豊富の方がいい。どんな些細な出来事であっても捜査員たちは一丸となって追うのだ。


だが、織原の生活拠点が判らない。六本木の二か所、代々木、秀和赤坂、それと元赤坂タワーズか……。車の保管場所は元赤坂タワーズの地下駐車場だが、絞り切れない。

山代の決断は……元赤坂タワーズ。

手の空いた者は交代で織原の行動確認にでる。

十月二日の深夜、井ノ口と西が正面玄関横で張り込んでいた。その時、織原が正面玄関から出てくる。大きな紙袋を重そうに抱え、他にも何か持っている。せかせかと慌ただしく歩き始めて外堀通りに面した方向へ向かった。一メートルほどの段差があり、足元は暗い。

建物の裏口は小さな灯りだけで織原の影を映していた。敷地には二台駐車している車があり、その横の格子戸付近がゴミ捨て場のようだ。織原は躊躇せず抱えていた紙袋をそこに捨て、元の路を戻って玄関に消えた。捨てたことを目撃した西は井ノ口が止めるのも聞かずゴミ捨て場で紙袋を拾った。重い機械のようだ。少し歩いて街灯の下で確認するど東芝製のワードプロセッサーとチェックライター二台だった。覗いた井ノ口も織原が今になって捨てたワープロの意味が何だったのか、わかったような気がしてきた。身に迫る危険に対処しようとしているのか――。

　直ちに山代に報告したあと警視庁本部四階の部屋に戻り、翌朝の会議を待った。

　新妻と山代の判断は一致した。証拠品等の管理をしている麻布署捜査本部に届けろと命じられた二人が、寺前に昨夜の件を口頭報告し、物証を渡そうとした時だった。

「お前ら、なに余計なことをしているんだ。上からの命令は容疑者の動向確認だけで行動するな、と伝えているはずだ」と怒鳴られた。

「じゃあ、捨ててあった場所に戻してくれれば、良いんでしょ」

　警部と巡査部長の階級差は歴然としている。だが血気盛んな西に、長い物に巻かれろ、といった忖度はない。向こう気の強い西が言い返した。

　一課はやったもん勝ちだ。所詮は所轄からの応援要員が勝手なことをしやがって、と偏見めいた言い方に反発しただけだ。後から参戦した山代班に幾つも手柄を取られてという思いもあったのだろうか。

「織原が身の危険を感じて捨てたものです。新妻管理官の指示で鑑識に回すよう届けに来ただけです。証拠品として扱ってください」

　井ノ口が取りなすように口添えした。後にこれらの品々は重要な証拠となった。

六通目の手紙

織原城二への動向確認が続いていた十月三日、麻布警察署長宛ての手紙がまた届いた。消印は十月一日。千葉中央郵便局が取り扱っている。

差出人の名前はなかったが、白い封筒を開封してみると、英語の文面の最後にルーシーの署名があった。本文はＡ４判サイズの用紙四枚にワープロで印字され、概《おおむ》ね以下のような内容が綴られていた。

「来日する前に作った多額な借金から逃げるために協力者と一緒に失踪した。六月に二人の人から借金し、そのうち九百五十万円は一人から借りた。私はしばらく姿を隠した後、日本から出国するつもりです。だから失踪の捜査はやめてください。

七月十七日付けの手紙は私が書いたのですが、ドラッグをやっていたのでよく書けていない。だから友達にタイプしてもらい、私がタイプしなおした。イギリスで借りたお金は同封の現金で妹のソフィーから返済するよう頼んでください。

私の写真が千枚撒かれても、懸賞金が一億ポンドになっても、私はどこか誰も知らない奥地へ行って暮らしている」

封筒の中には、手紙のほかに百十八万七千円の現金と、額面九百五十万円の借用書、さらには借金元のリストも同封されており、本文にはソフィーの携帯電話番号も記されていた。

捜査本部では、ルーシーの署名が七月二十日に届いた手紙の筆跡と酷似していたことから、前回同様、捜査の攪乱を狙った偽装工作である可能性が高いという認識を持った。しかしルーシーの生存を裏付ける手がかりが隠されている可能性も視野に入れ、鑑識課に指紋やDNAなどの遺留物を調べさせた。

ルーシー自身の手によって作成され、かつ投函されたと思わせる手紙が、麻布署長宛てに届いたのはこれで二回目だが、ルーシーとの関係を窺わせる内容の手紙は、このほかにも四通送られてきていた。

九月七日の消印が押された封書が二通と、九月二十日の消印の封書が同じく二通。宛て先はそれぞれ『麻布署捜査係御中』と『捜査一課御中』に分けられ、同じ日に別々の宛て先に向けて投函されたものと見られた。

しかし、この四通には、差出人の氏名・住所がなく、いずれも神田郵便局の扱いで、白い封筒の裏面には、『重要情報在中』と書かれた紙が貼られ、本文はすべてワープロ印字の日本語、といった共通点があった。

A4判用紙八枚に綴られている内容もまったく同じで、二十日の消印が押された二通に限って一枚ずつ多い。

以下は、四通に共通していた本文の概要。

「八月二十三日発売の週刊誌に男の自殺記事があった。それを読んで情報提供する決心がついた。ルーシーとはあるスポットで知り合ったが、彼女は行動性多重人格のすごい女だ。彼女は来日後、二人の男から多額な金を借りている。

七月一日の件は誘拐ではなく、彼女が男を利用したのだ。二十日の手紙は彼女のサインに間違いない。彼女は外人クラブで客を見つけ援助交際をしている。彼女はスチュワーデス当時にも来日している。彼女は近々日本を離れ、タイか、オーストラリアに行くと言っている。日本の警察にプライバシーを暴露された。セックスで雑菌感染させられた」

次は、別紙に書かれた本文の主旨。

「九月十七日より一週間以内にルーシーから警察へ連絡が入る。ルーシーは『日本の警察が私のプライバシーを侵害しているが、母親、妹、弟を安心させるため警察と連絡を取る』と言っている……」

つまり、七月二十日と十月三日に届いた『麻布署長』宛ての二通は、ルーシー自身が書いた体裁で作成され、他の四通はルーシーの近況を知っている誰かが書いた、という形をとっている。

いずれにせよ、警察に送られてきた手紙は都合六通だが、十月三日に届いた手紙も含め、指紋やDNAなどの遺留物はついに検出されず、ルーシーの生存はおろか、ルーシーの周囲にいる人物を特定することもできなかった。

動向確認

山代班単独で織原の身辺捜査を始めた頃の九月二十日水曜日。有働理事官の下命で内藤正警部率いる赤嶺信良警部補、石川弘生巡査部長、磯兼正利巡査部長の他、麻布署、少年課から各一名の応援捜査員を含めた七名は、織原の逮捕に向けて二十四時間体制の張り込みと追尾に入った。

織原の生活拠点が元赤坂タワーズから赤坂九丁目にある秀和赤坂レジデンシャルホテルに移っていることは確認している。周辺を歩いて地理を覚え、点張りできる場所を確保した。

TBSから赤坂交番前の交差点を左折、道なりに坂道を上ると秀和赤坂レジデンシャルホテル正面に出る。丁字路信号の右手前に教会があり、脇に一台駐車できるスペースを借りることができた。そこに捜査車両のバンを止めて定点張りの拠点とした。

内藤は麻布署捜査本部に戻って連絡を待つことにして、後の六人が三組のローテーションで回す体制を組んだ。

九月二十二日の三時五十六分、織原はベンツを運転して日本海洋レジャー安全・振興協会で預かり証を貰い、五時四十七分に丸紅燃料でガソリン給油後、赤坂にある書店で本を買い秀和赤坂レジデンシャルホテルに帰宅。夜十時、ホテルを出てタクシーを捉まえニューオータニ内の割烹で食事。さらにランドリーで洗濯物を頼んだ。

翌日、土曜日の昼頃になり徒歩でぶらぶらと外出。ＴＢＳ赤坂周辺の店で買い物をしてラーメン餃子館で食事を摂る。さらに日曜日も同じような日課だった。

だが、時折巡回するミニパトを見て怯えるような素振りをしているのを監視班は見逃さなかった。

二十七日の午前九時、ホテルを出てタクシーを捉まえ、山王下を抜けた辺りのコンビニに立ち寄り、パンフレットのような物と地図のようなものをコピーして、待たせていたタクシーに乗車、六本木を経由して芝方面に向かう。さらに海岸通りを走り、東京検疫所前で降車するまでを確認した。

しばらくして織原はタクシーで新宿区市谷砂土原町二丁目にあるビルに入ってエレベーターで三階に昇る。そこは「財団法人日本海洋レジャー安全・振興協会」だった。

二十八日午後から出かけて一旦戻り、六時半頃タクシーで中央区銀座八丁目の銀座ナイン一号館内にある「ヤマハマリンカウンター」を訪れ、一時間ほどで出てきた。織原の手にはパンフレットのようなものが握られていたが、尾行班に確認する術はない。

理由は織原の逮捕に向けて日常の行動を定点監視すること、万が一見失っても無理はするなと有働から命じられていたからだ。とはいえベンツで走られれば捜査車両のワゴン車一台では追いつけず失尾することは必然のことだった。

翌日、麻布署捜査本部に届いた報告書に目を通した内藤は何か引っかかるものを感じたが、少人数で張り込んでいる捜査員に裏付けは無理である。考えて隣にいる新妻に相談した。

新妻は山代班の捜査報告書だけでなくすべての報告を把握しているのだ。織原が小型船舶免許を取得していたことは山代班からの報告を受けていたが、まさか……。新妻に冷や汗が流れる。さては後手を踏んだのか。

報告を受けた有働は別働隊を編成し、裏取りに動いた。

二人の捜査員が新宿区市谷の日本海洋レジャー安全・振興協会に出向いて尋ねると、織原は以前取得していた二級小型船舶免許が失効していたことから、再交付に必要な身体検査料と講習受講料を払って講習を受けていたことがわかった。内容は視力・聴力と眼疾患の有無、身体機能の障害などの検査におよそ三十分。講師による講義が百三十分、それにビデオを四十分見て終了となる。そして、一級小型船舶操縦士の免許を更新していた。

次に銀座のヤマハマリンカウンターで担当者に訊くと、織原は「ヤマハＳＲＶ２３ＥＸ」という十人乗船できるフィッシングモーターボートを買いたいからと価格を尋ねてきたという。

担当者は船の説明をして、カタログを渡したと答えた。

「買うとすればどこで？　聞いていませんでしたか」

捜査員はさらに突っ込んだ。担当者は思い出したようにカタログを見て、ヤマハの代理店を紹介したという。

十月一日の午前十一時過ぎ、織原は秀和赤坂レジデンシャルホテルからタクシーに乗った。これを監視班が目撃して無線報告。受信した追跡班がタクシーを追尾すると、近くのアートネイチャー店に入り、増毛してホテルに戻っている。

午後四時頃、ホテルを出てタクシーに乗車。首都高速道路羽田線から横浜港大黒埠頭出口で下り、鶴見区大黒町九丁目の大黒ボートヤードにある「ワイズマリン横浜店」で止まった。

四日になって分かったのだが、織原はモーターボートを購入したという。

報告を受けた有働は秋風が吹くころになって、なぜ突然モーターボートを買ったのか、腑に落ちないので詳しく調べて欲しいと新妻に頼んだ。織原逮捕までの秒読みが始まったこの頃、奴は自らの身に危険が及びつつあると勘づいたのか。

数日後に報告書が上がった。

十月一日、織原がワイズマリン横浜店でプレジャーボート「ヤマハＳＲＶ２３ＥＸ」を三百六十万円で契約し、マリンリゾートへの艇置を申し込んでいた。

七日に三浦市小網代湾にあるシーボニア・マリーナに艇で行くことや、船名が「スティルネス」と名付けられていることが判明。さらに逗子や油壺付近の水深を何度も聞いていたという。だが、これだけの情報では裁判所に捜索差押許可状を申請しても、許可を出さないだろう。有働は頭を抱えた。

七日、秀和赤坂レジデンシャルホテルからタクシーで横浜大黒埠頭のワイズマリンへ到着したのが午前十時頃。そこで進水式を行ったあとスティルネス号が織原に引き渡された。担当者がエンジンや付属部品を取り付け、ウインチで海面に下ろした。

担当者から簡単に操縦指導を受けた織原は一段高い操縦席に座りスイッチを入れる。エンジンが掛かるとスクリューが水中に入った。ツーサイクルで最大百十五馬力のエンジンは歯切れのいい乾いた音を周囲に響かせ、白い排気を噴出させてマリーナから友人一人を乗せて出港した。目的地である小網代湾のシーボニア・マリーナへの到着が十二時頃になった。三十分ほど係留していたが再度海上に出て試走して三時頃マリーナに戻った。この時マリーナ関係者が、織原がキャスター付きの鞄と大きな紙袋を抱えて敷地内を歩いている姿を目撃している。

翌日の八日午前七時、シーボニア・マリーナから出港し、帰港が十五時三十分。マリーナのショップで三浦半島周辺の海図やハンドコンパスなどを買い求めていた。

以上が関係各所で捜査員が聞き込んだ情報だ。

新妻から報告を受けた有働の胸はさざ波が押し寄せるように騒ぐ。

山代班が入手した織原の資産目録の中で神奈川県三浦市三崎町諸磯一八九三番地のブルーシー油壺をゼンリンの地図で確認してみる。ブルーシー油壺は諸磯湾に面したリゾートマンションで、岬の突端にあるシーボニア水族館を挟んだ北側が小網代湾。織原がプレジャーボートを係留しているシーボニア・マリーナとは直線距離にして一キロほどの距離だ。

ルーシーは既に殺されている可能性が高い。この時期プレジャーボートを買ったのは遺体を海に投棄しようとしているからではないか。遺体を発見できなければ捜査は迷宮入りになるのだ。絶対に防がなければならない。早急に手を打たなければ……。

逮捕前日の十一日、新妻から様子を窺ってこいと下命された畑下は飯弘と一緒にシーボニア・マリーナを訪れた。畑下が何度も逗子マリーナに来ていた経験を新妻が買ったのだろうか。ハーバーの聞き込みで織原が明日（十二日）に出港する予定であることがわかった。ついでに小網代湾の漁師にも訊いてみると、織原は数日前も出港して沖合で何か重そうな物を捨てていたようだという。

なぜ自分のベンツではなく、東京からわざわざタクシーで来ているのか。それにブルーシーの部屋なら歩いても帰れる。織原の行動はどれも不可解なことばかりだった。

強制捜査・逮捕

有働は強制捜査が始まる前に科学捜査官室の服藤を理事官席に呼んだ。

以前依頼していたリストにはベンゾジアゼピン系の薬物や数種類の睡眠導入剤、あるいは脱法ドラッグと呼ばれる薬物の名称は勿論のこと、それぞれの薬効やアルコールと併せた場合の効き方などについても書き添えられていた。

「服さん、実はそう遠くない時期にガサを打つんだ。その時に気を付けておくべきことは何か、注意事項も含めて検討してくれないかな」

「わかりました。早急に準備しましょう」

「服さんが出張るのはガサの後になると思うけど、その時は本腰を入れて頼むよ……」

服藤はにっこりと笑って頷いた。


東京地検刑事部の特捜担当・長野哲生検事の下には特捜本部からの捜査報告書や状況報告が上ってきている。弘光一課長や有働理事官、新妻、光眞、丸山各管理官などの捜査幹部との協議の席で、強制捜査に踏み切ることを了承した。

有働は状況として数日前にプレジャーボートを購入していること、係留場所と所有しているマンションの近さを挙げ、動向監視の強化を図りながら逮捕に向かうことを強調した。

逮捕時の罪状だが、他の被害女性の事件については強制わいせつ罪や準強姦罪でいい。しかし、ルーシーに関しては本人の居場所さえ不明なので監禁罪の適用は難しい。その点の検討を有働から命じられていた丸山管理官は、わいせつ目的誘拐罪を提案する。これに長野検事も了承。着手日は十月十二日とし、同日未明に満を持して織原城二の逮捕状、検証許可状、捜索差押許可状を東京簡易裁判所に請求することとした。

逮捕状の執行は追跡班を指揮している内藤警部以下六名。取り調べは山代悟警部以下四名が担当することとした。

十一日夜、各員はそれぞれの場所で待機。有働と新妻は麻布署捜査本部にいた。逮捕状請求のため極秘に東京簡易裁判所に向かった内藤班の捜査員から内藤に連絡が入った。どこかの新聞記者に感づかれたと。調べると警視庁記者クラブ所属の読売新聞記者だと判った。何処から漏れたか……だが詮索している暇はない。

判明したことは明朝の朝刊に載るということだけ。日付が変わった午前一時過ぎ、読売新聞の早刷り都内13版の朝刊を見た新妻は凍り付いた。

社会面のトップ記事に『四十代社長に逮捕状』の見出しが躍り、サブタイトルに『英国人女性失そう事件解明へ』とあった。

驚いた新妻は「織原が新聞を手にする前に通常逮捕せよ」と現場待機している内藤に指示をだした。

内藤班はこれまでの行動確認により織原の日常行動を監視しており、現在の生活拠点である秀和赤坂レジデンシャルホテル一〇三二号室に在室していると追跡監視の捜査員から報告を受けていた。新妻が危惧している新聞についても、毎朝近くのコンビニで買っていることは確認済みだ。

夜明け前、山代班の面々も現場近くで待機した。織原の部屋を見ておくことは逮捕後の取り調べで役に立つからだ。

内藤警部ほか追跡捜査員も加わり、マンションの玄関と裏口を固め、逃走を図る場合も想定して非常階段にも人員を配置。内藤警部以下四名は、織原がいる部屋の前に集結した。

中を窺うと、人がいる気配が確かにある。時計を見ると午前六時。読売新聞の記事を読まれてはならない。早朝放送するテレビのワイドショーでも、新聞の見出しを紹介する番組がある。内藤は、織原が起きてテレビのスイッチを入れるのではないかと心配した。

内藤警部は織原が新聞を買いに起きるだろうと予想していた。一か月以上織原に張り付き、その行動確認から、毎朝七時頃に近所のコンビニエンスストアまで行き、新聞を数部買い求める習慣を知っていたからだった。

　ドア越しに中を窺っている捜査員から、「テレビの音声はまだ聞こえない」と伝えられた。

　内藤は腕時計を見た。どうやって逮捕するか。

　ドアを蹴破って中に突っ込み、身柄を押さえる、という考えが頭をよぎったが、あえてそうする必要はないと打ち消した。ノックをして警察だと名乗り、織原が観念してドアを開ける……いや、それも違う。自殺することも考えなければ、と顔には出さないが瞬時にそんな思いも巡らせた。

　部屋の様子を窺っていた捜査員が、織原が起きたようだ、と伝えてきた。微《かす》かな音が聞こえてきたらしい。

　内藤警部は部屋の前に二人の捜査員を配置し、残りの捜査員には非常階段などに身を潜めるよう指示した。

　幾度となく場数を踏んでいる百戦錬磨のベテラン捜査員でも、逮捕直前は極度に緊張する。

　先輩から代々言い聞かされている言葉を、捜査員たちは改めて嚙み締める。

「ホシは飛ぶもの踊るもの」

ホシとは犯人であり、飛ぶは逃走、踊るは抵抗されることを意味する。

息を殺していても、心臓が迫り上がってきそうだった。

隣にいる同僚捜査員の息遣いが聞こえる。

掌に汗を握る。織原は抵抗するだろうか。脇をすり抜け逃走しないだろうか。最悪は自暴自棄になって飛び降り自殺でも……と先の先を読んで考えてしまう。

現場の全員が、どうか観念して逮捕に応じてくれ、と祈るような気持ちで待ち構える。

七時五分、ドアが開いた。

織原が外に一歩踏み出した瞬間、ドアを押さえ、内藤以下二人の捜査員が囲んだ。

「織原か」

内藤が誰何《すいか》した。

「え、……はい」

躊躇した言い方ではあったが、織原は認めた。

「警視庁捜査一課、内藤だが、あなたに逮捕状が出ている」

内藤は上着の内ポケットから逮捕状を出し、「強制わいせつ」容疑であることを織原に伝えた。

「織原城二、お前を逮捕する」

冷静な声で織原に告げた。周りを固めていた捜査員の一人が織原に手錠をかける。

内藤は腕時計を見て「午前七時十分、身柄確保」と言い、もう一人の捜査員が無線で「織原、身柄確保」と捜査員全員に伝えた。

内藤は織原を部屋へ押し戻し、服を着替えさせ、室内にある下着と洗面道具、普段着などをカバンに詰めさせ、貴重品や財布、仕舞ってある現金なども確認の上、カバンに入れさせた。

所持金は六十万円。逮捕の前日に、織原が銀行のATMで現金を引き出していたことはすでに判明しており、捜査本部ではこれを「当座の逃走資金ではないか」と見ていた。

小刻みに震える織原の身体を、二人の捜査員が挟むようにして車に乗せ、警視庁に連行する。

内藤班と入れ替わりに、山代と捜査員が部屋に入った。家宅捜索令状に基づく捜査を行うためだった。

山代の手元には、有働から渡された「捜索リスト」があり、薬品類については、すべて押収せよという指示も受けていた。

家宅捜索・押収品

織原の身柄を確保した、との一報を受けた新妻は各所に待機していた捜査員に対し一斉家宅捜索を命じた。

各捜索班は有働理事官が服藤科学捜査官に命じて作成された薬品類の捜索リストを携え、押収に細心の注意を払う。

主な捜索要員は事件に関わっていた寺前班、山代班の一部の他、捜査一課員を始め、機動捜査隊や麻布署に応援を求め、鑑識課員を含めて百名態勢で臨んだ。

最重要の捜索先は元赤坂タワーズの二部屋で、捜索差押の責任者は副島警部補が指名された。

秀和赤坂レジデンシャルホテルは生安部から派遣された警部補が責任者となり、世田谷区玉川田園調布の邸宅は丸山管理官以下三十数名の他、現場鑑識、検証鑑識の捜査員らで構成された。この邸宅敷地内の車庫を覗いた捜査員は感嘆の声を上げた。

犯行に使われた白色のベンツ500LS、グレーのポルシェカレラ、さらに車検が切れている白色のロールスロイスが二台、茶色のベントレー、赤色のフェラーリ、白色のポルシェが一台と赤色のマセラティ、グレーのアストンマーチンが置いてあった。車の名義は全て織原の持つ「アトランティック通商」になっていた。

屋内の各部屋とも広く部屋数も多いが、何が置いてあるのか分からないほど部屋は乱雑に散らかり、足の踏み場もないほどの状態。だが、その中でレストランなどの飲食業が使う大型の冷蔵庫と冷凍庫が目立った。人ひとりが入れる大きさだ。さらにボイラー室に踏み込むと、畳三畳ほどの空間だけがきれいに片づけられていた。

この不思議な光景を鑑識課の写真班が撮った。ここだけが特におかしい。この場所で何をしたのだろうかと感じたからだ。何が……と具体的なことは言えないが、ここだけが変だ。

この状況は捜査報告書に書き入れられた。

この邸宅と元赤坂タワーズは捜査側にとって宝の山だった。押収した証拠品は優に一万五千点を超える。パソコンや大量のビデオテープ。さらに未現像のフィルムや写真、薬品類もあった。有働は全ての証拠品を警視庁本部六階にある捜査一課の大部屋に運び入れた。

この部屋で膨大な証拠品を分類、解析するとともに、ルーシー・ブラックマンの失踪事件が殺人事件に発展する可能性を見極めることになるのだ。

都内では他に港区六本木のマンション二か所、港区麻布台のマンション、渋谷区代々木のマンション一部屋を捜索。神奈川県逗子市小坪の逗子マリーナ本館と四号棟の部屋は浅野警部補、畑下巡査部長らで行い、捜索個所は十数か所に及んだ。

三浦市三崎町諸磯のブルーシー油壺四〇一号室は光眞管理官も臨場して二日間続けられた。

鑑識捜査が中心で指紋の採取は当然のこととして、微物鑑定のため掃除機を使って塵まで集めた。ルーシーの死体を解体した可能性も考慮し、ルミノール試験薬を用いた血液反応検査も行われた。

マンションの管理人が「織原が諸磯海岸沿いにスコップを持って歩いていた」と目撃証言したことで、海岸沿いを含めて周囲一帯も捜索することになった。

十三日、十四日、二頭の警察犬を使って捜索、さらにシーボニア・マリーナに係留してあるプレジャーボート「スティルネス」も捜索した。

捜索の陣容は鑑識課が三十人態勢、駆り出された警察犬は人間の死臭を嗅ぎ分ける訓練を受けていた。捜査員を二手に分けた。各々にスコップや鎌、ロープ、検土杖（地面に刺して死体の有無を臭いで調べる）などを持ち、諸磯湾を探索する。打ち上げられた海藻や朽ち果てた漁具……狭い海岸線の岩場や砂浜、打ち寄せる波と潮の香り、波打ち際を警察犬が歩く。中秋といっても日中は暑い。そんな中、捜査員は汗だくになって岩の割れ目や防空壕の跡を覗く。誰かが掘り起こしたような痕跡を見つけては掘ってみる。そんな捜査員たちの虚しい作業が続いていくが、警察犬の投入は失敗だった。打ち寄せるさざ波に、海を知らない犬たちは初めての光景に、任務も忘れ天真爛漫にはしゃぎ回っていた。そして捜索は虚しく終了した。

総合デスクの内藤は裁判所に検証許可状や捜索差押許可状など百八通もの請求を出す

作業に追われたが、押収した証拠は膨大な量だった。

それは織原の性格が反映したのだろう。とにかく物を捨てず、どんなものでも取っておく。これが捜査側にとって幸いした。レストランのレシートからタクシー料金、コンビニなどの細々とした買い物の領収書まであった。これらの領収書やレシートの類は日時などで時系列に分類し、物品なども一つひとつ丹念に調べて、事件に関係していると思われるものは全て裏付けを取る必要があった。

押収品の中には大量の睡眠薬や麻酔薬などの薬品類もあり、これらの成分分析や入手ルートの解明も急がなければならない。

強姦の手口を細かく記した大学ノートやバインダー式のノートまであった。アドレス帳が発見されると、そこにはこれまで交際してきた女性の住所や電話番号などが書かれていた。これが後に被害者を割り出す作業に役立ったことは言うまでもない。

さらにビデオテープ、未現像のネガフィルム、現像された写真が見つかり分析作業に回された。

取り調べ

一課捜査員らによって、警視庁地下玄関から二階の取調室に連行された織原は、「事実無根だ」と容疑を完全に否認し、饒舌《じょうぜつ》に弁解を繰り返して抵抗を試みた。カツラをはずした頭や顔からは汗が吹き出していた。

「織原、お前は逮捕されたんだ」

「なんで、何の容疑で逮捕されなければならないんだ」

容疑を告げられた織原は、観念したのか、無言で何度も頷いた。

長年に亘って隠していた悪事が露見する恐れで、胸がいっぱいなのだろう。身体を強張らせ、顔色はどんどん青ざめていく。

定められた様式にしたがって、捜査員が逮捕手続書を作成した。

「さて、あんたは逮捕された訳だ。罪名はケティ・ブラウンに対する『強制わいせつ』容疑だ。被疑者の権利として、刑事訴訟法に則《のっと》り弁護人の選任や請求権がある。どうするかはあんたが決めることだが」

織原は少し間をおいて「後で考えます」と答えた。

「よし。次はお前の弁解を聞くぞ。その前にあんたには供述拒否権というのがある。これは刑訴法通りに言えば、尋問又は質問に対し、自己の意思に反する供述を拒む権利だ。黙秘権もある。刑事被告人の黙秘権は、刑事手続きにおけるどんな段階でも、自分の意思に反して事実に関する供述をする義務が一切ない。ずっと沈黙を続けることもお前の権利だからな。わかったかい」

織原は「わかりました」と頷いた。

「では訊くが、ケティ・ブラウンというカナダ国籍の女性を覚えているか」

「曖昧な記憶を辿っても、覚えがありません」

「その女性は、お前から強制的にわいせつな行為をされたと訴えているが」

「何人もの外国人女性と遊んだことは否定しません。しかし、所詮《しょせん》、お金を払っての行為ですよ。売春婦の類でしょうが、誰が誰だか覚えてはいません。ですから何で強制わいせつで逮捕されたのか、まったくわからないんです」

織原は、罪状を全面的に否認した。

「すべて否認だな」と捜査員は確認した。

逮捕後には、通称「弁録」と呼ばれる「弁解録取書」の司法書類も作成しなければならないという法律や規範がある。

織原は「弁録」を捜査員に読み聞かされた後、指印を押した。

その後は警視庁内三階にある留置場に連行され、所持品の検査や身体検査が行われる。身体の特徴、例えばヤクザならば刺青の有無であるとか指の数、男性器に異物が埋め込まれていないかなどが調べられるのだ。

織原も屈辱の検査を受けさせられた。

着衣のベルトや紐類はすべて外され、所持金や時計などの貴金属も預けさせられる。

その後は警務課員に留置場まで連行され、独居房の扉が閉められる。

中にはきちんと畳まれた毛布が三枚と枕が置かれ、シーツと枕カバーはその上にある。織原は着てきた衣服からジャージに着替え、脱いだ服をバッグに仕舞う。看守がロッカーの扉を開け、荷物はそこに入れた。

しばらくすると、昼食の時間になる。取り調べを受けていた他の容疑者たちも順次、房に戻され、雑談の潜めた声が留置場内に広がる。看守は細々としたことなどは注意しない。

昼食のメニューはコッペパンとマーガリン、簡単な野菜炒め、これにテトラパックの牛乳が付く。まるで学校給食のようだ。織原の独居房にも同じものが配られた。

織原は見ているだけで食べようとしない。おそらく喉《のど》を通らないのだろう。

午後二時過ぎ、捜査員が織原を迎えに来た。看守から番号を呼ばれても、織原は自分が呼ばれていることに一瞬気づかない。

何度か呼ばれ、番号で呼ばれることを思い出す。

房の外に出ると、捜査員から手錠と腰縄を打たれ、サンダル履きで留置場外の廊下から階段を歩かされて、二階の取調室に連行された。靴ではなくサンダルを履かせるのは、万が一の逃走に備えて逃げにくいようにしているためだ。

捜査本部は留置管理課に手配し、取調室を二か所借りていた。

一つを調べ専用に使い、二つ離れたところにある部屋を連絡室として使用するのだ。連絡室には、お茶など捜査員の飲み物や、それぞれが自前で購入した茶菓子、あるいは簡単な食べ物を用意する。

ひと昔前、映画やテレビドラマなどでは取り調べの最中に、カツ丼をおごる人情刑事がいたが、現在はコーヒー一杯でも飲ませられない。その行為が自白を強要したと疑われ、公判で供述調書が認められないことがある。容疑者が、喉の渇きを訴えたら水を飲ませる程度だ。

部屋に連絡員を待機させているのは、捜査本部に容疑者が話した内容を伝え、捜査を依頼するためである。

山代警部と井ノ口警部補は連絡室で捜査本部からの情報を受けながら、取り調べの方法などを検討していた。

織原が留置場から取調室に入った、と連絡があり、山代は、

「先に写真と指紋を取らせてから、ゆっくりやろう。気を緩めずにさ」

と井ノ口や他の捜査員に言った。

「犯罪捜査規範」一三一条（指紋の採取、照会など）の規定にはこうある。

「逮捕した被疑者については引致後、速やかに指紋を採取し、写真その他鑑識資料を確

実に作成すると共に、指紋照会ならびに余罪及び指名手配の有無を照会しなければならない」

捜査員が織原を写真室に連行し、椅子に座らせて写真を撮ろうとすると、顔を背け、さらには百面相のように表情を歪め、絶対に素顔を撮らせようとしない。両側から顔を持ち上げようとしても頑強に抵抗し、さらに下を向いて徹底的に拒否を貫き通した。

出来上がったのは、いずれも下を向いた写真か、歪んだ顔の写真だった。

普通、逮捕された直後の容疑者は、情緒不安定であることから態度が卑屈になったり、虚勢を張ることはあるが、指紋や写真を撮る段階では観念しておとなしく応じることが大半で、織原のような態度はめったにしない。

連行していた捜査員は呆れたが、なんで写真を撮られることを拒否するのか不思議だった。

生い立ち

織原を取調室まで連行した捜査員から、写真室の件を耳打ちされた山代は、ただ頷いただけだった。

椅子に座った織原に対し、山代は相対して座る。

「山代だ。これからずっと私があんたの取り調べを担当する」

織原は初めて会う取調官に対し、緊張した面持ちで頭を下げた。頭や顔には汗が浮かんでいる。顔は青ざめ、細かく震えていた。

「これから訊くことに答えてくれ。さっき別の捜査員から聞いたと思うが、あんたの権利として供述拒否権というのがある。答えたくなければ答えなくていいという権利だ。それに黙秘権もある。黙っていていい、と言うことだ」

織原は擦《かす》れた声で、「わかりました」と答えた。

逮捕後四十八時間以内に地検へ身柄を送致するためには、織原の身上調書を録《と》らなければならない。

「何度も同じことを訊くが」

と断ってから、まず名前を訊く。その後、現住所、本籍、生年月日の順で訊いた。織原は素直に答えた。

学歴、生い立ち、それから家族構成などを含め淡々と訊いていく。

実家のことは余り話したくない様子だった。特に兄弟関係については口が重かった。

「兄弟とは縁を切っているから」

織原は口ごもりながら答えた。

「どうしてだい。あんただけが日本に帰化したからか」

「別に答える必要がありますか」

「言いたくなければそれでもいい。あんたがどういう生い立ちだったのか、尋ねただけだ」

前に述べたが、織原城二は、在日韓国人夫妻の次男として生まれている。両親は大阪・帝塚山の超高級住宅地に居を構えていた。現在の大阪教育大学附属小から中学へと進み、卒業後、単身東京へ。玉川田園調布の豪邸に一人で住み、そこから慶應大学付属高校へ通った。家事は一切家政婦が行うような恵まれた環境だった。しかし高校二年の時、父親が香港で急死し、わずか十七歳で、土地・建物等、当時の評価額で約二十億円もの遺産を相続した。

一九七〇年（昭和四十五年）三月に高校を卒業したが、大学推薦が受けられず米国へ留学したという。その四年後に帰国し、慶應大学経済学部経済学科の通信教育に入学する。その後通学課程に移り、八二年（昭和五十七年）、二十九歳になってようやく卒業した。

この間、一九七四年（昭和四十九年）の帰化に伴って、名前を金聖鐘から織原城二に変えている。結婚歴はない。

帰化するに当たり、祖国と韓国人に誇りを持っている兄弟、親族は猛反対したという。織原が二十一歳の時の話だ。

「必然性があれば答えますが……」

「そうか。俺たちがこれから必要だと思えば、あんたに聞かずとも母親や兄弟、親戚、それに小学校や中学、高校、それに大学まで、同級生や関係者に話を聞くまでだ。生い立ちがどこかで捩《よじ》れたとするなら、あんたの精神的構造まで知る必要があるからだ。性的な興奮を求めるだけなら、女性に対してあんなやり方はしない。女性蔑視も甚《はなは》だしい。だから聞いたんだ」

「双方合意なら問題ないと思いますが……」

「どこが合意なんだ。まあ、いい。これから時間はたっぷりとある。その時、言いたいことがあれば聞いてやるさ」

「私は法に触れるようなことはしていない。よく調べればわかりますよ。不当逮捕じゃないですか」

「そうか、不当逮捕だと思っているんだ」

「そうです。私がしたのは、すべてプレイなんだ。相手の女はみんな素人じゃない。外人ホステスは合意でお金を受け取っている。売春婦なんです」

「本当にそう思っているのか。まあいい。あんたの言い分は後で聞く。次は、趣味嗜好だが、酒は飲むんだよな。どんな酒だ」

と山代は尋ねた。

今までのことは、調べられれば大方わかってしまうことだが、ここから先の質問には迂闊《うかつ》に答えられないと織原は考えたようだった。事件の核心部分に触れるからだ。

「俺たち貧乏刑事じゃ安い焼酎か、日本酒ぐらいだけだけどな」

「私だって皆さんと同じですよ。嗜む程度ならウイスキーやラムも飲みますけど……」

当たり障りのない言い方で織原はかわす。

「好きな食べ物は」

「強いて言えばテッサですね」

「テッサってなんだい」

「フグ刺しのことで、関西ではテッサって言いますね」

「フグねえ、俺たちはそんな高級なもの食べた記憶がないなあ。それが大好物なのかい」

「冬には鰭酒《ひれざけ》でやると旨いです」

織原は雑談だと思うと、安心してか軽口を叩く。

「タバコはやらなかったよな」

「はい」

「趣味は何かね」

「特段にはありませんが、強いて言えば車、ドライブですね」

「車は何台もあったな。ベンツとかポルシェ。その車に誰を乗せるんだい。一人でドライブじゃ面白くないだろう。例えば女とか。あ、そうか。女なら誰でもいいんだよな」

事件に触れそうになると、織原は緊張に身を震わせながら答える。

「健康状態を聞くんだけどさ。どこか身体の悪いところはないかな」

「今のところ、悪いというところは」

「そうだよね。見た目には健康そのものだ。後はあんたの収入や資産、借財など訊くけど」


織原の財産形成について、時代背景を遡ってみた。一九七〇年代末期、突然襲ったドル危機を解消するため、アメリカは国内におけるインフレーションの抑制を目的とした厳しい金融引き締めを行った。金利は二桁に達し、世界中の資金がアメリカへと集中した。

結果、ドル相場は高めに推移することになり、輸出減少と輸入拡大をもたらした。高金利による民間投資の抑制で需給バランスが改善、インフレからの脱出に成功した。その後、インフレ沈静化に伴い、金融緩和が進行し、さらには景気回復による貿易赤字の増大に拍車がかかることになる。金利低下による米ドルへの魅力が薄れるのに伴い、相場は次第に不安定となっていった。

一九八五年九月二十二日、ニューヨークのプラザホテルで開催されたG5（先進五か国蔵相・中央銀行総裁会議、参加国はアメリカ、イギリス、西ドイツ、フランス、日本）の議題は、アメリカの対外不均衡を解消する名目での協調介入への合意だった。

対日貿易赤字の是正を狙った協調介入で円高ドル安に導き、世界経済を安定させる。各国の合意が発表された翌日、三月一日はドルと円の交換レートは一ドル二百九十五円から二十円下落。一年後にドルの価値はほぼ半減した。百二十円台で取引が推移している。

その結果、日本はバブル景気となる。

バブル景気が最高点に達した一九八八年、織原は相続した約二十億円もの財産を元手に資産運用会社「有限会社プラント」を東京・港区元赤坂に設立し、主にマンションなどの賃貸業を全国に拡大させた。この事業で、大きな利益を出すことに成功した織原の総資産は四十二億六千万円にまで増えた。

翌八九年（平成元年）には不動産関係の「銀座ビルインスティテュート」、九三年（平成五年）には、大阪の曾根崎に約三百坪の土地を所有し、駐車場を建設する目的で「北新地タワー」を設立し、社長として君臨したが、この頃、織原は四十二歳だった。

その後、バブル経済の崩壊で状況は一変した。負債総額が八十億円を超え、所有していたビルも次々と差し押さえられていった。

その負債の尻拭いをしたのが母親だった。息子の城二は儲かっていた当時から、大阪・北新地はもとより、東京の六本木や銀座などで夜な夜な遊び呆けていたが、借金を抱えてからも憂さを晴らすかのように女性を漁っていた。またその資金は、放蕩息子可愛さに母親が兄弟に内緒で出していたのだという。

逮捕直前に織原のことはあらかた調べてあったが、本人の口から供述を得る作業過程で、どうしても訊いておきたいことがあった。

「前科前歴だが、あんたが記憶していることはあるのかね」

「ええ、ありますが……過去は清算してあります」

織原は裏返った声で答えた。

「女装までして大変だったな」

山代は冗談めかして呟いた。織原はこれを侮蔑と受け取ったのか、顔を赤らめ、肩を震わせた。

別働隊として捜査していた山代班では、織原が重要参考人として捜査線上に浮上した頃から、織原の身辺捜査を入念に行ってきた。平成四年に織原を逮捕した和歌山県警にも、事件処理について問い合わせたが、時間が経った事件であり、軽微な犯罪だったことから捜査記録はなかった。そこで南紀白浜を管轄する地検を通じて裁判記録を取り寄せ、捜査本部でも具体的な内容を把握した。

「夏の海水浴場って暑いだろう。便所には冷房もない。そんなところにカツラを被り、女装して入り込む。そこまでやろうとする動機はなんだ?」

「………」

「お前が女装しても似合わないだろうな」

織原は嫌な顔をして俯《うつむ》いた。言い訳ができないからだ。

あとは血液型を聞いて、身上調書の作成は終わった。

初日としたらこんなものだろう、と山代は思った。

山代は経験豊富な捜査員であり、沈着冷静で温厚だが粘り強く、鋭い感覚を持っているとの定評があった。

一課の伝統として、調べは捜査の現場責任者が行う。捜査二課や他の部署あるいは所轄署が扱う犯罪は、警部補や巡査部長が取り調べを受け持つこともある。

しかし殺人や強姦といった凶悪な犯罪を担当する一課の取り調べ主任は、責任が重大であり、オブラートに包んだような持って回った調べ方はできない。

取り調べは真剣勝負、証拠品提示からの供述は誘導尋問ではないかと公判で引っ繰り返されることもある。だからこそ尋問側の手の内は簡単に見せてはいけない。

取調室の織原は、慶應大学法学部を卒業しているせいか、弁が立ち、巧みな言い訳や弁解に終始して、あくまでも否認を続けた。

ルーシーがもし殺されているとすれば、その遺体はどこにあるのか。

第一回目の逮捕容疑は、カナダ国籍の女性に対する強制わいせつ容疑で、この案件を突破口にするつもりでの取り調べだった。

織原逮捕後の午前中に、弘光捜査一課長が記者会見した。カナダ人女性への強制わいせつ容疑で織原を逮捕したと発表したことで、各新聞は夕刊で一報を報じ、テレビ各社もニュースで報道した。


東京地検刑事部・長野哲生検事の下へ、織原が送致されたのは翌日のことだった。

警視庁の留置場から織原を連れた捜査員二名が地下駐車場までエレベーターで降りると、待っていた車が寄って来た。運転手と助手席に捜査員が乗り、後部座席に織原ともう一人の捜査員が座った。単独押送で、地検まで五分足らずのドライブだった。

長野検事は、あらかじめ捜査本部から細かい報告を受けていて、織原逮捕までの捜査経緯についても熟知していた。次の人事異動で転任することが内示されており、後任の長谷川充弘検事に任せることに異論はなかったが、自分の任期中に織原を落とせるものなら、と湧き上がる闘志を胸に秘め、織原と対峙した。

しかし織原は、ここでも弁解に終始し、被害女性とは合意の上での行為であると主張し、長野検事の厳しい尋問にも否認を貫いた。

第四章　物証

特別捜査本部

十月十七日、丸の内署に特別捜査本部が正式に設置された。それまでの捜査本部と違って栗本英雄（警視長）刑事部長が指揮を執る。

八階にある講堂入り口に貼りだされた戒名（捜査本部の名称）は「外国人女性に対する薬物使用連続暴行事件特別捜査本部」と改められた。

発表された陣容は刑事部長を補佐する平田富彦（警視正）参事官、弘光朗（警視正）捜査一課課長、堀木宏治（警視正）麻布署長、一ノ口正士（警視正）丸の内署長。有働俊明（警視）一課理事官。管理官は捜査一課から光眞章警視、新妻正平警視、阿部勝義警視、丸山直紀警視。他に麻布署刑事課長と丸の内刑事課長が同列で並ぶ。

捜査指揮は捜査一課から寺前捷紀警部、山代悟警部、内藤正警部他、麻布署課長代理、丸の内署課長代理。総括管理官として新妻管理官、総合デスクが内藤警部の他、山代班から児玉警部補ら四名。そこに被害者対策として山口光子巡査部長が当たる。

光眞管理官は麻布署捜査本部デスクと護送担当、薬品担当、電話分析を担当。薬品で服藤恵三警部、電話分析で諸橋薫警部補の二人が科学捜査官として加わった。

被害者対策は丸山とき江警部補と飯弘雅彦巡査部長。

取り調べ班は山代悟警部、井ノ口徹警部補、九々純一郎巡査部長、葛山裕倫巡査部長の四人。組織は出来たが、あくまで実働の核は変わらない。

捜査員の補充を含め百二十人態勢で逮捕に臨むための捜査費用は莫大だ。これまでは都費（東京都）の予算だったが、特別捜査本部に昇格すると以後の捜査費用は警察庁（国費）で賄うようになる。

裏付け捜査班

丸の内署特別捜査本部が八階の大会議室を使い、裏付け捜査班は七階を使用することになった。

阿部が総括管理官となり、指揮を執るのは一課第六強行犯捜査強盗犯捜査二係長の内富男警部、デスクに内配下の浅野泰彦警部補、大山邦彦警部補、村上清広巡査部長らが座り、応援要員として山代班から副島雅彦警部補、西真人巡査部長が先陣の一組を務める。畑下亮巡査部長も加わり所轄からの応援、機動捜査隊からも要員を確保し、総勢四十二人態勢で取り掛かった。

家宅捜索で随所から集めた膨大な数の押収品は偽名で作ったと思われる名刺、架空会社のゴム印、判子など八十六点に及ぶ。

何台かの携帯電話から通信記録を抜き出し、架電した相手を特定する作業と、その相手に確認する作業に捜査員を振り分けた。

先ずはルーシーが失踪する一週間前の六月二十三日から始めた。

通信記録から判ったことはご執心のA女に何度か架電し留守録に入れていたことや、夕刻からホテルニューオータニの会員制スポーツクラブにいたことが領収書から判明した。

この日、ルーシーは午後九時に「カサブランカ」に出勤し、日本人客についていた。織原は午前一時五十分にコーワと名乗って来店した。ルーシー一人が接客し、織原は午前三時に店を出た。

織原は店を出た五十分後、A女に架電。以後午後三時半までに五回も架電している。やっと通じて品川駅で待ち合わせる約束を取り付けた。この後B女に架電、留守録に入れている。

車は白色のベンツに乗っていた。時間潰しのためか書店で本を買い、ホテルニューオータニのランドリーに寄ったあと、スポーツクラブのサウナで汗を流している。

六時、高木雄二の偽名を使って赤坂プリンスホテルを予約。一時間後A女を伴ってチエックイン。ルームサービスを取り食事をして、十時過ぎにはA女にタクシークーポン券を渡して帰している。独りになった織原は寂しかったのか外国人女性Dにホテルの電話で二回架けたが通じなかった。そして朝の七時六分にホテルをチェックアウトした。

こうした裏付け捜査に伴い、Nシステムの記録を照合して織原が運転するベンツの動きも調べている。そして携帯電話の通話記録から、架けた相手一人ひとりに捜査員は聴取している。その結果わかったのは、織原は異常なまでに女漁りを繰り返していることだ。ルーシーと会う七月一日までの間、複数の女性とホテルで会っている。二十九日にはベンツで羽田空港駐車場に入れ、JAL便で大阪に飛んでいた。南海サウスタワーホテルで日本人女性のD女に電話をしたが、留守録が回っているだけだった。

三十日午後九時二十一分に羽田空港に到着後、駐車場からベンツを運転して自由が丘のフィットネスクラブのサウナに入った。

そして運命の七月一日を迎えることになる。

午前九時過ぎ、山本明の偽名を使いアートネイチャー東京で一万二千本の植毛を行って五十万円支払っている。十二時半終了し、赤坂のガソリンスタンドでベンツに給油。午後一時半、代々木ハウスのピンク電話に架電してルーシーに約束時間に遅れると伝えた。ルーシーがルイーズに事情を話している。織原はホテルのスポーツクラブで時間を潰し、三時三十分頃、代々木ハウスに電話してルーシーに千駄ケ谷駅近くで待ち合わせようと持ち掛けている。四時、ルーシーを拾って首都高速道路の荏原ランプで下り、中原街道から環状八号線経由で横浜横須賀道路を使い逗子マリーナに向かう。これはNシステムにベンツのナンバーを照合して判明したことだ。そして領収書から逗子マリーナ近くの鰻店の「北川」に出前を頼んでいたことも把握できた。

　翌日からの織原の動きを追うことに裏付け捜査班は全力を挙げた。

　二日朝八時半ごろ、ブルーシー油壺玄関ホール前のエレベーターで織原が下りてきたのを管理人が目撃していたという新情報を摑む。

　室内の捜索で発見したダイアリーの七月二日に鎌倉〜品川　五十分と書かれたメモ。これをヒントに押収したタクシー領収書によれば午後五時二十五分に渋谷〜赤坂まで乗車しているが、これも捜査員が運転手に確認しているのだ。

　さらに織原が使った携帯電話の通話記録を解析した結果、午後八時二十分、番号案内の「104」に電話。後に逗子夜間診療案内、逗子消防署、逗子地域医療センター、磯見整形外科、聖ヨゼフ病院に架電していた。発信地は東京の北青山二丁目周辺だった。午後十一時七分、総武横須賀線鎌倉駅からグリーンハイヤーで逗子マリーナまで乗車して帰っていた。

　さらに捜査員らはNシステムから捜査支援分析センター（略称SSBC）の協力を得て、織原の所有するベンツの走行経路を割り出した。

日が明けた三日午前二時五十八分、逗葉新道の逗子インター上り車線をベンツが走行。三時四分、横浜横須賀道路を経由し第三京浜から環八通りの大田区方向内回りを走り、玉川田園調布に向かっていた。明け方六時三十分には首都高速霞が関ランプを出て桜田門方向に走っているのだ。この慌ただしい動き方は異常だ。何があったのだろうか。

そして、六日の午後十時五十分、場所は諸磯海岸ブルーシー油壺四〇一号室。管理人から使っていない部屋に灯りが点いたり消えたりしているとの通報を受けた神奈川県警三崎署員らがこの部屋を訪ねている。

その後、織原は数日間ベンツを駆って都内に出かけていたことはNシステムで追跡できるが、九日の午後四時四十二分から十時三十九分までの間に六回、知人女性に電話して「人には言えない大変なことを仕出かしてしまった……」と狼狽している様子を見せた。

この頃には元赤坂タワーズに生活拠点を戻している様子で、十四日には日産レンタカーで白色のブルーバードを借り、玉川田園調布の邸宅や逗子マリーナに出かけた後、十六日に返却している。これも領収書からレンタカー会社へ捜査員が出向き確認。さらにNシステムを使っての走行確認作業という時間と労力が伴う捜査だった。

時系列表を埋める作業は続き、七月末まで特段変わった動きは見せず、近場のコンビニで買い物や行きつけの焼肉店や料理店で食事をしている程度だった。八月十一日、またも日産レンタカーでパルサーを借り、翌未明三時三十七分には白金ランプから首都高速二号線に入り荏原で下り、中原街道、第三京浜、四時三十六分に横浜横須賀道路の逗子インターで下りていた。

朝八時四分横浜横須賀道路逗子インター上り車線でキャッチ、同じ経路を使い靖国通りに入って午後一時半過ぎに慈恵医大耳鼻咽喉科で二回目の診察（左中耳炎）を受けた後に車を返却していた。

十七日の午後四時五十分に、文具店でチェックライター一台の他にA4サイズの茶封筒や封筒などを購入。領収書の宛名は偽名の三井製作所としていた。捜査員が文具店でチェックライターの製造番号などを調べたところ、山代班の井ノ口、西組が拾ったチェックライターだったと判る。五時四分には京葉道路東日本橋から下り墨田方面にベンツで向かっていたことも判明。

捜査員たちは連日こうした地道な捜査を繰り返し、疲れた足を引きずって特捜本部に戻ると報告書にまとめる作業が待っている。デスク担当の浅野泰彦警部補や大山邦彦警部補、村上清広巡査部長らは各員の報告書提出を待って時系列にまとめ、総合デスクの内藤に届けるのだ。それが深夜一時や二時になることは当然のことだった。

この裏付け捜査は織原逮捕の十月十二日まで続けられていった。

ビデオテープ

ビデオテープの映像を解析していた阿部管理官は、内容があまりにも卑劣極まりなく、行為そのものが酷いことから、怒りを通り越して織原の人間性を疑った。

撮影場所は「逗子マリーナ四三一四号室」で、自ら買ってきた果物や出前の寿司などをテーブルの上に置き、それらを女性と一緒にリビングルームで食べ、酒を飲み、冗談やたわいのない世間話をしている様子がビデオテープに録画されている。

備え付けのカラオケでお互いに歌ったりした後で、女性がぐったりとすると、体を揺すったり、名前を呼んだりしているが、やがて女性を抱えて寝室に運び、ベッドに寝かせる。

四三一四号室の捜索では、女性を映すためのビデオカメラ三台が、それぞれ三脚に載せられ、手元のリモコンで操作できるようになっていたことがわかっている。

頭からすっぽりと目だし帽を被った織原らしき男が映像に登場し、その男がハンドライトで女性の身体を怪しげに照らし出す。

織原は被害者のバッグなどを漁り、戦果を誇るかのように免許証やパスポート、IDカード、健康保険証など、身元を証明できるものを映していた。相手が誰だかわかるようにしてから行為に移るのだ。

女性の着ている服を下着まで全部脱がせ、全裸にすると、顔や全身、乳房から陰部まで舐め回すようにして撮影する。その後、足を細紐などで縛って開脚させてから乳房を揉み、乳首を吸ったり捻ったりしたあと、陰部に指を入れて弄ぶ。

モニターで確認後、カメラを三脚に固定してから照明を調整し、コンドームをつけて性交する。射精後は膣鏡などの異物を膣内に挿入し、カメラを近づけてその様子を撮り、その行為に飽きると肛門性交まで行っている。

ある女性への行為は六時間以上にも及んでいた。

ビデオテープに収められた被害者は、ケティ・ブラウンも含め、外国人女性、日本人女性あわせて数十人に及ぶことがわかった。

ビデオテープや写真には日付が記されており、犯行は古いもので一九九二年（平成四年）二月から始まり、二〇〇〇年（平成十二年）七月まで続く。しかし、ルーシーの映像だけは、どれだけ探しても発見することができない。阿部管理官は焦る思いで、織原とルーシーの接点を見出そうとしていた。

言い訳

送検された織原の身柄は、警視庁三階の留置場独居房に置かれていた。

起床は朝六時、すぐに点呼があり、問題がなければ、入房者全員で房や留置場内の掃除に取りかかる。独居房の織原も例外ではない。

騒がしい一日が始まる。留置場の担当者に昼食の自弁を頼む声や、雑談を交わす者同士の声が留置場内に木霊《こだま》する。

朝食の基本は白米と味噌汁。味噌汁の具はキャベツの千切りかモヤシだ。それに漬物と納豆などが出され、食べ終わると、雨が降らなければ、金網に覆われた大きな鳥籠のような場所へ各房別々に数珠つなぎで連れて行かれ、ラジオ体操のテープと共に号令がかかる。

ダラダラとした動きでも、運動した後にはタバコが吸える。喫煙者にとってはここだけが天国のようだ。織原はタバコも吸わず特別な趣味もない。この時間は持て余していたようだった。十五分程度でまた房に戻される。

九時三十分頃に、取り調べ捜査員二名が留置場に来て、手錠をはめられ、腰縄を巻かれて二階の取調室まで連行されて行く。

身長一六七センチ、小太りの体にジャージを着て、ビニールのサンダル履きというスタイルが勾留されている織原の普段の姿だった。

一回目の逮捕容疑は、カナダ国籍のケティ・ブラウンに対する「強制わいせつ」容疑。

複数の被害者に共通しているのは酒を飲まされ、意識不明になっていること。そして、嗅がされたと思われる多量の薬品類。これは捜索で押収された証拠品の中にあった。

秀和赤坂レジデンシャルホテルの部屋から発見されたのは、ベンゾジアゼピン系睡眠導入剤から脱法ドラッグに至るまで、服藤作成のリストにほぼ記載されていたもので、催眠や鎮静、麻酔などに使用されるものだった。列記すると以下のようになる。

①睡眠導入剤がベンゾジアゼピン系薬物であるサイレースやベンザリン

②催眠・抗けいれん剤のクロラール。さらに吸入麻酔薬のエーテルと吸入麻酔剤のクロロホルム

③フェノバルビタールやその他の脱法ドラッグなど多数

特別捜査本部では、科学捜査官の服藤からアドバイスを受け、薬品の分析と同時に入手先などの追跡が進められていた。

被疑者調書の作成で、山代は井ノ口と相談し、先ずクロロホルムの入手経路から攻めることにした。

取り調べに定石やマニュアルはない。取調官それぞれに個性がある。それこそ千差万別で、合理的に諭しながら相手を追い詰めるタイプや、相手の良心に訴えるタイプなど変幻自在の調べ方をする。

留置場から取調室に連行してきた織原を、捜査員は折り畳み椅子に座らせ、両手錠の鍵を外して、腰縄を椅子に括《くく》り付ける。

捜査員と入れ替わりに山代と井ノ口が部屋に入った。

「コーヒーでも飲むか、と言いたいが、これも近頃うるさくなって、自白強要とかで裁判にならないのさ。だからお茶で我慢してくれや」

と井ノ口が織原に言う。

「いただきます」

織原は嬉しそうに頼んだ。

井ノ口が織原の前に湯飲みを置く。

「喉でも湿してから話を聞こうか。夜はよく眠れたかい」

山代が落ち着いた声で尋ねた。

「あまり寝られなかった、ですね」

織原は他愛のない雑談には快活に応じる。

「昨日の検事調べ、まったく酷い。長野検事でしたっけ、私の話なんか取り上げてくれず、自分の想像したでっち上げを押し付ける。本当に気に食わない。腹の黒い嫌な検事ですよ」

織原は長野検事の鋭い追及に、辟易《へきえき》した様子でこぼした。

山代は織原の愚痴を笑いながら聞いていた。

「それはそうと、慶應高校を卒業して、大学までのエスカレーターに乗らないで、アメリカのさ、ハワイだっけ、大学に行ったのは、お金持ちの気紛れかな」

山代は揺さぶった。

「違いますよ。父親が死んで、ちょっと考えることがあったからですよ」

「それで帰国して、慶應大学経済学部の通信教育課程を受験したのか」

「ええ、そうです。学生でありながら事業をしていたので、通信教育を選択したのです」

「だがあんたはその受験に替え玉を雇った。謝礼は二十万円だったとか。それが本当の話なら問題じゃないのか」

「嘘です。誰がそんないい加減な話をしているんですか。冗談じゃない」

「嘘か本当かは、あんたが一番知っているはずさ。二十年以上前の話だ。誰も覚えていないと思っていても、その誰かが重要な手掛かりを覚えていれば、我々はどこまでも調べるのさ」

「誰が何を知っているんですか。そんな話、でたらめだ」

織原は気色ばんで言い返した。

それでも山代はたじろがない。織原を茶化すように「学歴詐称、虚偽申告……冗談だけどな」と呟いた。

「そんな馬鹿な」

捜査本部ではすでに替え玉受験を請け負った人物とも接触できていた。

その人物は受験番号や当時の状況等を記憶していた。大学側に確認すると、すべてが一致した。

「ハワイの大学で勉強していたんじゃ、英語は喋れるよなあ」

「ええ、まあ、人並みにですが……」

「その英語力を生かして、外国人女性を口説いていたのか」

織原は無言で抵抗の意思を示した。

「英語だとノーコメントって言うのかい」

山代は独り言のように呟いた。


刑事訴訟法では、逮捕してから四十八時間後までに被疑者の身柄を地検に送致しなければならず、勾留期間を延長するには、裁判所の勾留決定を受けなければならない。期日十日の区切りを一勾留《ひとこうりゅう》という。

厳しい取り調べは、連日に亘って繰り広げられた。織原も取り調べに対し、苦しい言い訳に終始する。

この頃から捜査本部には、織原の弁護を引き受けた弁護士らが、日替わりで接見を求めて押しかけるようになってきていた。さらに自称受任したという弁護士からは、ファクスや電話による「不当逮捕」の抗議が殺到し、新妻は苦々しく思っていた。

雇った弁護士の横面を金で張り飛ばすような卑しい行為。その金を平伏してもらい、事件を力で捻じ伏せようとする弁護士。いろんな人種がいるものだ、と思う。確かに被疑者の権利は理解するし、尊重もする。だが、このやり方は尋常ではない。

世の中、金で支配できるものではないはずだ。多くの弁護士を見てきたし、知っている弁護士もいるが、新妻の知っている大方の弁護士は常識を持っている。

それに比べ、多額の報酬を受け取り、織原に加担する百人近い弁護士にモラルは感じられない。

頻繁に接見を求める弁護士は後を絶たず、長野検事の権限で時間を指定し、一日に一回、最大一時間以内で認めることとした。

新妻は百人近い弁護士たちが織原に接見を求め、いらぬ知恵をつけていることを山代に伝えなかった。取り調べに予断があってはならないと心配したからだった。

織原と接見した弁護士は、一様にすべて否認を貫き通せとアドバイスしたのだろう。織原の態度は、さらに頑なさを増していく。

薬品

薬品について、山代と織原の間ではこんなやり取りがあった。

「あんたの部屋から大量の薬品類が出てきたが、どこから買ったんだい」

突然本題に触れられ、織原は準備ができなかったのだろう。口をモゴモゴしながら考えている様子だった。

山代は、織原がどう言い繕うのか興味があった。

「……私は不眠症なんです。大学時代からずっと続いているんです。それで友達に買ってもらったんです」

「ほう、誰にだい」

「慶應大学医学部の友達で、鈴木という人に頼んだ」

「いつ頃だ」

「私が慶應大学法学部三年の頃だったと思う」

「どうやって買ってもらったんだ」

「医学部の鈴木君が、研究材料として大阪の製薬会社から段ボール箱単位で買って、それをもらった」

「エーテルやクロロホルムは何に使った？」

「不眠症治療研究のためです」

何を訊いても言い訳は子供じみていて、明らかな事実であっても、すべてにおいて言を左右にして認めようとしない。例えば、赤色の物を見せると、赤ではあるが黒ずんでいるので赤とは言えない、といったような言い訳を繰り返す。山代は、織原がどうしたらそんな言い訳を考えつくのかと呆れてしまうほどだった。

少し織原をからかってやろう。山代は攻め方を変えた。

「慶應大学法学部と医学部では余り交流がないんじゃないのか」

「そんなことはありません。同じキャンパスで部活やコンパもあるんで、知り合うきっかけは幾らでもあるんです」


薬品類の購入経過は捜査ですべて判明していた。織原の嘘はとっくにバレていた。押収した薬品類のエーテルやクロロホルムなどは、二つの段ボール箱に入っていたが、底のほうに荷札があり、送り先として「慶應医学研究会　御中」と記載されていた。

調べてみると、送り主は大阪市東区道修町にある製薬会社。昭和六十年十一月以前に発送したものであり、織原は、吸入麻酔剤などで知られる薬品を、事件発覚以前から所持していたことが認められた。

これらの捜査結果を、取り調べ連絡室で聞いた山代は、織原に再度詰問してみた。

織原は言い訳を試みるが、山代が荷札のことに触れると、医学部出入りの製薬会社に研究で使うと嘘をつき、自分が偽名を使って注文したことを自供した。

「その吸入麻酔薬を何に使うんだ。女性に使ったんだろう」

と山代は追い込んだ。

織原は態度で認めはするが、「何もしていない」と否定を繰り返す。

調書を取る段階で、薬品の購入については認めたものの、強姦に使ったという事実は絶対に認めない。

弁護士の入れ知恵は、「取り調べには応じても調書は拒否しろ」というものだった。

二勾留目《ふたこうりゅう》に入った頃、山代は送検のため、押収したケティのビデオテープを取調室に持ち込み、織原に確認させた。

ビデオの画面には、織原自身が覆面を被って撮ったケティの強姦シーンがえんえんと続く。織原は恥ずかしがる素振りを見せ、顔を背けながらもチラチラと画面を見る。

山代が、「なんでここまでやるんだ?」と訊くと、織原は嫌がる態度で「そんな話いいじゃないですか」と、極力話を避けようとする。

さらにテープは、心神喪失状態で寝ている女性の全裸姿を映し出す。覆面の男が女性の性器に膣内鏡を挿入している場面になると、取調室の織原はじっと見入ってピクリとも動かない。

「お前、病気じゃないのか」と、織原に水を向けると、「女が同意したからなんだ」と返してくる。

「騙して連れ込んだんじゃないのか」

と追及すると、織原は、「男と女がこういう場所に来て、二人だけで酒を飲めば、どういう結果になるかわかるでしょう」などと嘯《うそぶ》く。

さらに、被害女性は売春婦で、すべて金を払っている、と早口で強調し、脂汗をかきながらも織原は普通の神経では想像もつかない弁解を繰り返し、女性とは合意であるとの言い訳に終始し、罪状を否認した。

毎日、織原との厳しい戦いに明け暮れ、一進一退を繰り返しつつ、追い詰めていった。

そんな中、取り調べのときにふと気づいたことがあった。

織原が洗面の時に髭を剃らず伸ばし始めていることだった。

奴さん何を企んでいるのか。そうか、変装しようと考えているのか。

織原が写真撮影を一切拒否する行動に出た訳は、写真が公表されると、恥ずかしさもあるが、過去数百人の被害者女性が一斉に押しかけ、被害届を出されるとでも危惧したのではないのか。それで合点がいった。


被害にあった外国人女性の出身国は、カナダ、イギリス、ウクライナ、オーストラリアなど多岐にわたる。それぞれの女性の国籍や名前はテープや写真などから判明した。丸山直紀管理官は各国大使館に連絡し、すでに帰国していた被害女性の行方を追った。

帰国していたケティとカナダ大使館経由で連絡を取り、直ちに再来日をお願いする。当然、渡航費用と滞在費は日本政府が負担することになった。

来日したケティに十月二十三日、東京地検刑事部特捜担当・長野検事は本人確認のため八本のビデオテープを見せた。ケティは自分が意識不明のときに辱めを受けたこと、テレビ画面に映し出された正視に堪えない自分の姿に驚愕してさめざめと泣いた。悔しさが込み上げて、さらに泣いた。怒りの矛先は織原に向けられた。

「この男を死刑にして！」

怒りは頂点に達して爆発した。この日、ケティは長野検事の聴取で初めて被害事実を認識し、織原城二を「準強姦罪」で告訴した。

当初、ケティの聴取では、ケティ自身裸にされた記憶はあるものの、性的行為に関しては覚えていない、と証言したが、薬を嗅がされて意識を失っていた事実が、ビデオテープによって判明したことで、犯行事実が認定できたとし、逮捕時の罪状を「強制わいせつ罪」から「準強姦罪」に切り替えたのだ。「暴行又は脅迫」ではなく「心神を喪失させ、若しくは抗拒不能にさせて」の強姦は、「準強姦罪」が適用される。

それでも取調室の織原はのらりくらりと弁解に終始し、供述に応じない。

日々の取り調べ状況は、書記担当から有働の下へメモとして上がってくる。有働は山代が苦労していることがわかっていた。

ケティの事件が起訴になって、次の事件に移っても、途中で取調官を代えることはしなかった。それが捜査一課の伝統だからだ。被疑者と日々対峙してお互いに気心が通じ合い、信頼関係を作り上げる。過去の経験則から、それが最良の方策であることも有働は知っていた。

しかし、ルーシーの所在は依然として摑めていない。この事件はイギリス政府も関心を寄せている。日本の外務省や官邸も事件の早期解決を強く望んでいる。上層部から漏れ聞こえてくるそうした声には、捜査に対する焦りが色濃くにじんでいるように思えた。

母親

新妻管理官と副島、西らは、織原の育った大阪に飛んだ。

特別捜査本部の前線指揮官自ら織原の母親と会い、息子に自供をうながすよう何とか説得するつもりだった。

母親が指定する大阪・阿倍野駅に近いホテルで、新妻は織原の母親と会った。

「息子は無実です。どうして警察は無実の息子を逮捕したのか」

開口一番、母親は捲《ま》くし立てた。

母親は、自分が雇った複数の弁護士から報告を受けていたのだ。自慢げに、一人当たりの弁護士報酬は三桁に及ぶと言い放った。

「どれだけお金がかかろうと、泣いている息子を助けるのが母親と違いますか」

独身の織原が対価を払って女遊びをする。性的に変わったやり方でも、双方が納得した方法ならば問題はないし、法律に触れるとしても、相手の女性に対して慰謝料を払って納得させれば、そんなに大袈裟なことにはならないはずだ、と言う。

新妻は、そんなことは無駄だからやめたほうがいい、と諭《さと》したが頑として自説を曲げない。事件内容を客観的に話しても、弁護士からの報告を真に受けた母親は、あくまでも息子は無実だ、と言い切って憚《はばか》らない。

感情が高まると、反国家、反権力の意識がそうさせるのか、「戦中戦後、私たち韓国人がどんなに苦労して生きてきたか」と在日問題を持ち出し、警察権力を誹謗する。

雑談では、家の近所に有名な作家が住んでいて、作家本人だけでなく奥さんとも親しく、その後援会組織の役員を引き受け力を入れている、とにこやかに話す。そうした姿は、どこにでもいる老女のそれだった。

しかし、新妻の約三時間に及ぶ説得は徒労に終わった。

諦めるか、と心の中で呟き、後は副島たちに託して重い足取りで大阪を後にした。

日本人女性

特捜本部では、押収した証拠品のビデオテープなどから被害女性を特定し、イギリス人女性モニカ・ニコル・ウィルソンに対する「準強姦容疑」が固まり送検。十月二十七日にはカナダ人女性ケティ・ブラウンに対する「準強姦容疑」で一回目の起訴をした。

十一月十七日にはモニカの件で二回目の起訴をした。

だが、織原の被害にあった女性は二百九人。行方がわからない外国人女性も多かった。仮に連絡が取れても、「記憶がない、わからない」という理由で被害届を出さない女性もいた。

特捜本部は時間の経った被害者より、記憶が鮮明な新しい被害者を探し出して説得にあたった。しかし被害届を出すと法廷で証言しなければならず、恥ずかしい思いをすることや親に知られることを嫌がり、告発意思のない女性が大半で、被害調書を取る作業は難航を極めた。


織原城二が逮捕された十月十二日、外国人女性に対する「強制わいせつ容疑」が新聞各紙によって伝えられ、さらに各テレビ局も大きく報道した。

翌日からは各テレビ局が午前と午後のワイドショーでもこの事件を伝え、そのわいせつ現場が逗子マリーナの部屋であることなどを繰り返し放送した。

それを見ていた野村清美（仮名・三十一歳）は、まさに自分の実体験と同じではないか、と思った。

二日後の十四日、野村清美は麻布警察署にある特別捜査本部に電話し、被害状況を説明した。十九日には出頭して事情聴取に応じ、さらに補充聴取として二十一日にも時間を割いた。

織原と野村清美との出会いは平成十二年二月二十六日頃、ツーショットダイヤルを通じてであった。お互いに携帯電話の番号を教え合い、何度か電話で話をした時に、織原は「ユウジ」と名乗り、年齢を三十六歳だと言い、「今は仕事が忙しいが、それが終わって暇になれば、どこかに連れて行ってあげる」などと誘った。

そして同じ年の四月十九日頃、織原から電話があり、

「仕事がうまくいったから一度会ってみないか。ゴールデンウイークはどうしているの。どこか連れて行って贅沢させてあげるよ」

などと言って清美を誘い、五月三日に会う約束をした。

当日の午後七時十五分頃に新宿のホテル一階ロビーで待ち合わせをしたが、織原は三十分ほど遅れて来た。

織原はホテルの車寄せまで清美を呼び出し、織原が運転する車で逗子マリーナまで行き、四号棟四三一四号室に誘った。部屋から鮨屋に出前を頼み、届いた鮨を食べながら織原に勧められるままシャンパンを飲んだ。

数時間後の翌四日午前〇時過ぎ、織原は清美に、

「これは開運のお酒だから、二人で飲めば御利益がある。女性はそのショットグラスに一杯、男性はその倍飲む。これは儀式だから一気に飲み干さなければいけない。モンゴ

ルで手に入れた酒で、日本では売ってない貴重な酒だ」と、いかにも思わせぶりに言って、壺からショットグラスに注いで勧めた。清美はこの酒を一気に飲んだ。

織原は、「この酒は強い酒だから、柑橘類を取らなければ駄目だ」と言って、グレープフルーツ一個を搾り器で搾り、ジュースをグラスに入れて渡した。清美はそれを飲んだ直後、急激に眠気に襲われ、意識を喪失してしまった。

清美は翌日の五日午後六時頃、真っ裸の上にバスローブを掛けただけの状態で意識を回復した。激しい倦怠感《けんたいかん》とともに意識が朦朧《もうろう》として気分が悪く、歩くこともままならず、壁を伝わりながらトイレに行った。

しばらくベッドで横になって休んだ後、リビングルームにいた織原に、「何で裸なの。私に何をしたの」と訊いた。織原は、

「君が食べたものを戻して、『髪の毛が汚れた』と言って自分で服を脱いで、お風呂に入ったんだよ。ドンって音がして見に行ったら、頭を打って倒れていたんだ。だから、頭にコブがあるだろう。とにかく僕は君を介抱してやったんだ。僕も気持ちが悪かった」

清美はこの話を信じた。わいせつな行為はされていない、と思い込んだ。

ふらつく身体に洋服を着て、織原の運転する車で自宅まで送ってもらい、五日の午後

九時過ぎに帰宅したが、この時まで四日であると勘違いをしていた。母親と電話で話をしてから初めて、この日が五日だったことを知り、二日近くも意識を失っていたことに愕然とした。

清美はその後も体調が優れなかったことから、六日に大学病院で診察を受け、八日には精密検査を受けた。六月三日に検査結果を聞きに行ったが、肝機能が低下しているだけで異常はないとの結果だった。

その間、清美は織原に電話をかけ、治療費としてかかった約一万三千円の支払いを請求したが、織原は拒否した。


北島絵里（仮名・二十六歳）の場合は、押収資料の中にあった織原のアドレス帳に電話番号が書かれており、多数のビデオテープの中の一本にも陵辱されている姿が映されていた。

特捜本部は北島絵里に連絡を取り、十一月二十七日、このテープを見せ、織原の犯行を説明した。

「信じられない！」

いやいやするような動作で眼を逸らし、そしてしばらく呆然としていたが、目に大粒の涙を滲ませ、嗚咽《おえつ》を繰り返した。

調べに当たった捜査員は、そっとハンカチを渡した。

絵里と織原が出会ったきっかけは平成十一年十一月頃、やはりツーショットダイヤルを通じてだった。何度か電話で話し、「ユウジ」と偽名を使っていた織原から、「海にでもドライブに行って、食事でもしよう」と誘われた。

十二月上旬か中旬頃、電話で話し合い、翌年の平成十二年一月五日に会うと約束した。前日の四日、織原から電話があり、「明日午後一時三十分に地下鉄丸ノ内線の赤坂見附駅で待ち合わせをしよう」と言われたが、当日、織原が遅れたことで、お互い連絡を取り合って場所を変更し、赤坂東急ホテル一階正面玄関の路上で会うことにした。

逗子マリーナには午後四時前後に着いた。二人はヨットハーバー周辺を散歩したり、織原がビデオカメラで絵里を撮ったりした後、

「トロが美味しい鮨屋があるんだ。だけど正月で出前しかやってないから、出前を取って食べよう。ほかは正月で閉まっているから」

などと言って、絵里を四号棟四三一四号室に誘い込んだ。

鮨屋の出前が届いてから織原は絵里に酒を勧め、絵里は鮨をつまみながらシャンパンやブランデーを勧められるままに飲んだ。

その後のおぞましい光景は、やはりビデオテープに映っていた。

織原は意識を失った絵里を抱いて寝室のベッドに運び、着ている服を脱がせて全裸に

させた上、麻酔作用のある薬物を染み込ませた布片を口元において、意識喪失の状態を何時間も継続させた。

阿部管理官の指揮の下、証拠品調べは急ピッチで進められていた。

被害女性たちを撮影したビデオのほか、押収品には口述を吹き込んだカセットテープも含まれていた。織原が、性的関係を持った女性たちの名前やプレイの内容などを書いた大学ノートもあった。

カセットテープを解析してみると、「こっちの身元は隠すべきだ。嘘の身元を作ろう」「女は手に入れて、とにかく睡眠薬を手に入れろ」「ビデオのカメラ、もう映しちゃえ」などといった声が断片的に録音されていた。

バインダー式ノートの記述はこうだ。

「初めてクロロホルムを使う。効果はバツグン、多量入手すべし」

「ためらわずにキョテンへ連れて行け」

「やり方が中途半端だった。二度とこのような失敗をしないこと」

織原が「キョテン」と記す逗子マリーナ四号棟四三一四号室には、アルコールなどの飲料が常備され、寝室の天井やベッドには、女性の手足を拘束する器具が設置されていたこともわかっている。意識がない女性の脚を片足ずつ紐で縛り、天井の器具に固定して開脚させるのだ。

各所の捜索で押収したビデオテープの総数は五千二百二十二本。その中の百五十三本に三十四人の外国人女性、二十八人の日本人女性に対する強姦状況が録画されていた。

ビデオで撮影されている被害者女性は合計六十二人。その中で六十一人が逗子マリーナ四号棟四三一四号室で強姦されていることから、この部屋が「強姦部屋」だったこともわかってきた。

平成十二年だけでも、七人の女性が織原の毒牙にかかっている。

一月一日、二十九歳の高田恵子（仮名）。

一月三日から五日にかけて、三十歳のオーストラリア人女性ジェニファー・ノートン（仮名）。

一月五日、二十六歳の北島絵里（仮名）。

一月二十九日から三十日、二十二歳の中山真理（仮名）。

四月三十日から五月一日、二十二歳のウクライナ人女性スベトラーナ・ヴォロシーロフ（仮名）。

五月三日から五日、三十一歳の野村清美（仮名）。

六月四日から五日、二十一歳の澤田京子（仮名）。

食事を口実に女性を誘い出す手口は、全員に共通し、犯行日には逗子マリーナの近くにある「久平寿司」から出前を取っていた。

さらに捜査幹部たちの気持ちを暗澹《あんたん》とさせる事実が判明する。一月三日から五日にかけて被害を受けていたジェニファー・ノートンの勤め先が、ルーシーと同じ「カサブランカ」であったことがわかったからだ。

差出人

女性たちに対する織原の卑劣な行為は、日を追うごとに露見し、ルーシー失踪への関与についても、もはや疑う余地なし、という状況になっていた。しかし織原とルーシーを決定的に結びつける物証はなく、取調室で織原と対峙する山代警部はもちろんのこと、証拠調べを担う阿部管理官の胸中にも、言葉にならない焦りが日増しに募ってきていた。

そうした中、一つの発見があった。

織原が所有する元赤坂タワーズ六〇一号室から押収されてきた一台のパソコン。ハードディスクを解析したところ、『コリャ英和一発翻訳』というソフトがインストールされており、「麻布署長」宛てに届いた手紙の作成には、このソフトが使用されていた可能性が高いことがわかったのだ。

事務室として使われていた六〇二号室の書棚からは、左上に「麻布警察署長」、その下に「Azabu police station head」と印字された紙も見つかり、こちらも『コリャ英和一発翻訳』を用いた翻訳であることが判明する。

差出人不明で、作成者の遺留物も発見されてこなかった六通の手紙が、これでようやく意味を持つようになった。

手紙の消印は七月十八日、九月七日、同二十日、そして十月一日の四種類。消印には時刻も刻印されている。七月十八日と十月一日は千葉中央郵便局の扱いで、それ以外はすべて神田郵便局が扱った手紙だ。

郵便ポストへの投函である場合、集配された手紙に消印が押されるまでには一定の時間がかかる。捜査員が二つの局に集配時刻を問い合わせた。

一通目は七月十八日午後五時三十分から翌日午後〇時までの間に局へ集められてきたもの。

二通目と三通目は、九月七日午後六時頃から翌日午後〇時までの間。

四通目と五通目は、九月十九日午後六時頃から翌日午後十二時頃までの間。

六通目は、十月一日午後一時頃から翌日午前十時三十分頃までの間。

これらの手紙を、織原が自分で作成した可能性は極めて高い。では、投函も自ら行ったのだろうか。日付が記されている領収書などとつき合わせて織原の行動を追った。

七月十八日。織原が東京にいた事実を裏付けるものはなく、千葉まで出向いて投函した可能性はある。

九月七日。午後五時十二分に「セブン－イレブン赤坂6丁目南店」で買い物をしたレシートが残されている。神田郵便局管内での投函は十分に可能。

九月十九日。午後十時十分頃から三十分頃までの間に青山から東神田までタクシーを使ったことが領収書から裏付けられている。その後、千代田区内神田にある「神田浜貞」で飲食。タクシーを降りた場所から「神田浜貞」までの道のりには、神田郵便局管内のポストが六か所ある。さらに織原の携帯電話の通話記録から、深夜〇時五十四分に、この周辺にいたことがわかっている。よって投函可能。

十月一日。元赤坂で拾ったタクシーで東京駅へ行き、午後十一時二十二分に丸の内中央口に到着。「千葉方面行きの電車はここから発車しているか」と運転手に聞いている。翌日の午前二時四十分頃、赤坂から六本木までタクシーに乗っている。つまり一日は、午後十一時二十二分から翌日の午前二時四十分頃までの間、織原が東京にいたことを証明する事実はない。これらの状況から、織原が千葉中央郵便局管内で手紙を投函した可能性はある。

いずれにしても推論の域を出るものではないが、「織原自身による投函は不可能」と結論づけることもできない。

また、消印と足取りのほかにも、秀和赤坂レジデンシャルホテルの部屋には、国際地学協会が平成十二年三月に発行した「ユニオンマップ千葉県市街地図」があり、千葉市中央区のページに、カメラフィルムの破片が挟まっていたことも、この推論を補足する材料になった。

ルーシーとの接点

秀和赤坂レジデンシャルホテルの部屋から押収したものの中からは、さらに重要な証拠が発見された。

未現像のネガフィルムを現像すると、海岸で撮った数コマのポートレートにルーシーが写っていたのだ。

写真に日付は入っていなかったものの、これまでの捜査ではルーシーと織原を結びつける物証が得られていなかっただけに、捜査本部はこの貴重な発見に沸いた。

早速、有働理事官らに報告され、弘光一課長も久し振りの吉報を受けて手放しで喜んだ。

有働は直ちに科学捜査官の服藤を呼び、

「この写真がいつどこで撮られたのか特定できないかなあ」

と依頼した。

まずは日付を特定しなければならない。

写真に写っていたルーシーの服装は、流行を追う黒のサマーワンピース。大きく肩を露出し、夏の開放的な気分を強調するかのような服だった。

素足に革製のサンダルを履き、ショルダーバッグを肩から提げている。

白人特有の赤みがかった日焼けの肌が健康そうだ。

頭にはサングラスを載せ、ブロンドの髪を肩の下までストレートに垂らしている。

顔はそれほどどくどくないファンデーションでカバーし、眉は細く半月状に描き、アイシャドーとアイラインで青い目を大きく見せている。

唇を真っ赤なルージュで縁取り、口元をクッキリさせ、その上に蛍光色のピンクを被せ、にこやかに笑っている。白い歯が印象的だ。

初夏と思われる夕刻。打ち返す小さなさざなみが海岸を洗っていた。遠浅の海に浮かんでいるのは漁船だろうか。石積みの堤防が海面から顔を覗かせている。

六本木の夜しか知らない外国人女性がほっと安らぐ一瞬を撮った写真。警戒心をまったく抱いていないルーシーがそこにいた。

気象庁の協力を得て科学捜査官室では潮の干満状況及び太陽光線の傾きなどから、この写真が撮られた時刻を午後六時頃と推定する。

実は、海を背景にした女性の写真やビデオ映像はルーシー以外のものもあった。夜の街で物色した女性をドライブに誘い、海岸付近で写真やビデオを撮ったあと、何らかの口実を設けて逗子マリーナに連れ込む。これが織原のデートパターンであり、ルーシーもまたこのパターンに乗せられたのだろう。

撮影場所は逗子マリーナ周辺に違いないはずだと見当をつけた捜査本部は、捜査員に写真を持たせて聞き込みに回らせた。

目印は海中から顔を覗かせている石積みと海に浮かぶ漁船だ。地元の漁師や漁協関係者などによれば、逗子マリーナから鎌倉の由比ケ浜まで連なるこの辺りは「材木座海岸」と呼ばれ、堤防のように見える石積みは鎌倉時代に造られた日本最古の港なのだという。普段はほぼ海中に没していて見にくいが、大潮の干潮時にはその姿を海面に現す。地図上の「和賀江島」がそれに当たる。

逗子マリーナから北西にわずか数百メートル。捜査員は和賀江島を遠望できる海辺に立った。ルーシーもこの場所で織原のカメラに向かって微笑んだのだ。

材木座海岸では、七月の大潮の頃、シラス漁が最盛期を迎える。写真に写り込んだ漁船も夜からの漁に備えて沖合に出ていたうちの一隻で、漁の成果を記録する「漁労ノート」を漁師から見せてもらったところ、ルーシーが織原と行動を共にしていた七月一日にも海に出ていたことがわかった。

やはり、ルーシーはこの日この場所にいたのだ。

加えて決定的な証拠が発見される。犯行に使われたと見られていたベンツの車内やブルーシー油壺四〇一号室、逗子マリーナ四号棟四三一四号室で採取された毛髪がそれだ。

そのうちの一本が、代々木ハウス二〇三号室から採取された毛髪のDNAと塩基配列が同一だったことで、ルーシーが逗子マリーナ四号棟四三一四号室にいたことが証明された。

また、この部屋にある一般加入電話の日別度数内訳表から、七月一日夕刻に電話が使用されていたことも明らかになり、一日付けの領収書で「北川うなぎ店」から出前を取っていたことも判明している。少なくとも、当日の夕刻、織原はこの部屋にいたのだ。

初心

織原逮捕から早くも二か月。織原が一貫して否認を続けていたため、ルーシーの所在については未だに摑めていない。しかし、織原の関与だけは日を追うごとに強く、かつ濃厚になってきていた。押収品の分析やその裏付け捜査で得られた結果が、それを克明に物語っている。

織原を「完落ち」に導くには、決定的な物証が必要だった。有働理事官は、その手がかりを探すため、初心に戻って自ら膨大な報告書に目を通し始めた。

まず、七月一日の織原の行動報告書と通話記録報告書とを見比べてみる。

押収した領収書類や証言、Nシステムなどで裏付けられた報告書だった。

織原は、七月一日の未明〇時四十六分、赤坂二丁目交番先にあるスーパーマーケット

「吉池赤坂店」でレモン、オレンジなどを買っている。秀和赤坂レジデンシャルホテルに帰る道筋だった。

午前九時二十六分頃、使っているカツラの調整のためにアートネイチャーの支店に寄り、午後〇時二十六分頃、同店から出た。

正午頃、ルーシーがルイーズに「午後二時頃、お客さんと千駄ケ谷で会ってランチするから」と言って、代々木ハウスでは簡単なブランチすらとらなかった。証言しているのは同居しているルイーズと同ハウス住人のダウン・フィリップチュックで、丸山とき江警部補が録取している。

午後一時三十分頃、代々木ハウスに織原から電話があった。ルーシーがルイーズに「二時に会う予定が一時間遅くなった」と話した。

織原は二時三分、ホテル・ニューオータニ新館三階にあるゴールデンスパ（会員制スポーツクラブ）に立ち寄り、三時八分に出た。

三時二十分頃、ルーシーがルイーズを部屋に残して外出した。

三時二十二分、織原が自分の携帯電話から代々木ハウスに電話をかける。

三時二十三分、織原はホテル・ニューオータニにあるランドリーサービスに寄った。

三時三十分頃、ルーシーが代々木ハウスを出て千駄ケ谷方向に歩きだす。この時、ハウスの管理人がルーシーを目撃している。

この後、織原とルーシーは千駄ケ谷周辺で会い、織原がハンドルを握る車にルーシーを乗せたのだ。

これ以降、ルーシーは関係者の前に元気な姿を見せていない。

犯行に使われた車は、織原が所有する車検済み車両二台のうち、平成二年製造で白色のベンツ五〇〇SL「品川 34 ひ ××51」と断定する。その理由は、もう一台の車両であるグレーのポルシェ・カレラ「品川 34 ほ ××41」が、六月十日に湾岸道路新木場一丁目付近で物損事故を起こし、修理中だったからだ。

七月三日、「タカギアキラ」と名乗る男が、ルイーズの携帯に電話をかけてきた。ルイーズの携帯番号を知っている者は、ルーシーや友人、クラブの客だけだ。

ルイーズへの電話で、ルーシーの借金が六千ポンドであることや、ルーシーの恋人がスコットであること、「カサブランカ」の店長の名前まで「タカギ」は知っていた。

織原が「カサブランカ」の客であったことは、聞き込みなどですでに判明していたが、「タカギアキラ」と織原が同一人物なのかどうかまではわからない。山代の厳しい追及を受けても、織原はおそらく認めようとしないだろう。

被疑者が頑なに自供を拒むケースでは、状況証拠の積み上げのみがものを言う。

麻布署や捜査一課に送られてきた六通の手紙は、織原自身が作成した可能性が極めて高く、自ら投函していた蓋然性《がいぜんせい》も高い。

英文の作成には、NEC製のパソコンにインストールした『コリャ英和一発翻訳』を用いていたことがすでに判明しており、日本語での手紙は、東芝製のワードプロセッサで作成されたという分析結果も出ている。

織原は、十月二日深夜、このワープロと数字等を印字するチェックライター二台を投棄している。それを動向確認中の井ノ口と西が目撃し、ワープロなどを確保したことは前に述べた。

六通目に同封されていた金銭借用書は、ルーシーが借主になっているが、織原が偽造したものだった。

借用金額を打ち込んだチェックライターは、「株式会社テクノ・セブン」が平成十二年三月に製造したもので、このチェックライターは、織原が八月十七日に墨田区の「清文」から買ったものだった。路上に捨てたチェックライターの一台はテクノ・セブン製。テクノ・セブン社の分析により、借用書に刻印された数字は、この機種で印字できる可能性が高いことが判明する。

日本語と英語が併記された借用書は、国内では製造も販売もされておらず、字の配列が不自然だったので、詳しく調べてみると、コピー機を使ってB4サイズからA4サイズに縮小した日本法令製「金銭借用証書」に、これとは別に印字した英文を切り貼りして再度コピーしたものだとわかった。

借用書には割り印が押してあったが、これは九月二十七日に赤坂の「はんこ屋さん21」に織原が注文した「田中」の印鑑であり、印影の一部が合致していた。織原は過去、「田中一」名で国民健康保険証や東京ガスの申請書類を偽造していたことが判明している。

また、六通目の手紙には百十八万七千円もの現金が同封されていたが、このときに使用されたエアメール用封筒は、オーストラリアのペズリー&パイク社製で、輸入商社を通じ中央区銀座にある伊東屋にのみ納品されていたもので、織原がこの店に出入りしていたことも明らかにされている。

織原は、六通目が投函された日時の直近である九月二十八日に、東京三菱銀行銀座支店から二百万円、九月三十日に大和銀行堂島支店から百五十二万円を引き出していた。合理的な推論を立てるならば、六通の手紙に書かれているルーシーの情報は、彼女が持っていた手帳やスケジュール帳などを基に書かれたと思われるが、未だそうした物証は発見されていない。

その一方で、織原はルーシーが持っていた手帳やカード類なども撮影し、記録を残していた。織原は、日本人被害者が意識を失っている間にもアドレス帳などを記録し、後に被害者の友人に直接電話していた。

捜査指揮を担うものとして全責任は俺が取る。有働は改めて腹を括った。

たとえ織原が自供せずとも、物証を丹念に一つひとつ積み重ねて状況証拠とする。最後には、どこかに遺棄されているであろうルーシーの遺体が、織原の犯行をすべて物語ってくれるはずだ。有働はその可能性に望みをつないだ。

二度目の家宅捜索

織原を逮捕しておよそ二か月が過ぎようとしていた頃、被害女性二人目の起訴に向けて特別捜査本部は全力を挙げて証拠固めを行っていた。

だが、本筋のルーシーに関しては証拠を隠滅していたのか、つながる物証は逗子マリーナの海岸で撮ったと思われる写真だけだ。

織原が架けた通話記録から七月三日午後四時五十四分から五時五十五分までの間に、代々木ハウスのルイーズに五回架電していたことも判った。

そして、この番号から都内三か所の店に対して、電動チェーンソー、速乾性セメント、簡単に組み立てられるキャンプ用のテントの在庫確認をしていたことも、捜査員が直接出向いて確認している。

そして四日の夕刻、二人用テント三張りと野外用テーブル、ビニールシートやクーラーボックスを買い求め、二店目で電動チェーンソーやノコギリ、三店目で速乾性セメントや急結剤、スコップなどを買って玉川田園調布の自宅に戻っていたことも判明した。ただし、プレジャーボートやチェーンソーを買ったことも、状況証拠に過ぎない。ルーシーの失踪に直接繋がるような証拠が見つからず、検事と捜査側との合同捜査会議でも完全に行き詰まっていた。ルーシーは既に殺されて、解体されて海に捨てられているのか――。最悪の事態も想定の範囲にすでに置かれていた。

検事との会議に出席していた有働と新妻が苦虫を潰したような顔で丸の内署の特別捜査本部に戻ってきた。総合デスクで全ての捜査報告書を束ねていた内藤は、新妻の浮かない表情を窺って労いの言葉を掛けると、新妻が愚痴をこぼした。

そこで、もう一度秀和赤坂レジデンシャルホテルの部屋を捜索したいと申し出てみた。

「一回やったけど何も出てこなかった。どうなんだ……」

「やってみる価値があると思う。ダメもとでやってみましょう」と食い下がった。

「だがな……、あそこは応援部隊がやったところだぜ」

「だから、と言って遠慮することはありませんよ」と、渋る新妻をなんとか説得し、内藤は自分の班員だけで行うことにした。

直ちに検証許可状と捜索差押許可状の申請書を東京簡裁に提出。一時間後に許可状が下りた。

翌日、内藤はホテルの管理人に令状を見せて立ち会いを求めた。管理人同意の下、部下の赤嶺主任、石川、磯兼ら五人と共に一〇三二号室に向かった。逮捕時に一度入ったことがある三十㎡ほどのワンルーム。まだ記憶に残っている。管理人がマスターキーでドアを開けた。

左側はユニットバス、右側の寝室との仕切りは棚だ。奥の壁際に冷蔵庫とサイドボード、小さなレンジ、リビングの真ん中にテーブルと椅子、窓際にテレビが台に置かれていた。

テーブルの向かいにソファ、その後ろがドレッサー。中は織原の服が掛かっていた。

内藤も一〇〇%の自信などあるわけではなかった。ただ、あるはずのものがない、という漠然とした感覚だけが残っていた。

織原逮捕までの期間、内藤班は監視役を下命され日常行動を逐一観察していたから、織原の生活習慣が想像できる。さらに特捜本部の総合デスクを命じられ、日々上がる捜査報告書を把握していたが、何かが欠けていた。織原は何でも取っておく癖があり、数年分の領収書の類が大量に押収され分析中であるが、見つかっていない物は隠しているか、処分してあるはずだ。内藤は捨てずに隠したと見立てた。

四人は手分けして捜索を始めた。既に一回捜索してあるが念には念だ。ユニットバスの天井蓋を外して懐中電灯で隈なく照らし隠匿物を探し、冷蔵庫の裏側、サイドボードの裏と引き出しの裏も探した。テレビの内部、椅子やソファの裏側、ドレッサーの中と全てを探すも何もでない。あるのはテレビ台付近に置かれたシュレッダーやテーブル上のビデオカメラ、サイドボード脇にカメラバッグがあるだけだ。

諦めかけた時、内藤はウォーターベッドを見詰めた。

汗かきの織原の体臭が染みついた寝具と枕……、それも剥いだ。シーツも剥いでみる。

「ちょっと持ち上げてみろ」内藤が指示を出した。

一人では重いので二人掛かりで持ち上げた。すると、ベッドの木枠とベッドの間に目的のものがあった。やはり隠していたのだ。

「あった、あった！」

内藤班全員が歓喜の声を上げた。小さくガッツポーズをとる者もいた。だが、その喜びもつかの間、管理人を立ち会わせて証拠の写真を撮る。そして管理人からの調書を巻いた。その間に内藤は新妻に報告を済ませる。新妻は「大手柄だ……」と労を称えた。

押収したのは麻布署長宛の手紙の原本や、数通の手紙の書きかけや書き損じだった。

それだけではない。ルーシーが自筆で書いた日記のメモや、借金の明細メモなどが出てきたのだ。

諸手続きを終えた内藤班は急ぎ特別捜査本部へ帰還し、待機していた有働や新妻に証拠品を見せたあと、鑑識へ回した。

結果は火を見るより明らかだった。以前、元赤坂タワーズを井ノ口と西が張り込んでいた明け方、織原が出てきて捨てた東芝製ワープロで打った手紙だった。

行動分析

捜査の全体会議は、基本的に毎日、朝と夜に行われている。世間では師走の気配が色濃くなり、事件の全容解明が翌年に持ち越されることが確実になってきていた。

通称ひな壇と呼ばれる正面の席には、有働を筆頭に管理官以上が座る。有働の左右に新妻と光眞、その横に阿部と丸山（直）が並び、会議の進行は寺前が取り仕切る。取り調べ担当の山代も姿を見せていた。

この会議は、それぞれの捜査員が自由闊達に討議する場ではない。まだ裏が取れていない事柄の報告は捜査に支障をきたし、会議を混乱させることになるからだ。捜査会議に提示される報告事項は、事前に総務担当が整理し、指名を受けた各班の班長などが発表する決まりになっている。

いわば管理された会議ではあるが、発表される報告内容は、捜査経過できちんと裏が取られているため会議の妨げにならず、参加した捜査員も疑念を抱くことなく、共通した認識を持つことができる。

会議はおよそ一時間程度で終了し、それぞれの班に分かれて捜査分担の打ち合わせが行われ、夜にまた全体会議が召集されるまで、捜査員たちは靴をすり減らして歩き回ることになる。

会議が終わった後、有働は新妻や光眞、阿部、丸山、山代、寺前を呼んで椅子を引き寄せ、車座に座った。

「山ちゃん連日ごくろうさん。どうだ、織原は少しはゲロしたかい」

有働は世間話でもするかのように山代に聞いた。

「いやあ、本当に変わった野郎で、頑固です。幾つか認めているんですが、肝心なところはすべて言い訳と屁理屈で、のらりくらりと否認です」

山代は悔しそうに答えた。

有働は、「幾つかの情報にまだ錯綜があって、あくまで突飛な推論なんだが……」と断った上で、次のように語った。

「織原がルーシーを殺したとして、ならば死体はどこに隠しているのか。ルーシーは大柄だから解体しているだろう。どこで解体し、どこに埋めたのか。まだ海には捨てていないはずだが」

有働は、たとえ推論が含まれるとしても、織原の行動などから、殺害や死体遺棄についてシミュレーションをしてみようと提案した。

「例えば、息も絶え絶えのルーシーを抱えてベンツに乗せ、逗子マリーナから病院に運ぼうとしたかも知れない。その途中でルーシーの息が絶えた。困った織原はいったん、玉川田園調布の家に運んだ。そして大型冷凍庫にルーシーを入れた。

当然、織原は死体の処分を考えたはずだ。解体に使うためのチェーンソーを買う。ボイラー室を片付け、床にはテントを広げる。死体を解体し、その後、テントは焼却処分する。冷凍しておけばそれほど出血はしないだろう。そのくらいのことなら織原も考えたはずだ。死体はプレジャーボートで海に捨てようとしたのではないか。これは一つの可能性にすぎないが、合理的な推論だと思う」

有働はこうした推論によって織原の行動を導き出し、その結果を捜査方針に反映させようと考えたのだ。

「死体を解体するには、やはりチェーンソーのようなものが必要でしょうね。しかし、それが電動式であった場合、コンセントが近くになければならない。それに音がうるさいので戸建てでないと無理でしょう」

と光眞が言う。阿部は、

「シートやキャンプ用テントも実際に買っている。そうすると車庫なども考えられるな」

と光眞に合わせた。これに新妻が反論する。

「玉川田園調布の家はお化け屋敷で、最近は出入りしていた気配もない。それに織原の行動記録からもその痕跡は見当たらず、死体の解体はこの家ではないと思う」

有働は光眞を促し、さらに意見を求めた。

「現在まで判明している捜査報告を基に、推論を含めて報告します。

織原の行動を携帯電話の発信記録などから追ってみると、七月一日の夕方から二日の朝にかけては逗子マリーナにいたことになります。この後、織原は東京都内へ行き、夜の八時十八分過ぎに携帯電話末尾番号5321を使って逗子消防署に二回電話し、午後八時三十八分から四十六分にかけては三か所の病院に末尾番号6532の携帯で電話をかけています。病院名は逗子地域医療センター、磯見整形外科病院、聖ヨゼフ病院。

これについては、織原が書いたと思われるメモがベンツの中に残されていました。なぜか車検証書の裏面サイドのポケットに、逗子消防署や病院などの電話番号と休日当番医などを書いたそのメモが入れてあり、日時などは裏付けが取れています。

消防署や病院に電話したときの様子は、元赤坂タワーズの部屋から押収されたカセットテープに録音されています。

電話を終えた織原は、JRの横須賀線に乗って鎌倉駅に戻ってきました。駅でタクシーを拾ったのが午後十一時七分頃。タクシーの領収書が発見され、運転手からも供述を得ています。逗子マリーナに戻ったのは十一時十五分頃でした。警備員が織原の姿を目撃しており、日報などでも裏付けが取れています。部屋ではルーシーがもう死んでいたのでしょう。驚いた織原はアリバイの偽装工作を考えたのか、本来ならば逗子マリーナから消防署、病院に電話するはずなのに、意外に冷静で、東京からかけている。これも不審点の一つです。

織原は残された死体の処理についても悩んだことでしょう。処理のための情報も求めていたはずです。深夜二時三十分頃、今度はベンツで逗子マリーナを出て、逗葉新道で通行料の領収書を受け取った。そして横浜横須賀道路逗子インター方面に向かい、料金所で通行券を受け取ったのが午前二時五十八分。

高速道路上り線で六ツ川料金所を通過したのが三時九分で、その後東京方面に向かった。これもNシステムで確認していますが、この逗葉新道の領収書はベンツの床に落ちていたものを押収、捜査したものです。

もしかすると、織原はルーシーをベンツのトランクに入れて運んでいたのかもしれません。未明の時間帯ですから、車を飛ばせば一時間余りで都内に入ります。

それから玉川田園調布の冷凍庫に死体を隠した可能性は十分に考えられます。七月二日以降も死体をそのまま放置していたら、すぐにでも腐り始め、腐臭が酷くなるでしょうから。

東京に戻った朝、織原は元赤坂のマンションでパソコンを使い、高温焼却炉や硫酸を使って死体を溶かす方法などを、ウェブサイトで探していました。これも押収したパソコンを解析した結果、わかったことです。

夕方までの動向はわかりませんが、寝ていたのかも知れない。

三日の夕方以降の行動は、携帯電話の通話記録を参考にしていただければわかると思いますが、偽名を使ってルイーズに電話をかけています。その通話記録から捜査した結果、ルイーズの後に都内三か所の店に架電し、電動チェーンソーの在庫を聞いたり、速乾性のセメントや簡単に組み立てられるキャンプ用テントの有無を尋ねたりしています。

翌四日になり、織原はL．L．Beanジャパン新宿店で二人用テント三張りと、野外用テーブルなどを買い、次にSRC秀山荘新宿店でビニールシートやクーラーボックスを買った後、勝野商店まで移動して電動チェーンソーやのこぎりなどを買い、さらに岩佐商会で速乾性のセメントや急結剤、それにスコップなどを買っています。

これらも残された領収書と架電した先の電話番号が一致しています」

こうした時系列に基づく報告によって、織原の行動はより明確になってきたが、ルーシーの行方を示す手掛かりはひとつとしてなかった。

第五章　クロロホルム

織原のノート

新妻管理官、丸山管理官のもとで行われていたビデオテープの分析で、事態はさらに深刻さを増した。

一九九二年（平成四年）二月十五日の日付が記されたビデオテープに映っていた女性の身元が割れたため、丸山管理官が在日オーストラリア大使館の協力を得て、すぐに連絡を取ったところ、電話に出た母親が、

「娘は日本で不審な死に方をしている」

と答えたからだ。

娘の名前はカリタ・シモン・リジウェイ。この名義のパスポートがビデオに映し込まれ、さらに玉川田園調布の織原宅から押収した物には、外国人登録証明書のコピーが含まれていた。

また、撮影済みと思われる大量のネガフィルムを現像してみると、意識を失って横た

わっている全裸の女性たちが浮かび上がり、カリタ自身の姿もその中にあった。

証拠調べが進むほど被害者が増えていく現状に、裏付け捜査担当の阿部管理官も啞然となり、一日に吸うタバコの本数も増えていった。

織原所有の元赤坂タワーズ六〇一号、六〇二号室からは、一九九二年の能率手帳とバインダー式ノートが押収されており、能率手帳には、「ブドウキュウキン」「ゲキショウカンエン」「ソーギヤ」「東京女子医大」、あるいは「KARITA」(原文ママ)など、英文での記述もかなり見受けられた。

その中でも、阿部管理官は能率手帳の二月のページ、二十九日の欄に注目した。六時四十五分を示すと思われる「6・45」という記述に加えて「没」の文字が記されている。

「ソーギヤ」という記述も気になった。何しろ、カリタは「日本で不審な死に方をしている」のだ。

手帳には「秀島病院」と書かれた紙片が挟まっており、同名の病院が平成四年二月十七日に発行したと見られる「金五万円」の預り証も押収品の中にあった。預り証の宛名は「リグウェイ・カリタ」。カタカナ表記なので完全なる一致とまでは言えないが、もちろん無関係ではあるまい。

能率手帳とは別に、ノートにもカリタの名前は見受けられたが、このノートはもっぱら織原が女性遍歴を書き綴ったものだった。

「女、セックス……それは男。少なくても自分にとって非常に重要な意味を持っている。目標、30歳までに少なくとも、500人の女とセックスをすること。このノートは、女友達の記録である」

と銘打たれ、一九七〇年（昭和四十五年）以降、織原が性的関係を持った二百九名に上る女性との出会いや、性的行為に至るまでの経緯が、こと細かく書かれていた。

性的関係を持った女性は国別に記され、オーストラリア人女性だけでも四人に上る。

織原は当時銀座にあった高級クラブ「綾小路」に足繁く通い、そのクラブのホステスを口説いていたようだ。

「90年、№171　1月　ポーランドGAL　銀座のクラブ　アヤコージのホステス逗子でやる　ウソが多かった」

「91年、№175　9月　名前　パトリシア　銀座のクラブ　アヤコージのホステス……」

「№176　9月　名前　ウーノ　アイルランド人　これもアヤコージのホステス。パトリシアが木曜日　ウーノが日曜日　逗子でやる」

一九七三年には、「№26　7月　春本カズミ（仮名）　クロロホルム睡眠薬飲ませFuckした」とクロロホルムを使った強姦の様子が、初めて出てくる。

一九九四年十月の欄には「No.198　ゆみ　詩織　順のホステス　CROROでやる。CROROを多用したので心配したが、2、3日で回復。CROROを多く使用しないように。だが、KARITAの場合、やはり、病院の薬が原因だと思う。本人が病院、医者を望んだがやはり医者を呼ぶべきではなかった」

こうした記述から、少なくとも一九七〇年から九五年の間に、カリタを含む十五名にクロロホルムを使用していたことが推測できた。

さらに「CROを使用、多くは使うべきではなかった。CROROを多く使用しないように」とも書いてあり、織原はクロロホルムを使いすぎると、生命に危険が及ぶことを認識していたとも考えられる。カリタが「不審な死に方」をしたのも、クロロホルムのせいではないのか。そしてルーシーも……。

阿部のこうした危惧は、数々のビデオテープやネガフィルム、能率手帳、大学ノートなどに加え、同時進行で進められていたカセットテープの解析で、不幸にも的中していくことになる。

カセットテープ

テープに録音された会話は、そのほとんどが英語によるものだったが、阿部の手元には通訳チームが翻訳してくれた文面があった。

「平成四年二月二十九日　土曜日　午前八時四十分　ウツミ（仮名）へ電話」

日付などは織原自身が吹き込んだものだ。織原は「ニシダ」と名乗っている。

電話の相手はサマンサという名の女性だ。

サマンサが織原を問い詰めている。

「あなたがカリタを鎌倉へ連れて行ったんでしょ？」

これに答えて織原は、

「私が秀島病院なんかに連れて行かなきゃよかったんだ」

と言い、会話はやがて、カリタの遺体をどこへ運ぶのかといった話題に移っていく。

鎌倉が、なんらかのキーワードになっていることは十分に想像できたが、現段階ではよくわからない。阿部は翻訳文の続きを読んだ。

織原がサマンサに訊く。

「カリタの生命維持装置を外したあと、遺体はそのままオーストラリアまで運ぶのか、それとも日本国内で火葬にするのか」

織原の関心が遺体の処置方法にまで及んでいる理由は、別のカセットテープに録音されていた内容で少しずつわかってくる。

押収されたカセットテープは、このほかにも四本あった。

「（あなたの）ご両親から寺岡先生と話すように言われたので、そのようにしました。

妹さんの病気は日本語で『劇症肝炎』といいます。E型（肝炎）は、発症すると意識を失い、二日以内に昏睡状態になります。たったの二日で昏睡になるんです。E型というのは、食べ物や飲み物などで感染します。もともと妹さんの身体が弱ければ死にます。是非、妹さんの写真を一枚いただけませんか？　新宿ヒルトンホテルに持ってきてください。ホテルマンが預かってくれます」

サマンサは織原に、「直接会いたい」と訴える。織原の返事はこうだ。

「わかっています。妹さんのお墓参りに行く時、あなたがオーストラリアにいらっしゃれば、そちらで必ずお会いすることを約束します」

カリタの母親に国際電話をかけた丸山管理官の話によれば、カリタが日本で死亡したのは平成四年（一九九二年）の二月二十九日。死因は劇症肝炎だった。能率手帳に記述された「没」の文字は、このことを示しているのだろう。

母親の証言によると、「カリタはニシダを名乗る男性と一九九二年の二月十四日に鎌倉へ出かけ、翌日には体調を崩して病院に運び込まれた」

その後二週間ほどで、カリタは帰らぬ人になったのだと言う。

当時、妹のカリタと一緒に日本で暮らしていたサマンサは、妹を鎌倉へ誘った経緯についても織原から答えを引き出している。

「鎌倉へ行きたいと言い出したのは彼女のほうで、私から誘ったのではない。二人で鎌倉へ行ったのは初めてで、前もって計画を立てていたわけではなかった……」

別のテープの日時は「平成四年二月二十二日午後〇時二分」。カリタが織原と鎌倉へ出かけた八日後の日付であることがわかる。

織原が電話をかけた相手は、サマンサの恋人である内海直人（仮名）。日本人男性だ。内海はカリタの容態について説明し、鎌倉でカリタを診療した病院を調べるよう、織原に要望する。カリタが著しい肝機能低下に陥ったのは、薬物が原因であることも告げた。

話題の中心は、カリタがなぜ肝不全に陥ったのか、ほぼその一点に絞られていく。

この時、カリタは入院中で生死の境をさまよっていたらしい。内海は、医師から受けた説明を織原に伝える。

「ウイルス反応が出ないんです。だから薬物以外には考えられないそうです。鎌倉でカリタを診た医師が、どんな薬を使ったのか、それが知りたい」

薬の種類や投薬量がわかれば、病院のベッドで苦しんでいるカリタの治療にも役立つはずだ。しかし織原は、誰が最初に鎌倉で診療したのか、その担当医について調べてほしいという内海の要望に、「はい」と応じるだけで明確な返答をしない。

その一方で、織原はこんな答え方をしている。

「（鎌倉に出かけた）十四日の夜に、胃が痛いとカリタが言い出したので医者を呼んだ。二時間も経ってからやって来た医者は、『とにかく眠らせてほしい』と苦痛を訴えるカリタに、五本ぐらいのアンプルを注射した」

この医者は一体どこの誰なのだろう。同じ日の午後十一時頃に織原が内海にかけた電話では、その実在さえ怪しくなってくる。

「例の鎌倉に来てくれた医者なんですけど、朝の六時頃からずっと電話を掛けてですね……」

ところが織原は、二時間もかけて診療に来てくれた医者の名前も病院の名称も、まったく覚えていないと言うのだ。

証拠品として押収されていた手帳やノートにも、医者を呼んだことを示す記述はない。

これは後の捜査で明らかになってくることだが、カリタを間違いなく診療したと明確に証言する医師たちの中に、織原が電話で鎌倉に呼んだという医者は含まれておらず、捜査員たちが鎌倉市や逗子市など、都合百六十か所の医療施設に問い合わせても、一九九二年二月当時に「二十歳代白人女性」を往診・診療した医師は発見できなかった。

それもそのはずで、織原が実際にカリタを連れて行った最初の病院は、東京都武蔵野市吉祥寺の秀島病院だったのだ。

この病院は、カリタが当時生活していたアパート「フレンドシップハウス」から車で五分とかからないところにあり、職業別の電話帳を調べれば、簡単に見つけ出すことができたはずだ。

しかし、カセットテープに録音されていた会話の内容に限って言えば、織原は、サマンサや内海らに対して、「秀島病院へ行く前に、電話で医者を呼んで診療させた」と主張して譲らないのだ。

織原は内海との会話で、一つのことにこだわりを見せている。それは、「尿は（秀島病院に）保管されるのか」という点についてだ。

織原はおそらく、秀島病院に証拠物が残ることを恐れていたのだろう。

さらに、「平成四年二月二十八日、金曜日、午後十一時五十分」の会話で織原は、電話をかけた内海から、カリタの容態がより深刻なものになったという旨の報せを受けた。

「カリタはもう駄目だ。警察にも一度呼ばれました」

「何で警察が出てくるんですか。犯罪とはまったく関係ない……」

織原の焦りが伝わってきた。

内海が続ける。

「武蔵野署の松本という係長に電話をしてください」

「武蔵野警察はですね、カリタさんのね、職業はちゃんとみんなわかっているわけですか？」

内海は、なぜあなたが病院に顔を出さないのか、警察はその理由を疑っている、と織原に告げた。

「僕、あの、土曜日、日曜日、カリタさんとね、いたわけですから。警察のほうで疑っているっていうのはどういう意味なんですか」

事態はカリタの容態とともに急速に悪化していたのだろう。織原はこの時、自分の身に危機が迫っていることを自覚したのかもしれない。

「警察は、大使館や医師からも調書を取っています」

内海がこう言うと、織原は、

「電話をかけると、やっぱりこちらの、住所とか全部言わなきゃだめなわけでしょう?」

と本音らしき言葉を口にし、警察への連絡を躊躇《ためら》っていた。

「何も連絡しないと不利ですよ」

「そうかなー、電話しちゃおうかなー」

警察へ行ってくれるよう、内海は重ねて促した。

「あのねー、ま、でも、いいですよ。電話しますよ。警察のほうに……」

しかし、過去の記録を調べても、織原が武蔵野署へ連絡した形跡はなかった。織原は、自分の身に迫り来る事態を恐れて、自己保身に走っていたに違いない。

「平成四年二月二十一日午後二時十五分」のテープには、こんな会話が録音されている。

相手はカリタの女友達であるイタリア人女性のサンタ。織原はサンタの周囲にサマンサや内海がいないことを確認した上で訊いている。

「確か、日曜日（二月十五日）の晩だったと思いますが、カリタが自分の友達に電話していて、私は隣にいたものですから会話を聞いたわけですが、あなたとの会話について教えていただけませんか？」

「どうしてそんなことを聞くんですか？」

「どうしてって……私、カリタの友人でして。それに、医者が帰ったあと、彼女は友達にまで電話して……」

サンタは、その電話を受けたのは私だと認める。そして問い返す。

「病院にカリタを連れて行ったのはあなたですよね？」

「ええ、月曜日に。月曜日の朝には、容態は日曜日より悪かったです。歩くことはできましたけど。ゆっくりとした足取りでした」

織原は、カリタから頼まれたこととして、三つの項目を挙げた。

「まず一つ目は眠りたいということ、二つ目は、まだ時々吐き気がするんで、それを止めたいということ、三つ目は腹痛がするので何とかしてほしいと言っていた」

この時点では、あくまで「ニシダ」を名乗っている織原の説明によれば、カリタとは平成四年二月十四日の夜に銀座の喫茶店で待ち合わせ、その後、カリタの要望通り鎌倉へ連れて行ったが、胃が痛いと言い出したので、鎌倉まで医者を呼んだことになっている。

「(二人では)食事もしていなかったんです。二人で食事をするつもりだったけど、その前に彼女が吐いたから」

鎌倉へ呼んだ医者からは、こんな説明も受けたと話す。

「医者が言うには、メモしたんですけど、ブドウ球菌だ、ブドウ球菌」

織原がさらに続ける。

「吐くという症状が出るまでには、医者は一日以上はかかる、と言うんです」

この説明に対して、サンタはこう応じている。

「彼女は金曜日の夜にチョコレートをたくさん食べた。金曜日の晩、彼女がクラブに出かける前に、彼女と一緒だったんだけど……」

この会話が交わされたのは、織原が内海直人から「カリタの肝機能低下は薬物によるもの」という話を聞く前だ。つまり、まだ言い逃れができると踏んでいたのかもしれない。

織原は同じ日付の十一時三十五分、カリタの入院を知って来日した母親のアネットにも電話で同じような話をしている。

「約一週間前の土曜日の晩に、彼女は吐いたんです。(中略)私たちは二人で食事をする予定だったんですが、食事をする前に彼女が吐いたもんで。食事をする前ですよ。ですから私たちは食事もしなかったんです。それで日曜日にですが、日曜日の朝、医者がカリタを診に来たんです。（中略）カリタは医者に注射をしてくれ、と頼んだんです。（中略）その時、彼女は病気だったけど、病状はそれほど深刻ではなかった。話をすることもできました。（中略）吐きそうになった時に走ってもいました。もちろん、歩くこともできて、走ってもいたのです」

「何が原因でこうなったんですか？」

アネットの問いに織原は、

「わからない……思い当たらないんです」

と答えながら、

「明日会えないか」

との要望には、にべもなく答えている。

「私は今、九州にいるんです。動き回っているもんで、だめです」

カリタが入院した理由はともかく、織原はオーストラリアからはるばるやって来た母親にさえ、すぐさま会おうとしない。

内海直人から、再三に亘って要求されていた秀島病院への連絡を、織原がようやく実行したのは、カリタが鎌倉で嘔吐し、体調不良を訴えてから十日も経ってからのことだった。

しかし織原は、秀島病院にかけた電話でも、「鎌倉に来た医者」が「カリタの右腕に注射をした」と語り、座薬まで処方されたと述べた。

電話に応じた同病院の西一郎医師が、織原に告げる。

「(カリタは)助かる見込みがない」

八年前のことだとはいえ、カリタの無念さが新妻の胸にもじわりと染みてくる。

「時効はまだ成立していない。この件でもあいつを必ず挙げてやる。首を洗って待ってろよ」

新妻は心に誓った。

死因

東京女子医大に入院中だったカリタは、平成四年二月二十九日午後六時四十五分に死亡した。その九日後、同病院の寺岡慧医師へかけた電話で、織原は死因についてしつこく訊いている。

「カリタさんの(検査)結果は出ましたでしょうか」

「現在、特殊繊維生殖という方法で検査をしているため、あと二、三週間はかかります」

「あのーそいで、あのーその原因というのはやはり、あのーわかるわけでしょうか」

「劇症肝炎というのは、発症時にウイルスが検出されなくても、それ以前には潜伏していた可能性があります」

「そのーその、例えばドリンク製剤で、でもですね、どういうふうなドリンク製剤で、そうなったかってことは、もうわからないということですね」

「ある種の体質の人は、そうしたドリンクで劇症肝炎を発症する場合もあります」

「あのー、例えばその病院に運ばれてですね、注射でアレルギーでですね、反応起こして、そうなるってケースもあるわけですよね」

織原はさらにしつこく、

「もし、原因不明のため解剖してですね、終わって、解剖終わって、それで焼いてですね、それであのー、ただその肝臓なりですね、その供養のほうはどういうふうに、例えば、穴を掘ってですね、そのー、一部がないとですね……」

などと訊き、行政解剖の後の処置にまで関心を寄せた。

寺岡医師が端的に答える。

「組織の一部を採取して検査するだけで、肝臓そのものはご遺体に残ります」

果たして、織原はこの回答に満足したのだろうか。

約一か月後、寺岡医師はカリタの死因がウイルス性肝炎である可能性を示唆した。織原はさもありなんとばかりに応じる。

「その可能性が出たってことですね。（カリタは）かなり長い間、東南アジアにいたようなんですけど、そんなに長い期間、潜伏するんでしょうかね」

寺岡医師が織原の疑問に答えて言った。

「東南アジアから輸入された魚介類などからウイルスに感染する可能性はあっても、長い時間を経てから発症するということはありません」

「風邪薬とか、ドリンクによってですね、そっちのほうはどうでした。それはなかったですか、可能性は」

「今わかっていることは、ウイルス性か、ウイルスによるものが一番考えやすいということだけです」

「まー外人の方といろんな国の人と生活しているわけなんです。その中にはですね、東南アジアに行った人間もいるんですよね。その人から感染、という可能性もないではないと思うんですけどね」

カリタは、東南アジア由来のウイルスに感染し、肝炎に罹《かか》って死んだ。これが織原にとっては好ましい筋書きだったのかもしれない。この筋書きならば、自分の関与はかなり薄まる。織原は胸をなでおろしたことだろう。

しかし、織原の期待はすぐに打ち破られた。

「検査が終わったら、あのー（肝臓の検体は）標本か何かに残すんでしょうか」

「残します」

「そうですか……」

カリタの死因が特定されるような検体が、医療機関に保存される。織原はこの返答を聞いておそらく落胆したのではないか。肝臓の標本が警察の手に渡れば、それは有力な証拠になりうる。


「これは、殺しだ。織原に殺意がなかったとしても、準強姦致死事件であることは間違いない」

新妻から報告を受けた有働理事官も、直感的にそう思った。

織原がカリタに陵辱の限りを尽くしているビデオテープがあることを知った有働は、その映像を何度も見つめながら捜査のプランを練った。

カリタは着衣を剝がされた状態で映り込み、両手両足が紐でベッドの四隅に括りつけられている。ときどき手足をバタつかせているのは、抵抗を試みているからなのだろうか。顔色は蒼白で表情というものがない。

部屋の三か所に設置されたカメラの画角などは、リモコンでコントロールできる。照明が獲物の白い肌を照らし出す。

黒の目だし帽を被った小柄な織原が、画面の端から素っ裸で現れた。このシーンだけを見れば滑稽な状況だが、あとに続く卑劣な行為が想像できるだけに、カリタが哀れでならない。

織原の体つきは貧相だ。しかし男根だけは波打ちながら屹立《きつりつ》している。

織原が、褐色の薬瓶からタオルに染み込ませている液体はなんだろう。ベッドの上で横向きに寝かされたカリタの顔近くにそのタオルを置く。速乾性の液体だからなのか、織原は何度もその液体をタオルに染み込ませた。

その後は局部のアップ。

織原は耳鼻科医が使う額帯鏡を装着し、婦人科医が使うクスコを膣に挿入して弄ぶ。そのような陵辱行為が一晩中続くのだ。

「こりゃ、死んでしまう……」

有働は思わず呟いた。

カリタ・シモン・リジウェイという二十一歳の女性が、織原からの陵辱によって死亡させられたのだとすると、その死因は何か。

有働は、被害女性を映したビデオテープの存在が明らかになった早い段階で、科学捜査官の服藤警部に相談を持ちかけていた。

「服さん。この映像で使用されている薬物を特定できないかなあ」

行う。

「映像からですか？」

服藤は一瞬躊躇った。映像だけで使用薬物を特定したなどという話は今まで聞いたことがなかったからだ。使用薬物の特定は通常、被害者の代謝物や胃の内容物を分析して行う。

しかし、相手は有働理事官であり、服藤はこれまで有働からの申し出を断ったことがなかった。もちろん、結果は必ず出してきた。

「やってみましょう」

困り果てているらしい有働からの依頼を受けた服藤は、大量のビデオテープとデッキを借りて早速映像の解析に着手した。

ビデオテープの内容をひと通り見た後で、考えをある程度まとめ、知人でもあり、有働もよく知っている昭和大学医学部麻酔科学教室助教授である増田豊医学博士のところへ意見を聞きに行った。その後も公判対策のための議論を重ねていき、結論としては、睡眠剤、鎮静剤、麻酔薬などを投与された可能性を映像から導き出した。

一方で服藤は、ビデオテープに映し出されていた褐色瓶にも注目していた。映像の中で織原が手にしていたあの瓶だ。カリタの様子などからして、使用された薬物はおそらくクロロホルムであろうことは想像できたが、画像解析してもラベルは剝がされていて確認ができなかった。

「これ、押収されていないかなあ……」

捜査本部による家宅捜索では、褐色瓶を数多く押収している。ラベルが剝がされているものも、その中にあったはずだ。立会いを求められた家宅捜索で目にした記憶が確かにある。

科捜研に問い合わせてみると、鑑定中の瓶にそれは混ざっていた。内容物はクロロホルム。

現物を手に取った服藤は、ラベルを剝がす際、ガラス瓶に残る糊の跡に目を奪われた。

「指紋と同じかも……」

糊の跡を画像としてコンピュータに取り込んで解析してみると、特徴が映像の瓶に一致した。点と点が線になった。これらを科捜研に回して詳細な鑑定を依頼する。

服藤の〝発見〟は、科捜研の鑑定でも裏付けられた。

織原が被害女性たちに用いていた薬物はこれでほぼ特定できた。次の課題は死因の解明だ。服藤はまた有働に呼ばれた。

「カリタの件なんだけど、彼女はどうやら劇症肝炎で死んでいるらしいんだよ。服さん、どう思う？」

「確か、クロロホルムには急性、慢性を含めて肝臓毒性がありますよ」

「ほっ、本当か？」

「クロロホルムの肝臓毒性は、毒物の勉強をしている者なら常識的に知っていますよ。劇症化するかどうかは調べてみますが、たぶん間違いないと思います」

「ありがとう。これでいける。逮捕状が取れる」

椅子から立ち上がって服藤の手を握り、喜びをあらわにした有働だったが、その目には涙が光っていた。

服藤は文献を調べていくうちに、クロロホルムの急性暴露が肝障害を引き起こし、それが時に劇症肝炎に移行することや、劇症肝炎罹患後に肝性脳症に移行することがあること、また、劇症肝炎罹患の初期の段階で、「羽ばたき振戦」と呼ばれる症状が見られることを突き止めた。

ビデオテープに映し込まれたカリタは昏睡状態であることが窺われるにもかかわらず、ベッドで手足をバタつかせていた。これが医学用語でいうところの「羽ばたき振戦」なのだろう。

織原がクロロホルムを用いて陵辱に及び、カリタを死に至らしめたことは、服藤の報告で説明できるようになった。問題は、この裏付け捜査を誰に任せるかだ。

特別捜査本部の捜査員たちは、ルーシー失踪事件にかかりきりになっている。カリタの件については別班を編成しなければ人手が足りない。科学的なアプローチとアドバイスは引き続き服藤に頼んだ。

「カリタ事件を解明せずしてルーシー事件には到達せず」

こう判断した有働の脳裏には、第二強行犯捜査殺人犯捜査二係の笹川保《ささがわたもつ》警部の顔が浮かんだ。

「これは笹やんにしか任せられない」

笹川は捜査二課から一課に移って十五年余り経っていたが、汚職事件捜査担当から殺人捜査への配置換えは異例のことだった。

二課の捜査では証拠の緻密な積み重ねが求められる。笹川の持ち味はそこにあった。

事実、一九九一年に発覚した「東京大学医学部技官酢酸タリウム毒殺事件」の捜査でも、笹川の持ち味は十分に発揮された。

事件の端緒は、ある都立病院からの通報だった。当時入院していた東大技官の内田賢二が、「職場で飲むコーヒーに毒を入れられた」と訴えながら死亡したのだという。

司法解剖の結果、内田の死因は酢酸タリウム中毒であることが判明し、内田が職場で使用していたコーヒーポットからも酢酸タリウムが検出された。

本富士署に設けられた特別捜査本部では、同大医学部附属動物実験施設で毒劇薬物を保管担当する内田の同僚に当初から疑いの目を向けたが、その一方で、逮捕までには九百二十二日もの日数をかけた。

犯行に使われたと見られる酢酸タリウムについては、同一ロットはもとより、その前後に製造されたタリウム計百二十七本（瓶詰め換算）を特定し、これらが納品された全国五十か所の研究機関などに捜査員を派遣。

回収したタリウムは、一般企業も含む複数の研究機関に提出して鑑定を依頼し、このことによって、同僚が保管を担当していたタリウムとコーヒーポットのタリウムが成分的に同一であることを証明したのだ。

問題は犯行の動機だが、科学捜査と併せて同僚の谷本靖男（仮名）を追及したところ、「内田とはふだんから人間関係がうまくいっておらず、仕事上のことで注意しても無視され、目障りだった」などとの供述を得た。

谷本靖男は、二〇〇〇年六月に最高裁で懲役十一年の実刑判決が確定している。

有働は、カリタ事件の解明や犯罪性の立証には、笹川警部のこうした経験が不可欠であると考え、赤羽警察署の特別捜査本部にいた笹川に携帯電話をかけたのだ。

笹川警部

東京・赤羽署轄内の団地で発生した殺人事件の捜査に没頭していた笹川の携帯電話が鳴ったのは、十二月十日、昼頃のことだった。

「笹やんか。有働だけど、ちょっと俺のところに来てくれないか」

と、有働は有無を言わせない口調で言った。

「何でですか」

笹川は、捜査が山場にかかっている重要な時期に、という意味を込めて答えた。

「とにかく、ちょっと来てくれ」

「他の用があって……」

「わかっている。そこ（赤羽署）には行かなくてもいいから」

織原城二の逮捕にはどうにかこぎつけていたものの、特別捜査本部の最重要課題であるルーシーの行方はまだ摑めていない。

有働理事官の焦りを汲み取った笹川は、急いで警視庁に向かった。

本庁六階でエレベーターを降り、捜査一課の理事官席で有働の前に立つ。

「ご苦労様」

有働はこう言って、机の横にある小さなソファーを勧めた。

「ルーシー事件、知っているだろう」

「新聞報道程度ですが……」

「これは連続の殺人事件、殺しと言いたい事件だ。ルーシーだけではない。もう一人、この外国人女性が薬物を吸引させられて、死んでいる」

笹川は、顔写真入りの外国人登録証明書のコピーを有働から手渡された。

「ルーシーは未だ発見されていない状態で、この事件で唯一の殺しが副産物として出てきた。これまでは、捜査が進展するたびに準強姦罪で起訴を繰り返してきたが、この事件を解明すれば準強姦致死として織原を逮捕できる。また、しなければならない事件なんだ。ましてこの事件は外国、特にイギリスでも報道されている。警視庁の面子がかかっている事件だ。だからこっちの捜査は、笹やんにすべて任せる」

　強い思いに裏打ちされた有働の言葉に、笹川は折れた。

「わかりました。が、まず、この被害女性の人定《じんてい》、どこまで割れているんですか」

「国籍はオーストラリアで、名前はカリタ・シモン・リジウェイという。当時二十一歳の女性だ」

　笹川は、有働が話すこれまでの捜査経緯にしっかりと耳を傾けた。

「しかし、赤羽はどうするんですか」

　笹川はあえて訊いた。

「その帳場は、もう誰が行っても形ができるだろう。次は特命事案で、この事件捜査に当たってくれ。麻布署の別館に部屋を作ってある。ルーシー事件の特別捜査本部に含まれるかたちだとはいえ、カリタ事件では笹やんが〝独任官〟として捜査指揮をとってほしい」

　笹川は立場上、新妻管理官の指揮下に入るわけだが、有働理事官はカリタ事件に専任して当たれ、と言うのだ。

「とにかく時間が限られている。来年二月中旬までには起訴に持っていきたい。それまでになんとかカリタ事件で織原の逮捕状を取ってくれ」

有働から示された条件に、笹川は胸の中で素早く指を折り、週末はもちろん、年末年始の休みさえ返上した上、本部に泊り込んで捜査に当たっても三か月間しかないという見通しを立てた。赤羽署の捜査本部に出ている班員を引いても、特命別働隊の人数は笹川班の八人だけだ。捜査に充てられる時間も人員も少なすぎた。

「何言っているんですか、理事官。わかっているでしょう。これは薬物絡みの殺人事件ですよ。薬物鑑定がある。鑑定結果がそんなに早く出るわけがない」

タリウム事件を手がけたことがある笹川だからこその反論だった。

「わかっているつもりだ。無理を承知で頼んでいる」

有働はこう言って頭を下げた。

笹川は、こうして部下に頭を下げる理事官の苦悩も十分に理解していた。

有働理事官はおそらく、カリタ事件が最後の突破口になると考えているのだろう。どんな事件であっても、捜査をしてみなければどちらに転ぶかはわからない。しかし与えられたこのヤマ（カリタ事件）は殺しだ。社会的な反響も大きい。

有働が重ねて言う。

「この事件は笹やんにしかできないんだ。頼む」

笹川は、有働のこの言葉に〝刑事冥利〟を感じた。

　カリタ事件の捜査を引き受けた笹川はまず、使用薬物と死因の因果関係を突き止めた科学捜査官の服藤警部を訪ねた。

「服藤先生。先生が知っていることは全部、俺にもわかるように教えてくれよ」

　捜査にかかわることであるならば、いかなる情報であっても貪欲に手に入れて自分のものにする。それが笹川流だった。

　手元に回されてきたすべての証拠に対し、一つひとつ裏付けを取っていく捜査は困難を極める。それでも笹川は、部下の相原忠次警部補、八木清警部補、小手川巧警部補、高田克己警部補、菅原良治警部補、黒沢伸行巡査部長、大塚好司巡査部長に、「証拠裁判主義はもちろん、保秘についても徹底せよ」と命じた。

　麻布警察署特別捜査本部の別室に、捜査に必要な警察電話やコピー機、あるいは細々とした備品などを揃えさせた笹川は、しばらく家に帰れなくなる捜査員たちに向かって、こう檄を飛ばした。

「被害者が自分の家族だったら、と気持ちを重ね合わせるんだ。そうすれば必ず結果は出る」

　捜査の体制が整ったところで、笹川はカリタの外国人登録証明書の裏付けを取るため、発行元の武蔵野市役所に部下を走らせた。

八年前の発行だが、閉鎖済登録原票記載事項証明書と閉鎖済外国人登録原票などから、武蔵野市役所の発行であることが確認できた。東京入国管理局でも重ねて裏を取る。

カリタが当時、届け出ていた住所は同市吉祥寺東町三丁目。オーストラリア国籍で一九七〇年三月三日生まれだ。九二年の二月に二十一歳の若さで死亡している。生きていたなら、ようやく三十歳、まだまだ若い。

笹川には、カリタと同じ世代の娘が二人いる。ビデオの映像は作り物ではないからこそ、正視に堪えない。奥歯を嚙み締め、唸るしかない。

目だし帽を被った男がアップになった。目と鼻の形に特徴があり、その特徴を頭に刻み込んだ。

笹川は自分の目で直接、織原の顔を取調室で確認した。

「野郎。畜生。ふざけやがって……」

悪態が思わず口を突いて出る。

気を静めるためにマイルドセブンを口に咥《くわ》えた。

医者や家族からはなるべく控えるように言われているが、これがなかなかやめられない。刑事の中には、五十歳を過ぎて未だ一日に三箱以上吸う兵《つわもの》もいるが、難しい事件に直面するほどタバコの本数が増えていく。

映像は見るに堪えないものだが、貴重な証拠だ。笹川は「冷静になれ」、と自分自身に言い聞かせ、この卑劣な行為を一点でも見逃すまいと心に決めた。

年頃の娘を持つのはもちろん笹川だけでない。傍《かたわ》らで同じ映像を見ていた捜査員たちも、織原の酷い仕打ちに舌を打つ。

阿部管理官のもとからかき集めてきたカリタに関する証拠品は、ビデオテープだけではなく、「かんえん　薬物」「ゲキショウカンエン」「カンキノー一時停止している」「10時　四つ木」「東京女子医大」「ソーギヤ」などとランダムに書かれた能率手帳や、バインダー式ノートもあった。笹川は、カセットテープから文字に起こされた報告書と、手帳の記述をつき合わせて目を見張った。

織原が残した陵辱ビデオは、性倒錯者の多くに見られる悪質で悪趣味なコレクションの一種でしかないが、カセットテープの録音には、カリタの関係者らしき人物が何人も登場してくる。捜査資料としてとても重要だ。織原と話したことがある相手に会えば、カリタの生前の暮らしぶりについても把握できるだろう。

一方、電話の内容からすると、カリタは少なくとも三人の医師、もしくは三つの医療機関で診療を受けたことになっている。そしてカリタは東京女子医大で最期を迎えた。医師たちにも当時の事情を聞かなければならない。

笹川警部は、裏付け捜査の当たり先を警部補たちに割り振った。

秀島病院

有働理事官からの命を受けた四日後、織原の初公判が開かれた。しかし、捜査を投げ出して傍聴するわけにもいかず、笹川はその日の夕刊を何度も読んだ。

グレーのスーツに黒縁の眼鏡という姿で法廷に入った織原は、口髭を伸ばし、裁判長の人定質問には「会社役員」だと答え、カナダ人女性ケティ・ブラウンに対する準強姦の罪状認否については、

「事前に同意を取り付け、プレイ代も支払っています」

と述べて無罪を主張。弁護側は、

「本件は、ルーシーさん失踪事件に関して、自白を得るための違法逮捕だ」

と訴えた。織原や弁護人が、法廷でこうした主張をするであろうことはあらかじめ予想されていたが、腹立たしく思わないと言ったら嘘になる。

「この卑劣漢め。今に見ていろよ。いずれ、ぐうの音も出ないようにしてやる」

世間はすでに師走に向けた準備が慌ただしくなりつつあり、麻布署界隈の街路樹にはクリスマスを彩る電飾が瞬き始めていた。

特に二十一世紀を迎える節目の年でもあったので、街中もメディアも例年にはない独特な高揚感に満ち溢れ、新しい世紀の到来を心待ちにしているというムードが支配的に

なっていた。

しかし、捜査期限をあらかじめ区切られた笹川班にとって、新世紀へのカウントダウンはむしろ、残された時間が刻一刻と消費されていく秒読みのようにしか感じられなかった。

正月休みを返上して捜査に充てるとはいっても、事情聴取をしなければならない相手にもそれぞれ都合がある。海外旅行に行ってしまう人もいるかもしれない。だからこそ一日も早く、カリタの死を看取った医師たちに話を聞いておく必要があった。

特別捜査本部に合流してからというもの、笹川班の捜査員は麻布署の道場に連日泊り込んだ。

そして午前八時頃には道場から外へと出かけていく。

麻布署に限らず、捜査本部が置かれる所轄署には、車の駐車スペースが少ないこともあり、捜査員はたいてい電車を使う。駅前や構内に立ち食い蕎麦屋があれば、そこで天玉そばとおいなりさんを腹に詰め、満員電車に乗るのだ。一般のサラリーマンたちと、なんら変わらない朝がそうして始まる。

笹川班の小手川巧警部補は、ＪＲ吉祥寺駅からほど近い秀島病院に、同僚の一人と赴いて西一郎医師に会った。

カリタのカルテは、法的な保管義務期間が過ぎていたためすでに処分されていたが、昭和四年生まれで七十歳を越える西医師の記憶は、とても鮮明だった。

「私が扱った患者であることは間違いありません」

平成四年当時、内科担当の医師として秀島病院に勤務していた西医師は、きっぱりとこう言い切って、カリタが入院していた時の状況を、次のように話し始めた。

「食中毒の疑いがあるという当直医の判断で、当初は一般病棟に入院させていましたが、血液検査を行った結果、肝機能障害を疑わせる数値が非常に高かったので、その頃東京女子医科大学病院の腎臓病総合医療センターから派遣されていた唐仁原全《とうじんばらたもつ》先生に、検査データを見せました。唐仁原先生は『急性肝炎』の診断を下し、カリタさんをすぐさまICUに移しています」

ところが、こうした処置にもかかわらず、カリタは間もなく昏睡状態に陥った。CTスキャンで頭部の検査も行ったが、出血などの異常は認められない。

診断名はより重篤な「劇症肝炎」に改められ、その後、別の医師が泊り込みで血漿交換や人工透析といった治療を施したが、症状は一向に改善されず、生命に危険が及ぶ恐れもあったことから東京女子医大に転院させた。

カリタが転院した先の東京女子医大には、当時のカルテが残されていた。小手川はこのカルテを携え、再び西医師を訪ねた。

カルテには、「平成四年二月十七日午前五時、秀島病院来院。十四日か十五日に鎌倉へ旅行中に全身倦怠、悪心、心窩部痛」とあった。八年前のカルテを手にした西医師が、古い記憶をたどる。

「入院時は確か、鎌倉方面にドライブに行って、牡蠣《かき》か何かを食べてあたったという話でした。私が初めて回診したのは、このカルテにもあるように十七日の午前九時過ぎ。カリタさんは嘔吐や高熱、下痢などでうめいていて、英語での問いかけにイエス、ノーで答えることはできても話はできませんでした」

入院当初、カリタには日本人の男性が付き添っており、西医師もこの男性と何度か会話を交わしているという。年齢は、三十歳から三十五歳ぐらい。身長一六六センチから一七〇センチ。小太りで眼鏡を掛けており、黒っぽいスーツを着ていた。

小手川たちは、西医師から日記帳を見せられた。

2月17日（月）
オーストラリアの女性を診ている
2月18日（火）
午前9時過ぎカリタさん不変、意識朦朧状態となり、薬物中毒かと思った
午後12時過ぎカリタCT異常なし
午後よりカリタ中心静脈から栄養法にして、気管に管を入れ人工呼吸器を装着、唐仁

原が血漿交換、透析をしてくれる
如何位よくなっているか
午後5時頃スタートし午後9時頃終了する
2月19日（水）
午後9時ICUカリタ診るが変わりなし、容態は悪い、午前の終わりにカリタの姉の保証人にカリタの病状の説明を日本人の男の人にした、名前はわからなかった
2月20日（木）
午後6時50分唐仁原医師、血漿交換をやっている
2月21日（金）
午前9時15分ICUでカリタ診る
午前10時30分カリタの母がオーストラリアから病院にきたので40分間、病状を説明する
午後5時カリタを診て、午後7時誰かに病状を説明する
2月22日（土）
ICUでカリタを診る
唐仁原医師が血漿交換をやって診てくれ大助かりする
2月23日（日）

病院に行きカリタを診て、内海（著者注・日記では実名）さんとカリタの家族にも話をした

2月24日（月）

午後1時40分、午後の診察開始時間直後に西田という男より電話で病状の問い合わせがあった、午後6時前カリタの母、姉に病状を話す

2月25日（火）

午後警察の人に話す

午後6時30分カリタの母に外来で話す

2月27日（木）

病院に電話して、カリタが東京女子医科大学病院に転院したことを知る

西医師は、電話をかけてきた「ニシダ」に何を話したかまでは覚えていなかったが、当時の日記が貴重な資料になることは間違いない。

さらなる裏付け捜査のため、小手川たちはかつて秀島病院に勤務していた唐仁原医師にも面会を求めて話を聞いた。

唐仁原医師は、入院したばかりのカリタの印象をこう述べた。

「車椅子に乗ったカリタさんの目は虚ろで、『アー』とか『ウー』といった声を発して、

まるで薬物中毒でラリっているような感じを受けた」

カリタは、自分の名前さえ言えなかったという。

西医師や唐仁原医師らが勤務していた秀島病院では、食中毒の症状を訴えていたカリタに対してウイルス検査も行っている。しかし、肝炎を引き起こすとされるA型、B型、C型、またはそれ以外のウイルスも発見されず、感染による発症の疑いは消えた。だとするならば、カリタが肝炎を発症することになった原因は何か。アルコールの影響も考えられたが、カリタの場合、急激な意識障害が起きている。アルコールではこうなることはなく、カリタの診断名は「劇症肝炎」に改められた。

唐仁原医師は、破壊されていく一方の肝細胞を再生させるために、一回数十万円もの費用がかかる血漿交換という治療を行い、肝機能の低下に伴って腎機能障害を併発していたことから、黄疸症状が出始めたカリタに血液濾過透析といった治療も実施した。

これらの処置が適正に行われなければ、本来肝臓で分解されるはずのアンモニアが身体中に回り、やがては脳死を招く。

しかし、かさむ治療費に加え、秀島病院では設備に限界があり、唐仁原医師はオーストラリア大使館に連絡し、カリタの母親や家族の同意を得て東京女子医科大学病院へ転院させたのだ。

唐仁原医師が、カリタの訃報を受けたのはその数日後だった。

小手川は唐仁原医師の説明を熱心に聞いた。

医学的な知識こそ持ち合わせていなかったものの、カリタが死に至った経緯だけは十分に理解できた。問題は、織原が陵辱のために用いた薬物との因果関係だ。服藤警部の見解を伏せた上で唐仁原医師に訊く。

「クロロホルムが劇症肝炎の原因とは考えられませんか？」

「クロロホルムと劇症肝炎の症例については、東京女子医科大の腎臓病総合医療センターにおられる寺岡慧教授が調べた文献がありまして、その文献によれば、吸引から三日目ぐらいまでに劇症肝炎を発症し、吐き気、嘔吐、昏睡状態から黄疸症状へ移行するとありますから、カリタさんの病状とよく似ています。クロロホルムの吸引による劇症肝炎、と考えても矛盾はないでしょう」

カリタが何らかのウイルスに感染し、その結果として劇症肝炎を発症したとの疑いは、東京女子医科大でも実施された血液検査によって重ねて否定されている。同医大でカリタの主治医を務めた寺岡医師も、「カリタさんの劇症肝炎は、ウイルス感染が原因ではありません」と否定した。

寺岡医師には、高田克己警部補が会って話を聞いた。

寺岡医師は、八年前に秀島病院から転院してきたカリタのことをこう話す。

「彼女は確か人工呼吸のために口から気管チューブを挿管されていたので、顔ははっきりとはしませんが、色白で綺麗な白人女性であったことは記憶しています」

陵辱ビデオの映像などから、カリタも準強姦罪の被害者であることはほぼ間違いない。この時に使われた薬物が、二十一歳の前途ある女性を死に至らしめたのだろう。

しかし、カセットテープに録音されていた会話で織原が言っていた「ブドウ球菌」についても、完全に否定しておかなければ、取り調べや公判で言い逃れを許すことになってしまう。判明しているだけで数十人もの女性に陵辱を加えた織原を、形式的に立件するだけでは警察の威信にもかかわってくる。

ここはどうしても〝完落ち〟を目指さなければならない。余罪も含めて洗いざらい自白させ、罪を悔い改めさせる。これが刑事にとって最大の仕事だと叩き込まれてきた。

高田は、「ブドウ球菌」と劇症肝炎の因果関係についても訊いてみた。

「カリタさんの痰から黄色ブドウ球菌が検出されていることは確かです。便からの検出であれば食中毒の疑いも考えられますが、痰から検出されただけなので、肝障害とは関係ありません」

回答こそ明快だったが、寺岡医師が治療を開始した時点で、カリタはすでに自発呼吸さえできないほどの状態であったため、本人がふだんから服用していた薬などについては尋ねても答えることができず、カリタの家族に訊いてもわからなかったのだという。

つまり、劇症肝炎を発症した原因については、特定することができないまま、寺岡医師は失われつつあるカリタの命を懸命につなぎ止めるしかなかったのだろう。

高田には疑問も残った。

〈クロロホルムを吸引させられた人は、誰でも死んでしまうのだろうか？〉

これはある種の矛盾でもあった。カリタがクロロホルムの吸引で死に至ったのなら、織原によって殺害された女性はもっと多くなければならない。これでは死体が累々と積み重なるばかりだ。こうした犯罪が、八年間も露見しないということがありうるのだろうか。仮にあったとしても、織原から陵辱を受けながらも死なずに済んだ被害者たちのことは、どのように説明すればいいのか。彼女たちだけは違う薬物を嗅がされたのだろうか。

高田は持ち帰った疑問を、科学捜査官の服藤警部にぶつけた。

「クロロホルムは、十九世紀中頃から用いられるようになった吸入麻酔剤ですが、肝臓機能に障害を起こすことから、現在では使われていません。クロロホルムによる肝臓の障害は高濃度や連続的な暴露では急性で、時に劇症化に移行します。その特徴は、一日から三日で最初の兆候が現れ、四日から五日で死亡することが多く、六日以上生存することができれば、肝臓機能も回復する可能性が高いそうです。要するにクロロホルムによって引き起こされた肝機能障害が、どの程度の状態であったかによって、生死が分かれるのかもしれません」

クロロホルムの吸引量、体重、体質、あるいはそもそも肝臓に病気を抱えていた場合など、条件によって劇症肝炎の軽重度はさまざまで、使用すれば必ず死ぬ、というわけではないらしい。実際、十九世紀中頃以降、医療現場で麻酔剤として使われてきたのだし、服藤が調べたかぎりにおいては、クロロホルムの吸引によって死亡した例は数例しかなかったという。

服藤は重ねて言った。

「カリタを診療した医療機関では、肝炎のA型、B型、C型までの検査を行っているようですが、実はそれだけでは十分とは言えないんです。公判準備のためにE型、F型、G型などについても調べてみたんですが、カリタがウイルス性肝炎に罹患していた可能性は否定できそうですね」

この説明で、高田の胸に芽生えた矛盾は解消されたが、むしろカリタという女性が改めて哀れに思えてきた。医者でもない織原が、自らの欲望を満たすため、現在では医療機関でさえ使用していない劇薬で一人の女性を死地に追いやったのだ。

笹川警部に報告を上げると、高田はさらなる下命を受けた。

「東京女子医大には、カリタの肝臓検体標本が残されているはずだ。織原がカリタに用いた薬物とカリタの死因を特定する上で、欠かせない物証になる。直ちに検体を押さえてこい」

しかし、同医大の担当者は当初、十年間の保存期間がすでに経過しているため、こちらにはもうありません、との回答を寄せてきた。

「そんなはずはない！」

笹川警部は確信に満ちた口調で高田に言った。

「大学病院にとっては貴重な検体だ。保存期間が過ぎていても破棄したりはしないと服藤先生も言っているぞ。必ずある」

すると同医大は、標本検体の保存は認めた上で、

「標本は複製ができないので提供できない」

と返答してきた。

医大側も頑ななら、笹川も頑なだった。

笹川の檄が飛ぶ。

「どうあってもその標本を借りてこい。科学的な証拠の積み重ねには、絶対に必要なものなんだ。それがなければ、カリタ事件を殺人で立件できない。もちろん、ルーシー事件にもつながらない。被害者の仇を討つためにも必要なんだ！」

高田は粘り強い交渉を重ね、標本検体をようやく手に入れてきた。

世紀末

外出していた捜査員たちが、麻布署に戻ってくる時間はまちまちだ。それでも夜八時を過ぎると、毎晩誰かが人数分の夕食を買いに出かける。当番が決められているわけではないものの、笹川班ではこれが慣わしになっていた。もちろん、「おまえが行け」と指名されるわけでもない。その時に手すきの者が自分で判断し、近所のスーパーかコンビニに行って買ってくる。

わざわざ世間の夕飯時を過ぎてから買い物に出かけるのは、このぐらいの時間になると、惣菜物や弁当が値引きされているからだ。代金はもちろん割り勘。買ってくるのは旨くて安く、栄養価が高いもの。それが一人頭数百円ですめば、これに超したことはない。

道場に据えられた洗濯機で衣類を洗い、シャワーを浴びてさっぱりする頃になると、午前〇時を回ってしまう。全員車座になって、買ってきた弁当を食べるのはその後だ。

一日の仕事を終え、惣菜を肴に酒を飲む者もいれば、お茶やウーロン茶を飲む下戸もいる。飲む酒はビール、日本酒、焼酎とさまざまだ。この夕餉《ゆうげ》を楽しみにしている者も多く、笹川班ではこれを「勉強会」と称していた。

コップや湯飲み茶碗に注いだ酒を酌み交わしながら、一日の終わりに捜査の反省点などが話し合われる。一人では気がつかないことでも、忌憚《きたん》なく討議することで意外なヒントが見つかる。何より本音をぶつけ合うことで、班内の風通しがよくなり、チームの結束力も増す。

若手は先輩捜査員から忠告やアドバイスを受け、捜査のイロハを学んでいく。時には厳しい言葉も飛び出すが、若い捜査員たちにとっては生きた教訓を聞くいい機会だ。

捜査は機械的にできる仕事ではない。

幾つかの県警では、捜査員にマイカーでの出勤を奨《すす》めているらしいが、酒を飲んで胸襟を開くこともなく、定時に帰宅するようではお座成りな捜査になってしまいかねない。

これが捜査の職人、笹川警部の持論だった。

笹川は仲間七人に向かって、捜査方針を改めて伝えた。

「織原宅から押収された薬品やビデオテープ、カセットテープ類、メモや領収書の類には公判で有罪を勝ち取るための証拠が必ず含まれている。押収証拠をさらに精査しよう」

勉強を兼ねた夜会が一段落すると、若い捜査員らがビニールシートを床に敷き始める。その上にせんべい布団を敷くのだ。机の上に布団を敷く者もいる。

こんな生活があと何週間続くのだろうか。笹川は部下たちの身体を密かに気遣ったが、不平不満を言う者はもちろん一人としていない。

「部屋干しじゃ、洗濯物がなかなか乾いてくれないんですよね」

愚痴が出ても、せいぜいこの程度だ。

道場には、洗濯機はあっても乾燥機がなかった。報告書の作成が徹夜作業になれば、洗濯などはどうしても後回しになるため、着替えがなくなり、一度使ったパンツや靴下を裏返しにして利用することになる。

捜査員のほとんどが所帯持ちであるにもかかわらず、捜査本部に詰める日が長くなると、やもめ男のような暮らし方になってしまうのだ。そんな時こそ、家族からの差し入れが何をおいても無性に嬉しい。

パンツや靴下には無頓着でいることに慣れた捜査員でも、ワイシャツだけはピシッと糊を利かせる。これは洒落気のためばかりではなく、事情聴取に応じてくれる人たちへの配慮であり礼儀でもあった。笹川もワイシャツには常に気を遣っていた。

カリタが死亡した状況は、捜査を積み上げることで着実に見えてきた。科学的な分析や鑑定が必要なものは、研究機関や警視庁本部の科学捜査研究所へ回す。だがこの時期、科捜研はいつになく忙しかった。

二〇〇〇年（平成十二年）の十二月は、例年にないほど強盗事件が多発しており、警視庁管内だけでも三十日の間までに四十件を超えた。

十五日には葛飾区の歯科医宅が襲われて猟銃などが奪われ、続く十九日には台東区で書類を運んでいた輸送車が拳銃を持った男たちに襲撃された。この二件で死亡者は出なかったが、二十九日に江戸川区で発生した事件では、信用組合の軽自動車が襲われ、職員の男性が撃たれて死亡している。

殺人事件は他にも発生し、十二月五日には江東区で、絞殺されたと見られる八十三歳の女性が、十六日には板橋区で二十六歳のＯＬがそれぞれ遺体で発見されている。新宿区内でも夫が妻を絞殺する事件が十八日に発生し、その二日前には、十七歳の少年が渋谷区内の路上で金属バットを振り回して、通行人など八人に重軽傷を負わせる事件が起きていた。

新世紀を祝う街中のムードとは裏腹に、世紀末は不吉なイメージそのままに大晦日を迎えようとしていた。

そしてあの事件が起こる。十二月三十日の深夜から三十一日の未明にかけて、世田谷区上祖師谷の宮沢みきおさん宅が何者かに襲われ、妻と二人の子どもを含む一家四人が殺害された。

姉の来日

一つ年下の妹が、滞在中の日本で不審な死を遂げてからすでに八年。警視庁から連絡を受けたサマンサ・ニコル・リジウェイは、久しぶりに日本へやって来た。現在、アメリカのニュージャージー州に住む彼女は、航空会社で客室乗務員をしている。

カリタが死亡した当時、姉のサマンサも日本で暮らしていた。その頃はまだ二十二歳と二十一歳の姉妹だった。

異文化への興味と、はち切れんばかりの夢を持って訪れたこの国で、まさか最愛の妹を失うことになるとは思ってもみなかった。妹の死亡原因にはかねてから疑問があり、日本の警察が立件に向けた捜査をしてくれるなら事情聴取への協力も惜しまない。犯人である可能性が高まっている織原には厳重なる処罰を求めた。

「お疲れのところ早速ですが、まずはこの写真をご覧いただけますか」

聴取に当たった菅原良治警部補がサマンサに差し出した写真は、あの陵辱ビデオからカリタの顔が確認できる一部だけをプリントアウトしたものだ。

サマンサは、「頬骨が少し出ているところや、やや厚めの唇」といった特徴を挙げ、写真の白人女性が妹のカリタであると断定した。

「日本へ来る前の妹さんについても詳しく教えてください」

通訳センターの職員を通じてサマンサにこう問うと、サマンサはまるで昨夜の出来事でも思い返すように話し始めた。

「カリタは一九七〇年三月三日にオーストラリアのパース州で生まれました」

高校を卒業したカリタは、シドニーに移ってモデルやダンサー、ホステスなどの仕事で資金を貯め、一九九〇年頃に女友達と二人で日本へ旅立った。その後いったんは帰国するものの、当時入れ替わるように日本へ来ていたサマンサを頼って、九一年の十一月下旬に再来日し、銀座のクラブで働き始めた。一軒目の店名は覚えていないが、二軒目は「アヤコージ」だった。この屋号は織原のノートにも記されている。

サマンサは、カリタが入院することになる九二年の二月まで同居していた頃の様子を次のように語った。

「カリタは毎朝、午前十時頃までには起きて二人で朝食をとり、平日の夕方には仕事に出かけていきました。帰ってくるのはいつも明け方でしたが、カリタが無断で外泊したということはありません」

日本で暮らしていた当時、姉のサマンサには、日本人のボーイフレンドがいた。カセットテープに織原との会話が残されている内海直人がその人だ。内海とはオーストラリアで知り合い、サマンサはこの男性の誘いで九一年の四月に来日する。日本では英語学校の教師として働くことになった。

「でも、カリタには日本人のボーイフレンドがいた様子はなかったと思います」

それでもサマンサが語るカリタは、「素直で人を疑うことがなく、優しい性格」なので、男性には好かれやすかったという。

日本で劇症肝炎を患って亡くなるカリタだが、

「子供の頃から健康で、大きな病気になったこともありません。お酒もたまに少し飲む程度で、アルコール性の慢性肝炎になっていたなんて考えられません」

夜の仕事で生計を立てていたとはいえ、乱れた男性関係が人生を狂わせたとは思えない。健康を損なうほど酒びたりになっていたわけでもなく、カリタを死に追いやったのは、「ニシダアキラ」を名乗っていた人物に違いない。サマンサは時に言葉を詰まらせながら菅原たちに訴えかけた。

「あの男が妹を殺したんです」

姉の怒りはもっともだ。しかし、警察官たる者、常に冷静さを保っていなければならない。菅原は沸き起こってくる同情心を腹にぐっと収め、事件の核心部に迫ろうとした。

「ところで、カリタさんが『ニシダ』と一緒に鎌倉へ行った九二年二月十四日のことなんですが、妹さんは何か言ってはいませんでしたか？」

「あの日の朝も、私たちは二人で朝食を食べました。私は英語学校へ行かなければならなかったので出かけましたが、カリタの元気な姿を見たのはあれが最後です」

悔しさが込み上げてきたのだろう。妹の身に起きた出来事が、今なお信じられないとでもいうかのように首を小さく振る。

「カリタが入院したことは、二月十七日の朝に秀島病院のドクターからかかってきた電話で知りました。十四日から十六日の夕方にかけて私は、友達の家で過ごしていたので、カリタに何があったのかよくわからず、とにかく病院へ向かったんです」

駆けつけてみると、カリタは目をつむってベッドに横たわり、何か言葉にならないような声で唸っていた。担当医の説明によれば、カリタが吐き気を訴えたため、鎮静剤を飲ませたという。

「ドクターの話では、『ニシダ』が病院に連れてきたそうです。でも、私にはまったく聞き覚えがない名前だったし、カリタがこの男と一緒にどこかへ出かけたということも、後になって初めて知りました」

この時点のカリタには、まだ意識らしきものがあり、サマンサは「『ニシダ』って誰なの？　なぜ一緒に出かけることを私に黙っていたの」と問い詰めたが、カリタの返事は弱々しくて何を言っているのかわからなかった。しかし、吐き気の原因は食中毒で、それほど深刻な状態ではないとの説明を受けていたこともあって、この日は妹を病院に残して英語学校に行った。

「妹さんの意識がありません。どうやら肝炎に罹っているようです」

サマンサは、病院からの報せを学校で受けた。事情を説明して職場から離れ、病院へと急いだ。

午前中に会ったときとは違って、妹は人工呼吸器につながれていた。呼びかけたが反応はなく、呻き声すら発していなかった。そしてサマンサは、担当医から意外なことを聞かされて、自分の耳を疑った。

「妹さんがドラッグをやっていたということはありませんか？」

そんなことはありえない。サマンサはすぐに否定した。とても失礼な質問に思えたが、医者はカリタが肝炎になった原因を知りたがっているらしい。

サマンサは、母国のオーストラリアへ電話をかけ、母親のアネットに事情を伝えた。その四日後、両親がカリタのボーイフレンドを連れて日本にやって来た。意識が戻らないカリタを見舞ったあと、医師から病状の説明があった。

「カリタさんの病名は劇症肝炎です。肝機能が完全に停止しています。原因はわかりません」

見ず知らずの『ニシダ』から初めて電話がかかってきたのは、カリタが入院した直後のことだった。

菅原は、織原が録音していた音声の一部をサマンサに聞かせた。

「このテープの声は私です」

サマンサは、自分の声について明確に認め、英文で書き起こされた文章には、自ら修正も加えた。

「実は、私の両親が『ニシダ』と会ってアクセサリーをもらっています。お金も振り込まれました」

カリタの母親であるアネットが『ニシダ』と会っていたことは、丸山管理官がすでに国際電話で聞き取っている。サマンサは続けた。

「お金はカリタの葬儀費用などに充ててほしいということで、当時、私が使っていた三菱銀行の口座に振り込まれました」

入金されたのは百万円。すべて『ニシダ』の希望通り、医療費や葬儀費用、あるいは両親の滞在費などに充てた。

この事実を聞いた笹川警部は、班員を動かして裏付け捜査に走らせた。

サマンサはすでに銀行口座の番号を忘れてしまっていたが、勤め先だった英語学校は給料の振込先として記録を残しており、この線からサマンサの口座番号が判明した。

東京三菱銀行立川支店に赴いて照会を求めたところ、百万円は平成四年三月二日付けの取引で、東京三菱銀行本店のＡＴＭからサマンサの口座に振り込まれていたことがわかった。振込人名義は『ニシダアキラ』。登録されていた電話番号は、なぜか内海直人のものだった。

百万円もの見舞金を振り込んでおきながら、なぜこうまでして氏名や連絡先を隠す必要があったのか。それはもちろん、『ニシダ』にうしろめたさがあったからに他ならない。

捜査員はさらに東京三菱銀行の本店にも記録の照会を求め、午後十二時五十四分の取引だったことを突き止めた。

「両親が『ニシダ』と会ったときにもらったアクセサリーは、確かシルバーの台にサファイアのような宝石がちりばめられた指輪とネックレスです」

サマンサが話してくれたこの時の状況は、母のアネットに訊けば、より深く掘り下げることができるだろう。直接会っているのだから、『ニシダ』と織原が同一人物かどうかもはっきりしてくるはずだ。

理不尽な死

平成十三年（二〇〇一年）一月十日、アネットはカリタの出生証明書や死亡診断書などを携えて来日し、「犯人には厳しい処罰を望みます」と強い口調で訴えた。

アネットへの事情聴取も並木通訳人と共に菅原が担当した。黙秘や嘘で供述を拒む被疑者とは違って、被害者遺族への事情聴取は特に気を遣う。

二十一歳の娘が、筆舌に尽くしがたい陵辱を受けたばかりか、挙句には死亡させられているのだ。遠く離れた異国で、その報せを受けた母親の心中はいかばかりであっただろう。長い歳月のうちに癒そうとしてきたはずの記憶を、またこうしてほじくり返さなければならない。心の傷に塩を塗るような行為にさえ思えるが、そうして真実にたどりつくことが、被害者に対する供養にもなるのだと、菅原は気持ちを奮い立たせて遺族に向き合った。

カリタの母ジュリー・アネット・リジウェイは、事情聴取の時点で五十二歳。オーストラリアのウエスタンオーストラリア州で福祉関係の仕事をしている。菅原はサマンサにも見せた写真を示して被害者がカリタ本人であることを確かめ、録音されていた電話の会話も聞かせて、相手が『ニシダ』、話しているのは自分だ、との言質を得た。

カリタが体調の異変を訴えて入院したことは、サマンサからの電話で知った。取り急ぎ日本へ来て以降、アネットは医師から受けた説明などをメモに取っており、それを捜査の役に立ててほしいと言って菅原に手渡した。

英語の文面は次のように翻訳された。

二月二十二日〈肝不全から脳浮腫によって、激しい痙攣を起こした。その後、脳の機能が停止した状態になり、医師は、彼女が脳死か深い昏睡状態に陥ったと考えた〉
二月二十六日〈午後、よい知らせがあった。彼女のP．T．（血液を固める肝臓の能力を示す値。著者注、以下同）が29から61に上がった。明日、彼女の心臓と肺が耐えられるなら、彼女を大学病院に転院させることになった。よかった……それから書き忘れてしまったが、今朝、ナイジェル（・マーティ・リジウェイ。夫）が日本に到着した。彼女の病状が回復するためには、ナイジェルの存在が欠かせないと思う。昨晩二月二十五日、ロバート（カリタのボーイフレンド）が、カリタの夢を見たとのこと。緑の芝生の真ん中でカリタが横になっていた。空は青く、暑い日で、ロバートが大学の授業を終えて出てみたら、白いシーツに包まれたカリタが横になっていた。ロバートが近づくと彼女が起き上がり、彼に話しかけてくれた〉

娘を案じる母の心情が、そのまま文字になっているかのような文面だ。

しかし、病院のベッドで人工呼吸器につながれていた実際の娘は、白い肌が黄色く変色し、話しかけても触っても、まったく反応してくれなかったという。

「九二年二月二十九日のことは一生忘れられません」

サマンサも同じことを言っていた。

九年前のこの日、リジウェイ夫妻やサマンサは、東京女子医大の医師から最後の宣告を受けている。

「もう脳の機能は戻らず、これ以上状態が良くなることはありません。心臓は動いていますが、機械で動かしているだけであって、このままだと一生機械を付けておかなければなりません。我々は仏教国の医師なので、機械を止めるには、あなた方の同意が必要です」

娘は機械の力だけで生きている。その姿を見ているのは辛かった。アネットは夫やサマンサとも相談し、カリタを生命維持装置から解放してやった。午後六時四十五分。カリタ・シモン・リジウェイ永眠。それはあまりにも不可解で理不尽な死に方だった。

『ニシダ』の弁明

明けて三月一日。カリタの遺体は、東京女子医大が手配してくれた葬儀屋の車で、文京区内の四ツ木斎場に運ばれた。リジウェイ夫妻が『ニシダ』と初めて面会したのもこの日だった。

サマンサや内海には電話をかけてきて、娘の容態を気にかけている様子の『ニシダ』だったが、連絡先を聞いても教えてくれようとはせず、会いたいと願っても「今は遠くにいる」「出張中だ」「忙しい」などと言って取り合ってくれない。内海がそんな相手と粘り強く交渉した。『ニシダ』が面会場所に指定してきたのは、羽田東急ホテル。しかし『ニシダ』はこんな条件をつけてきた。

「両親と自分の三人だけでなら会う」

アネットたちはそうした条件を飲み、モノレールで羽田へ赴いた。ロビーまではサマンサや内海とも一緒だったが、『ニシダ』が待つ部屋へは夫妻だけで行った。

ナイジェルとアネットに対峙した『ニシダ』は、

「娘さんのことについては、大変申し訳なかった。私はカリタを愛していたし、もっと長い時間、彼女と過ごしたかった」

と言ってから、カリタの具合が悪くなったときの状況を説明し始めた。

「金曜日の夜遅い時間帯にカリタと食事をして鎌倉に出かけました。カリタは土曜日の夕食前に吐き始め、その後もしばらく寝ていたんですが、夜の十二時頃に目を覚まし、トイレからベッドに戻ってくると、『私のせいで週末を台無しにしてしまってごめんなさい』と謝っていました」

リジウェイ夫妻の前で『ニシダ』はよくしゃべり、なおかつ懸命だった。

しかし、『ニシダ』が言う通り、仮にカリタが彼の貴重な週末を台無しにしてしまったのだとしても、娘に対する誠意はまったく感じられなかった。話の端々に表れてくる「私に非はない」「悪いことは何もしていない」という言葉が、彼の本心なのだろう。彼は終始、自己弁護に徹しているように思えたという。

アネットは、『ニシダ』との面会で得た印象をこうも語った。

「彼は、私たちが彼の説明を信用するのかどうか、汗をかきながら神経質なほどに心配していた」

『ニシダ』は、三月三日がカリタの誕生日であることを知っていて、彼女にプレゼントするつもりだったという指輪とネックレスをアネットに手渡した。

「火葬するときに首に掛けてほしい」

プレゼントこそ素直に受け取ったが、『ニシダ』の説明を全面的に信じたわけではなかった。

サマンサは、「そんなもの、口封じの賄賂よ」と言って怒り出し、夫のナイジェルも、ホテルの部屋のコーヒーテーブルには札束が置かれていた、と後になって言った。

結局、カリタの遺体は三月二日に火葬されたが、その首に『ニシダ』からもらったアクセサリーを着けることはなく、むしろ何かの証拠になるかもしれないと考えて写真に撮った。現物も大切に保管してきた。

アネットは、今回の来日でそれらの品々を証拠品として提出した。

面通し

九年前のことだとはいえ、辛く消しがたい記憶を詳細にわたって掘り起こそうとしたため、アネットもさすがに疲れを見せたが、彼女にはもう一つ大きな仕事が残されていた。それが、『ニシダ』の面通しだ。

菅原は、アネットを総務部留置管理課の調べ室に連れて行った。

そこは、マジックミラーがはめ込まれたテレビドラマなどでもお馴染みの部屋で、一方の側からしか見えない仕組みになっている。

その特殊な部屋の内側に、織原城二とほぼ同年齢で、身長、体重、面構えなども酷似した警察官五名を織原本人とともに並ばせてある。

「あ、この男です。私が言っている『ニシダ』です」

アネットがすぐに指差した男は、四番の番号札を持っていた。うつむき加減で顔を正面に向けようとしない。面通しに掛けられたことを意識しているらしい。

別室でその様子を見ていたアネットは、腰を屈めて織原の顔をじっと見詰めた。

「額の広さがそっくりで、顔の輪郭も同じ感じです。眼が細く、鼻が尖った感じ、口が少し飛び出した感じも似ています。一〇〇％間違いありません」

織原が特殊な部屋から留置室に連れ戻されていく。その間際に織原が見せた仕草でさえアネットは見逃さなかった。

「ハンカチで額の汗を拭うあの仕草も、ホテルで会ったときと同じです」

陵辱ビデオでは卑屈にも顔を隠し、悪辣極まる犯行に及んでいた織原の「面」は、こうして完全に割れた。

笹川班では内海直人にも事情聴取を行って裏付けを進め、これまでの捜査でいまひとつはっきりしていなかった点も確かめた。

カリタはなぜ『ニシダ』に誘われて鎌倉へ行ったのか。内海はこう答えた。

「お金持ちの客が、何か特別なものを見せてくれるというので、誘いに乗ったようです。車でドライブをして食事を奢ってもらうといった話も含めて、姉のサマンサから聞きました。サマンサは事前に知らされていたんでしょう。だから僕は、『婚約者がいるカリタをどうして行かせたんだ』とサマンサに言った覚えがあるんです」

　この証言をサマンサにぶつけると、古い記憶を蘇らせてくれた。

　当時、カリタが働いていた「綾小路」の経営者も、次のように証言している。

「カリタは私自身が面接したので、よく覚えています。カリタから、『週末には鎌倉へドライブに行くの。鎌倉には何があるの？』と訊かれたので、鎌倉には大仏があると答えましたが、誰と行くかまでは聞かされていません」

　このほかにも、笹川班ではさまざまな裏付け捜査を行った。

　織原に会ったという羽田東急ホテルにアネットを連れて行き、面会場所の確認もさせた。カリタの遺体を病院から斎場へ運んだ葬儀屋にも事実関係を聞いた。

　カセットテープのさらなる解析によって、別の被害女性が特定され、連絡が取れた女性たちの証言については供述調書にまとめた。

　カリタと同様に、「何かを飲まされ、意識がなくなり、気づいたときには身体の具合が悪くなった」という。症状は長引く吐き気と嘔吐。その後病院へ行った被害者の一人は、「肝機能の低下が原因」との診断を受けている。犯行に使われた場所も同じだった。

　織原が陵辱のために用いたクロロホルムについては、「タリウム事件」同様、綿密な鑑定を行った。

笹川は、捜査一課長宛てに提出した平成十三年一月二十三日付けの捜査報告書で、織原城二に対する再逮捕の必要性を強く求めた。

「本件は、被害者に薬物を使用し、昏睡状態に至らしめた上、姦淫し、その結果死亡させる卑劣で重大悪質事件である。

被疑者は（中略）本件と同様手口の準強姦事件で起訴され、さらに強姦致死事件で勾留されている者であるが、現在まで一貫して否認を続け、本件犯行現場の建物等を弁護士を通じ売りに出し、さらに公判もすでに開始されていることから、保釈釈放される可能性があり、もし釈放されれば、逃亡及び証人威迫等、罪証湮滅のおそれがあることから、逮捕の必要がある」

笹川が有働理事官に呼び出されてから、すでに一か月以上もの時が経過していた。

第六章　遺体発見、二審判決

捜索

織原容疑者の逮捕後、丸の内警察署に設置された特捜本部に詰める捜査員は実働八十二名。しかしここも手狭になったことや、多くの捜査員が出入りすることで、丸の内署本来の業務に支障をきたすことから、麹町砂防会館横にある警視庁寮に特別捜査本部を移した。

織原の否認が続く中、日本人被害者の事件で十二月八日に三回目の起訴、さらに十二月二十八日にも、日本人被害者で四回目と起訴を積み重ねていった。

全員が年末年始の休暇を返上して働き、一月二十五日にも、別の日本人被害者の件で五回目となる起訴にこぎつけたが、ルーシー事件は進展せず、捜査本部は追い詰められていた。

いくら証拠を突きつけても織原の否認は頑強で、平行してルーシーを捜すことが必須条件だった。

同時に、本格的な遺体捜索を行うことは、即ち、ルーシーがすでに死亡していることを公式に認めることになる。生存に一縷《いちる》の望みを託す家族の心情を考えれば、特捜本部にとっても気の重い決断だった。

被害者の国籍はイギリスだけでなく、カナダ、オーストラリア、ウクライナと広がる気配から国際的にも注目され、事件解決には日本の警察の威信がかかっていた。

性犯罪にかかわる殺人事件を主に担当する第六強行犯捜査担当の阿部勝義管理官は、織原逮捕後に押収した証拠品の分類と解析に加え、その裏付け捜査の指揮にも追われていたが、有働理事官から、

「遺体捜索の現場指揮を頼む」

と要請され、これを引き受けた。

織原を逮捕した十月十二日の直後にも、油壺周辺や諸磯海岸一帯を警察犬など使って捜索し、それ以降も秘密裏に幾度となく捜索が行われてきた。しかし遺体遺棄現場が三浦半島南側とすれば、範囲が広すぎる。カラスが上空で輪を描いている、野良犬が数頭騒いで地面を掘っているという市民からの情報で、阿部管理官は運転担当の佐々木久と共に現場に飛んで確認したこともある。

また、逮捕後に行った家宅捜索で、彼が通院していた皮膚科医院の領収書も見つかっており、確認したところ、茶毒蛾による炎症治療を受けていたことが判明した。この蛾

は山茶花や椿などに寄生して繁殖することから、三浦市内でそれらの花が群生している付近を捜しもした。織原が借りたレンタカーのシャーシに岩などで擦った跡が見つかった時には、まだ舗装されていない道まで隈なく調べたこともあった。

しかし、これまでの捜索が何度も不発に終わっていたため、特捜本部では「どこか別のところに遺棄したのかもしれない」との意見が出るようになっていた。織原がプレジャーボートを調達していたことも「諸磯海岸周辺説」を疑問視する理由の一つで、ルーシーの遺体はすでに海へ投棄されている可能性もあった。

事前の捜査幹部会議ではルーシーの遺体発見を最優先とするが、殺人事件として立証するためには遺体解体に使用されたと推測されるチェーンソーの発見にも重きを置くこととし、そのためにブルーシー油壺周辺を下見し、廃棄物が捨てられそうな場所をピックアップしていた。

「諸磯は今回で最後にしたい」

有働理事官からも、こう言われていた。

「織原が自供したとしても遺体の発見は苦労するのに、ましてや供述もない中で探しても見つかるかどうか……」と笹川は冷ややかに疑問を呈していた。

今回の捜索で発見できなければ諸磯海岸での捜索に一旦ケリをつける。目先を変えなければならない。阿部は焦りにも似た感情を覚えたが、その一方で、織原の取り調べをしている山代の苦労も知っている。

「いくら山代でも織原は落ちないだろうな。ならば何としてでも今回の捜索で必ずルーシーを探し出してやる」と阿部は心に深く誓った。

捜索実施場所や日程、態勢がほぼ決まった段階で阿部管理官の補助として丸山管理官を加えた。丸山自身が希望して捜索メンバーに加わったが、捜査本部の立ち上げから関与し、事件の全体像を把握していることも理由の一つである。

捜索はブルーシー油壺周辺を中心に実施すると決めたが、捜査の命運を賭けるには根拠の乏しい状況だった。

捜索には、捜査一課から阿部勝義管理官と丸山直紀管理官、今丑辰喜警部、土屋秀夫警部補、浅野信夫警部補、妻木壮寿巡査部長、小沼正幸巡査部長、佐々木久巡査部長、第一機動捜査隊から岩崎守警部補、第二機動捜査隊から浦正信巡査部長、第三機動捜査隊から野添祐二警部補と中本恵介巡査部長、丸の内署・後藤好人巡査部長、神田署・上野憲哉巡査長、月島署・斉藤俊史巡査部長、三田署・関谷毅巡査、愛宕署・平川薫巡査長、高輪署・奥崎賢巡査長、赤坂署・池田政一巡査部長、東京水上署・武田義行巡査長、麻布署・山川秀幸巡査長、築地署・田中一嘉巡査長ら総勢二十二名が集められ、混成捜索班が組織された。二十代後半の若手捜査員が半数以上を占めている。

平成十三年（二〇〇一年）二月五日、出発当日は朝から雨が降っていた。時折強く降る空を見上げて阿部管理官は先行きの不安を感じながら佐々木運転担当が開けた後部席に乗り込んだ。捜索使用車両はレンタルのマイクロバス二台と管理官専用車両など計五台。装備品としてスコップ、鎌、ロープ類、検土杖、各自の着替え等を入れたバッグなども車に積み込んで特捜本部を後にした。

首都高速から横浜横須賀道路を経て三浦半島を南下し、国道一三四号線で京浜急行終点三崎口駅を過ぎる。三崎高校から県道二六号線を走って油壺入口を右折。県道二一六号線に乗ったところで、油壺マリンパーク方面を目指す。途中、三崎漁港に抜ける通称・西海岸線（市道）を通って諸磯湾に出た。この辺りが重点的に捜索を行う区域だが、雨はまだ降り続いている。

調べてみると、捜索地域に戦争中の遺物である防空壕が多く残っていた。雨に煙る諸磯湾には数えきれないほどのヨットやモータークルーザーが犇めくように停泊し、静かな佇まいを見せている。

同日昼頃現地に到着したが雨脚が強く止む気配がない。各署から捜索要員に選抜された捜査員たちは初めて顔を合わせることからぎこちない雰囲気があった。まして初日の捜索は雨の中でやるのかと嫌気が差していると思われた。

阿部と丸山管理官は相談の上、本日の捜索は無理と判断し、弁当を食べた後、車内から捜索場所を確認するだけで、民宿「でぐち荘」の駐車場に車両を止めた。

宿泊先は阿部自身が直接交渉した。いくつかの旅館やホテルに当たったが、総勢二十三名もの大所帯で一週間の滞在となると費用が嵩む。出張旅費には限度があった。行き詰った捜査を打開する気持ちと出口を探そうと祈るような気持ちが相まって、数ある宿泊施設の中から「でぐち荘」という屋号の民宿に部屋を予約した。あくまで偶然ではあったが、願を賭けるには最適な宿に思えた。

ここを選んだもう一つの理由は、各客室を規定以上の人数で使っても団体料金の割引が受けられ、交渉の結果、格安の料金で迎えてくれるという理由からだった。地元では磯料理が評判の民宿である。

早めに到着したが「でぐち荘」の女将から温かい歓迎を受けて、各捜査員の部屋割りを決めた。客は捜索隊だけの貸切りだった。夕飯までは各自風呂に入るなり寛いで、明日からの捜索に英気を養う。一階の風呂場は男湯と女湯に分かれていたが、捜査員は全員男性の為、暖簾は男湯に掛け替えられてある。夕食は各員の前に箱膳が置かれ、名物の磯料理が並べられた。近隣の三崎漁港から仕入れた新鮮な魚介類にみんな舌鼓を打ち、喉湿しに出されたビールでぎこちない垣根が取り払われた。

翌日の六日は天気が回復し晴れてきた。阿部管理官は混成捜索班をA班とB班に分けた。阿部管理官自身がA班の指揮を執り海岸線と防空壕の捜索に当たり、丸山管理官にB班を任せ崖下を中心に捜索することにした。

しかし、B班はもっぱら不法投棄物との格闘に追われた。テレビ、冷蔵庫、洗濯機などの家電製品から一般家庭の生活ゴミ、あるいは古タイヤまでと、ありとあらゆる物が捨てられている。近隣の農家が捨てた大根の葉や稲わらの堆積層からは、トグロを巻いた冬眠中の蛇が何十匹と出てきて捜査員を驚かせた。それでも遺体発見のためにゴミをどかし、目ぼしい所はすべて探っていかなければならない。

地を這うような懸命の捜索を続け、辺りが暗くなって一日の仕事を終えようとする頃になると、崖をよじ登った捜査員の衣服は泥に塗れ、B班の面々は悪臭を放つようになった。ゴミの臭いが服に沁みついてしまうのだ。捜索二日目はこれといった成果も得られず、捜査員たちは疲れた身体を「でぐち荘」で癒すことになった。

二月七日、三日目の朝は八時に朝食を摂り、二台のマイクロバスに分乗する。外は霙《みぞれ》が降り、一日の平均気温が二・五度になるとの予報を受けて全員防寒着の他、雨合羽も用意した。区割りの捜索現場までバスで移動。階級に関係なく地面に検土杖を刺し、臭いを嗅ぐ。六尺棒で背の高い枯れ草を払い、少しでも不自然さを感じたら鎌で刈る。腰を屈めながら藪や枯れ草を軍手で掻き分けた。

二月上旬、関東地方は極寒の季節で、いくら温かい三浦半島とはいえ、海岸は海風に晒《さら》され、体感温度は極端に下がる。この日の最低温度は二・一度。捜査員は全員防寒服を着用しているが、足元から忍び込む冷気は幾ら防いでも腰まで冷えてくる。

楽しみは昼食くらいしかない。班で担当を決めて弁当を買い、各員に配っていたが、散らばっている全員に配るだけでも手間がかかる。店が離れているうえに配り終える頃には温かい弁当も冷えてしまった。当初予定していた捜索個所は午前中に終えたが、目ぼしい成果は何もなく、捜査員のなかにも疲労感と徒労感が漂い、民宿に帰って入る風呂だけが冷え切った身体を唯一癒してくれた。風呂の後は一杯のビールが空腹に滲み、夕食は日替わりの魚料理が美味い。明日への活力になっていった。

諸磯湾の南岸は相模湾に突き出た小さな半島であり、その先端近くの海岸に「諸磯神明社」という神社がある。この神社の背後は切り立った崖で、岩の割れ目や防空壕が幾つもあり、そこも懸命に探索したが、成果に報われない日々が虚しく過ぎていくばかりで、毎日何度かの定期連絡でも、重苦しい報告しかできずにいた。

警察庁キャリアで二十八歳の丸山直紀管理官や若手の捜査員は別にして、五十代も半ばを過ぎた阿部管理官や今丑辰喜係長らには、骨の折れる作業が続く。それでも文句を言う捜査員は一人もいなかった。

十二月から一月にかけて、浜諸磯では養殖若布《わかめ》の収穫が最盛期を迎える。

二月に入ったこの頃は、最後の追い込みとばかり、浜周辺の漁師たちが家族総出で棚《はさぼ》に若布を干す作業に勤しんでいた。

忙しい時には、「でぐち荘」を手伝う近所の船宿「光二《みつじ》丸《まる》」の若女将・出口誠美《ともみ》も皆と同じように若布干しを手伝う。

採ってきた若布は半月ほど潮風に晒し、乾燥させてから取り込む。

その後、夜なべ作業でビニール袋に小分けし、封をする。

袋詰めされた若布は早朝五時頃までに三崎漁港の市場に各自が出荷するのだが、どの家も同じように手内職で生活の糧にしている。

「でぐち荘」の主人と女将は、沢庵漬けで大忙しだった。

三浦半島の名産である大根は生産農家から直接仕入れ、浜で十五日余り干すと潮風がほどよく水気を抜いてくれる。

大根の撓《しな》り具合で漬ける目安にするが、一樽に三十本見当、隙間なく平均に入れてから、米ぬかや味付けの塩、サッカリン、さらに黄色の香料を少々入れる。この加減は、女将が長年にわたって培ってきた勘によるもので、味の決め手になる。だから気持ちを込めて一回に三樽から四樽漬ける。

一か月前に漬けた沢庵を出すと、捜査員たちは「旨い」と喜んで口々に褒める。

バリバリと小気味良い音をたてる捜査員たちを見て、女将は目を細めた。

「カレーライス程度でよろしければ、明日からはお昼ご飯もご用意しましょうか？」

冷えた弁当を食べている阿部管理官をはじめ、捜査員たちにとっては、願ってもない助け舟だった。

玉ねぎ、じゃがいも、人参、そして豚肉を具材に使った家庭的なカレーライスが、翌日の昼から捜査員たちの腹を満たすことになり、日替わりで別のメニューも提供してくれることになった。

八日は一階の大広間で朝食を摂り、捜査会議を始めた。この二日間は織原が部屋を所有するブルーシー油壺の周辺を中心に、諸磯湾沿いの両岸にある防空壕や洞窟などを捜索したが、目ぼしい成果がでていない。阿部管理官はこの経過を弘光捜査一課長に報告するべく警視庁本部に向かった。

午前中は五班に分けて周辺の区域に絞った捜索を行うことになり、丸山管理官と共に班の先頭に立った上野巡査長は不法廃棄物などの捜索を始めていた。年齢も若い上野は誰も踏み込んでいなかった洞窟など、捨てられていた廃棄物を積極的に掻き分けて、女性用の下着などを発見したが、鑑識の結果、ルーシー事件に繋がる遺留物ではなかったことが判明した。

結果として、A班がまだ十分な捜索を実施していない区域が残っていた。このことから丸山管理官は昼食後に捜査会議を開き、捜索範囲をブルーシー油壺北側と北東側に縮小し、各班の再捜索場所を指定。徒歩での捜索を指示し、自身はブルーシー油壺周辺の状況を把握すべく、北側に隣接する場所を捜索対象にした。

さらに捜索過程で聞き込んだ情報で、ブルーシー油壺南側の建物に、酸素燃焼の研究をしている「博士」と呼ばれる人物がおり、その敷地や周辺の洞窟などの捜索が未実施だったことも判った。

夕刻、特捜本部から新妻管理官が捜索状況を視察するためにやって来た。その頃阿部管理官も警視庁本部から帰ってきたため、丸山管理官は「でぐち荘」の駐車場で新妻、阿部両管理官を捉まえて状況を報告した。「捜索範囲を広げる」案もあるが、捜査員の陣容は限られて疲労も蓄積されていることから、明日はブルーシー油壺周辺を再び捜索する方針を決めた。

阿部は「そうか、分かった。もう一度原点に戻って、織原が動ける範囲を重点的に調べてみるか」と言った。

これには根拠があった。ルーシー失踪直後の深夜、「ブルーシー油壺」の管理人がスコップを持って崖下周辺をうろつく織原らしき人物を目撃しているのだ。

織原は身長一六七センチの小柄な体軀。身長一七五センチのルーシーを運ぶとなれば、「ブルーシー油壺」からそう遠い範囲ではないはずだ。

「A班とB班の担当区域を入れ替えるという手もあるな」

「別の目で見れば何か新しい発見があるかもしれない」

「気分転換にもなりますしね」

「では、目を入れ替えて、織原が所有しているブルーシー油壺四〇一号室からの動線を見つけよう」

阿部は、まさしく清水の舞台から飛び下りる心境で、最後の決断を下した。

この捜索方針を聞いた新妻は、日が暮れる前に東京に戻って行った。

無礼講

「よし、今夜は無礼講だ。皆に元気を出してもらおう」

阿部は台所にいる女将に、夕食を早めてもらいたいと頼み込んだ。

口には出さないが、女将は阿部たちが連日に亘って何を捜しているのかわかっていた。毎晩疲れた様子で帰ってくる一人ひとりの捜査員は、顔に必死の形相を浮かべていた。
四、五人ずつで汚れた身体を洗い流し、風呂に浸かってサッパリする。ほっとする僅かな至福の時間。せめて夕食には、精一杯の気持ちを込めてこしらえた美味しい料理を出して英気を養ってもらいたい。
それが女将のほのゑや主人の正幸、跡取り息子の悟、時々手伝いに来る船宿の誠美の思いだった。

阿部の頼みはもう一つあった。

「捜査員はみな酒が好きだから、今夜は好きなだけ飲ませてほしい」

予算のことが一瞬頭を過《よ》ぎったが、新妻が持参した日本酒三本を渡し、女将の気風《きっぷ》にお願いしたのだ。

阿部の気持ちを汲んだ女将は、二つ返事で胸を叩いた。

夕餉の食卓には、女将たちの気持ちが溢れていた。

金目鯛の煮付け、活きアワビの踊り焼き、茶碗蒸し、膾《なます》の和え物、ひじきの煮つけ、マグロの刺身などが銘々皿に盛り付けられ、豪華な膳になった。

当然、沢庵が大鉢に盛られ、テーブルに置かれた。

熱燗の二合徳利が運ばれてきた。ビールの栓が抜かれ、宴が始まった。

一杯のビールが空きっ腹に染み渡り、食欲が増す。これで精神的な疲労も解消される。

金目鯛の切り身を甘辛く煮付けた味は、熱燗に合う。

地元でいう巾海苔（干し若布）を手で細かく砕いて熱いご飯にふりかけ、醤油を少し垂らし、軽く掻き混ぜてから口に放り込むと、磯の香りが口中から鼻に抜け、その後、凝縮された海の味が口一杯に広がった。醬油の塩けが疲れた体を癒す。

沢庵を齧る。「旨いなあ」と皆が思った。

殻のついたアワビを炙ると踊るように身をくねらす。そこにバターを落とし、レモン汁を数滴搾る。

ナイフとフォークが用意されているが、皆一様に齧《かぶ》りついた。

刺身は三崎漁港に上がるマグロだ。それに近隣の漁港で捕れた新鮮なアジのたたきの旨さが明日への活力になる。

食欲が満たされ、酒が入ると席は陽気な雰囲気になっていった。

宴が盛り上がってきたところで、阿部は配膳している女将に声をかけた。

手伝いに来ていた誠美がカラオケセットを用意する。

人一倍陽気な佐々木久巡査部長は、真っ先にマイクを握った。

女将が歌手の舟木一夫の大ファンであることを捜査員たちは知っていた。関東近県に公演があると聞いては、息子の悟がインターネットで調べ、女将を車に乗せて追いかける。

歌の前奏が流れると、女将は手を叩いて喜んだ。

選んだ曲は、舟木一夫が昭和三十九年に歌ったヒット曲『花咲く乙女たち』だった。

「キュウーちゃーん」

佐々木の愛称を叫んだのは誠美だった。佐々木はおどけて手を振った。

阿部は、「キュウはいつ頃覚えたんだ。器用な奴だな」と半ば驚き、隣に座っていた一番若い丸山管理官に言った。

「私の生まれる前でしょう。まったく知らない世界ですよ」

丸山はキョトンとしていたが、佐々木の歌声を聞くや、楽しそうに笑い始めた。

次は野添祐二警部補の出番だ。

そこに主人・正幸の甥の嫁が、追加のビールを運んできた。

民宿総出で宴会を盛り上げる。

野添は、嫁のテルちゃんから注いで貰ったビールを呷《あお》ってからマイクを摑んだ。

「野添さんは何を歌うの」

テルちゃんが聞いた。

「女将さんが喜ぶかな。俺が知っている舟木一夫を歌うよ」

「嬉しい」と女将が声をかけた。

「『学園広場』」と、カラオケ係になっている誠美に野添が告げる。

よぅ、よぅと野次が飛ぶ。

野添は舟木一夫になり切った表情を浮かべて歌った。

「巧いじゃないか」

阿部は愉快そうに膝を叩いて褒める。

野添の後にもマイクを握る者が続出し、それぞれが得意な歌を披露する。やんやの拍手が鳴り止まない。やがて楽しい時間もお開きとなり、最後に野添が『高校三年生』を女将とデュエットして宴会は終了した。

「ご馳走さま」「楽しかった」と女将やテルちゃん、誠美に声をかけ、「おやすみなさい」と全員が部屋に引き揚げる。

阿部はサンダルを突っかけ、酔い覚ましに浜まで歩いた。

ふと見上げると、澄んだ夜空の雲間から、煌《きらめ》く星が降り注ぐように輝いていた。

「明日こそ……」

阿部はふと、何かが起こる気がした。

発見

翌九日の天気予報は「晴れ時々曇り」だった。

午前三時の気温は一・四度、風は北北東から風速四メートルの弱風だが、相模湾を渡る海風は冷たく底冷えする。

午前八時三十分に「でぐち荘」を出発することに決めるが、「ブルーシー油壺」までは、海岸から直線で数百メートル。小高い山を越えるか、海岸線を回って行くしかない。

午前八時になっても気温は上がらず、防寒服の襟内に巻いたタオルでも冷気は防ぎきれない。

立川分室に所属している第三機動捜査隊第五班主任の野添祐二警部補は、五十六歳の誕生日を迎えてから、約二週間が経っていた。

野添は慎重に岩棚を伝って足を進め、上野らと一緒に自分の持ち場へ向かった。

マンションの横から海岸脇にある崖縁に沿って岩棚が重なり、引き潮になると、やっと人一人歩ける道になる。六十メートルほど行くと道は途切れるが、円柱形のコンクリートが五本立っていて、その上を踏んで渡り、さらに岩棚を伝って約二百メートル余り進む。

時折、強い北風が吹いて波の飛沫が靴の先を濡らす。立ち止まって被っていた野球帽をしっかり被り直し、濡れた海藻に足が滑らないようゆっくりと岩を踏みしめ、小さな砂浜までたどり着いた。

野添を含めた三人の捜査員は、砂浜に打ち上げられたゴミや枯れた木材などをどかしながら切り立った岩壁に向かい、冬枯れした木々の間の藪を掻き分けた。岩の裂け目のような洞窟が見える。

奥行きは僅か六メートル。誰かが何度も覗いた洞窟であり、警察犬も臭いを嗅いだ場所ではあったが、もう一度調べるつもりで中に足を踏み入れた。

上野が先頭に立ちペットボトルや枯れ木などのゴミをどかしながら進むと、三メートルほど奥に水色の汚れた風呂桶が転がっていた。プラスチック製の浴槽に、大きな石がいくつも溜まっている。

「どかしてみんべ」

二人は石を洞窟の外へ運び、空になった浴槽も引きずり出した。

するとその跡に軟らかい砂地が現れた。野添がスコップで無意識に掘ってみる。二十センチ、五十センチと掘り、さらに軍手をはずして犬が掻くように掘る。

指先に何かが触った。物が入ったビニール袋のような感触だ。

僅かな臭気が立ち上る。

「おや……」

掘る範囲を少し広げ、そっと慎重に掘り進める。

六十センチ余り掘った時、白いビニール袋に入れられた足首らしきものが出てきた。

「オーイ、ちょっと来てくれ」

野添は周りにいる二人に声をかけた。

捜査員は、その声に驚いて駆けつけた。

「出た、出た、足が……」

野添は擦れた声を絞り出し、大声で叫んだ。

野添は管理官の阿部に報告するため携帯電話を取り出した。電話をかけようとしても手が震えている。すると電話から聞こえてきたのは、妻の声だった。

「お父さん、どうしたの？」

「バ、バカヤロウ！」

慌てて間違えたのは自分であるにもかかわらず、野添はそう怒鳴ると電話を切り、改めて阿部に電話をかけた。

　ブルーシー油壺の南側に住む「博士」に捜索の了解を取り、家の裏手中腹にある洞穴で捜索の指揮をとっていた阿部は、野添からの報告を携帯電話で受けた。しかし、野添は興奮しているせいか、何を言っているのかさっぱりわからない。

「あぁ〜、あぁ〜、足が、足が……」

「何だ、どうした」

「あぁ〜足が出た、足が出た……」

「わかった、すぐに行くッ」

　と野添に言いながら、阿部は近くにいた丸山管理官に声をかけ、伝令役の佐々木巡査部長と一緒に走り出した。背後からバラバラと足音が聞こえる。捜査員たちが後を追って来ていた。

　洞窟に到着した阿部は、

「本部に連絡してくる。ここはそのままにしておけ」

　と野添に命じ、携帯電話で新妻管理官に連絡を入れた。

　新妻管理官は、統括デスクとして連絡を受けた。阿部はこの情報がマスコミに漏れることを心配して、こちらからはもう一切どこにも連絡しないと新妻に告げた。

新妻は万事心得て、成城警察署の「世田谷一家殺人事件特別捜査本部」で捜査会議中だった有働理事官に、警察電話で連絡を入れた。時刻は午前九時二十分を僅かに過ぎていた。

「ブルーシー油壺近くの洞窟から、おそらくルーシーと思われる遺体を発見しました」

同時に鑑識の出動も要請する。

「出たか……」

隣席の有働から報告を受けた弘光一課長までもが、喜びと同時に複雑な気持ちになった。遺体が発見されたことで、ルーシーの無事救出という道は完全に断たれてしまったからだ。

しかし有働は、この事態を冷静に受け止め、成城署の特捜本部から、警察電話を使って警視庁の鑑識課に連絡、至急に現場臨場してほしいと伝えた。

有働は弘光課長に「では行ってきます」と頭を下げ、弘光課長は「頼む」とひと言言ってから栗本英雄刑事部長に電話した。

外国人女性の家出人捜索願から事件の臭いをいち早く嗅ぎつけた生活安全部の寺尾部長にも、有働は電話で遺体発見の一報を伝え、黒の専用車に飛び乗った。運転手が窓から手を伸ばしてルーフに赤色灯を載せる。

弘光課長は、神奈川県警本部の捜査一課長に連絡を入れた。

警視庁鑑識課からは久保正行理事官（警視）ほか十名が数台の車に分乗し、警視庁を離れてからサイレンを鳴らした。マスコミの監視を逃れるための予防策だった。

一方、遺体発見現場からは、佐々木久巡査部長と妻木壮寿巡査部長が、阿部管理官の黒い公用車で東京に向けて出発した。

遺体が出たとはいえ、簡易裁判所の許可がなければ、証拠能力が担保されない。遺体発見の場所とその状況がわかる写真を撮り、見取り図なども添えて裁判所に検証許可状を請求する。申請に必要なその他の書類は、本部に残った捜査員が、新妻の指示で作成してくれる手はずになっていた。

「写真と見取り図を本部に渡したら、とんぼ返りで現場に戻ってこい」

これが阿部管理官から与えられた任務だった。佐々木もやはり、現場から十分に離れたところで車のルーフに赤色灯を載せ、サイレンを鳴らした。

午前十一時を回った頃、久保鑑識理事官を先頭に、紺色の作業服に身を包んだ現場鑑識員と検視官が到着し、捜索班によって直ちに現場の洞窟に案内された。

しかし、簡裁から検証許可が下りたという連絡がまだない。多大な労力を重ねてようやく発見した遺体を目の前に、捜索班も鑑識も手を出すことができないでいた。

阿部は数人の捜査員を「でぐち荘」に向かわせ、梯子を借りてこさせた。崖からブルーシートを吊るすのに必要だった。

遺棄死体の検証には立会人も必要だ。民間人であってもかまわない。別の捜査員を漁業協同組合へ走らせる。

「許可が下りた！」

待機させられていた久保理事官が、やや興奮気味に叫ぶ。待ちに待った報せだ。新妻管理官からの連絡だという。立会人を引き受けてくれた漁業関係者も現場にやって来た。早速、鑑識課員が作業を開始する。

死臭を嗅ぎつけたらしいトビが、上空を旋回し始めている。

スコップと手で洞窟の入り口から徐々に掘り始め、計測しながら写真を撮る。さらに掘って砂を掻き出し、手で異物を探す。

佐々木が戻ってきた時には、すでに午後の一時を回っていた。阿部は後部座席に乗り込み、今度は三崎警察署へ急がせた。

同署の藤原秀男署長とは、捜索の初日にも挨拶を交わしている。警視庁の捜査一課を代表して仁義を切っておいたのだ。

阿部から遺体発見の一報を聞いた藤原は、

「それはよかった。ほんとうによかった」

と言って心の底から喜んでくれた。

現場付近への立ち入り規制と交通整理を藤原に依頼して、現場へ戻る。

遺体の発見場所を覆い隠すために、三崎署から借り受けたブルーシートには使われた痕跡がなかった。いずれ必要になることを見越した藤原が新品を用意しておいてくれたらしい。

トビの数はさらに増えていた。

現場上空には報道のヘリが一機、二機と舞い始めている。耳をふさぎたくなるような轟音が空から降り注ぐ。

諸磯湾の対岸には、人が動いている様子も窺えた。不審な動きのボートや小型漁船も洞窟近くに集まってきた。船上でカメラを構えている。

こうなると、どうすることもできない。海上に規制線を張りめぐらすわけにはいかないのだ。

海岸通りからマリーナに入った辺りには黄色いテープが引かれ、部外者の出入りを遮断した。

洞窟周辺は現状保存のために封鎖され、これまで捜索に当たってきた捜査員までもが遠ざけられた。

青いビニールシートに覆われた洞窟の中には、臭気が充満していた。

鑑識課員が掘った穴の深さは一メートル余で底は岩盤だった。穴の深さを保って、洞窟の奥まで掘削していく。

遺体に近づいては写真を撮る。野添警部補が掘った場所の三メートルほど先をさらに深く掘ると、五個の白いビニール袋が重なるように出てきた。

セメントに覆われた頭部、ビニール袋に入れられた胴体、その上に肩から指先までの両腕。胴体から切り離された左右の大腿部と膝から下の足。すべてを計測し、証拠写真を撮った後、遺体を丁寧にビニールシートに包んで運び出した。

野添が最初に発見した袋を洞窟の入り口付近に置き、確認のため袋を開けると、膝のところで切断された足が二本出てきた。同時に強烈な腐敗臭が立ち昇る。

トビの数はゆうに三十羽を超えていた。

白い肌はすでに死蠟化していたが、それでもところどころに肌の色が残り、産毛のような脛毛も残っていた。足の爪には赤色のペディキュアが塗られていた。

損壊された遺体は、ビニール袋に入れられたままボディーバッグに移し、さらにその上からブルーシートをかけた。報道陣の目を避けるため、わざわざ崖の踏み分け道を二百メートル近くも上って、「でぐち荘」の駐車場へと運ぶ。幌つきのトラックがそこで待っていた。


検証許可状を携えて現場にやって来た有働理事官は、先に到着していた神奈川県警の捜査一課長に挨拶してから阿部管理官に労《ねぎら》いの言葉をかけ、捜索状況の説明を受けた。

死体発見現場の近くには、早乗りした通信社や新聞各社、そしてテレビ局各社の報道中継車も到着し、テレビカメラを据えている。マスコミの記者らは時間を追うごとにその数を増やしていった。

報道陣や野次馬でごった返すようになっていた狭い県道は、三崎署の交通整理で騒がしさも和らぎ始め、有働は砂浜で休む一人ひとりの捜査員に「ご苦労様でした。よく頑張った」と声をかけて回った。

捜索に当たった全員の執念が通じたのだ。最後の一人は岩陰に座って俯いている。近づいて見ると野添だった。「よくやった。よく見つけてくれた、本当にご苦労様でした」と慰労するつもりで肩に手をかけた。

野添は大粒の涙を流して男泣きしている。野添には、二人の娘がいて、年の頃もルーシーと同じなのだという。

「ルーシーが呼んでいたんだな……」

有働は、初めて胸が締めつけられる思いを感じ、涙が滲んだ。

発掘作業は夕刻までには終了したが、鑑識課員は、狭い洞窟で窮屈な姿勢を強いられながらも作業を続けた。外から見られないよう青いビニールシートで洞窟全体を覆ったことから、換気状態が悪く、その上さらに照明がたかれ、遺体が放つ臭気と濁った空気が澱んで、最悪な状態だった。ベテランの鑑識課員はともかく、現状保存に当たった捜査員たちは、防臭マスクを着けなければ息もできないほどだった。

「最後になってルーシーさんが助けてくれた」

捜査員たちはそう言いながら、それぞれ線香を上げ、黙禱を捧げてから現場を後にした。

阿部以下、捜索隊は周辺を片付け、見張り役二名を残して「でぐち荘」に帰った。宿の人たちが、阿部たちを出迎えて声をかけてくる。

「やっと見つかったんですね。ご苦労様でした」

どうやら夕方のニュースで遺体発見の事実を知ったらしい。

最後の宿泊。食卓には、女将の心づくしの大きな船盛りが置かれていた。

ルーシーのものと思われる惨《むご》たらしい遺体は、麻布警察署の車庫にいったん運ばれた。村岡光鑑識課長、久保正行鑑識理事官、有働理事官らが見守る中、鑑識課員が白いビニール袋を開けていく。

両腕、両足、両足首、胴体、頭部と合計八つに切断されていた遺体は、湿った砂の中に埋められていたためか腐敗はそれほど酷くなく、ほぼ死蠟化し、白い石鹼のような状態になっていた。しかし、その臭気にはその場の全員が顔を顰《しか》めた。

頭部はセメントを被せるように塗り固められていたが、塗りは薄く、顔は十分に識別できた。

鑑識課員が鉈《なた》のようなものを頭部に当て、その背に金槌を振り下ろして割ろうとした時、傍らの有働が静かに声をかけた。

「割った瞬間に写真を撮れ。空気に触れたら最後、顔が崩れてしまう」

頷いた鑑識課員は、細心の注意を払って金槌を振り下ろした。一瞬にフラッシュが光り、セメントに覆われた顔が光の中に浮かぶ。

「ルーシーだ……」

生前のルーシーの写真が頭にある誰もが口々に言った。

後日、ルーシーの両親から渡された爪と遺体の皮膚とをＤＮＡ鑑定した結果、発掘された遺体は紛れもなく、ルーシー・ジェーン・ブラックマンのものだと断定された。

二審判決

平成二十年（二〇〇八年）十二月十六日。この日の午後一時三十分から、東京高裁一〇二号法廷で織原城二被告に対する高裁判決が言い渡された。

一回目の起訴から八年二か月が過ぎていたが、「ルーシー事件については、直接的なられていた。

証拠がなく無罪」という判決が、平成十九年四月の一審で下されたこともあり、高裁がルーシー事件をどう判断するか、傍聴席の阿部勝義や現役捜査員の関心もその一点に絞られていた。

「主文。原判決を破棄する」

門野博裁判長の穏やかな声が、マイクを通して法廷内に行き渡る。

傍聴席は一瞬静まり返った。

続けて一審での判決を読み上げる。

「原判決（一審判決）は、原判示第1ないし第9（起訴1から9）として、被告人が、平成四年二月から平成十二年六月にかけて、被害者九名（外国人を含む当時二十歳から三十一歳の女性）に対し、催眠作用を有する薬物を混入した飲み物を飲ませるなどして摂取させ、麻酔作用を有する薬物を吸引させるなどして同女らの心神を喪失させて、その間同女らを姦淫し、うち一名に対し、吸引させたクロロホルムの作用により劇症肝炎を発症させて死亡させ、うち二名に対し、被告人が姦淫行為を撮影するために使用していた照明用ライトの熱により傷害を負わせたとの事実を認定して準強姦致死、準強姦致傷及び準強姦の各罪の成立を認め、被告人を無期懲役に処し、他一名の外国人女性（当時二十一歳）に対するわいせつ誘拐、準強姦致死、死体損壊・遺棄の各事実について犯罪の証明がないとして無罪を言い渡したものである」

　これに対し、検察側は控訴趣意で、

「原判決が無罪と言い渡した各事実について、証拠上これらの事実を認定できるから、原判決には事実誤認がある。よって有罪と認定した部分を含めて、原判決は破棄すべきである、というものである」

　と述べ、一方の弁護側は、次のように主張していた。

「二回目に起訴した『準強姦』は時間が経ってからの告訴であり、起訴そのものが無効だとして公訴を棄却しなかった一審判決は訴訟手続きの法令違反である。カリタ・リジウェイ事件の『準強姦致死』についても被告は準強姦行為をしていないし、劇症肝炎はクロロホルムの作用とは認められないから判決には事実誤認がある。また、被告人を無期懲役にした一審判決の量刑は重すぎて不当である」

　門野裁判長は双方の趣意を調査・検討した結果を、こう述べた。

「まず、弁護人の控訴趣意については、原判示第2の準強姦の告訴は有効であって公訴を棄却しなかった原判決に違法性はなく、第1の準強姦致死の事実に事実誤認は認められず、第6、第7の準強姦致傷の事実についても事実誤認、法令適用の誤りは認められないのであって、これらの諸点に関しては、いずれも（控訴の）理由がない」

「検察官の控訴趣意については、原判決が無罪とした各事実につき、関係証拠を総合すると、被告人が当該被害者に対するわいせつ誘拐に及んだ上、睡眠導入剤を摂取させて準強姦に着手したこと、その後、死亡した被害者の死体の損壊・遺棄に及んだことが認定できるというべきであり、但し、準強姦が既遂に達したこと、使用した薬物の作用により被害者を死亡させたことについては、認定できない。これらの事実を認定せずに被告人を無罪とした原判決には事実の誤認があり、これが判決に影響を及ぼすことは明らかである。検察官の論旨は以上の限度で理由があり、原判決は、破棄を免れない」

裁判長は、織原被告が準強姦目的でルーシーを逗子マリーナへ誘い込んだことや、遺体損壊用と見られる電動チェーンソーなどを買い揃えたとする検察側の主張を追認した上で、遺棄についても触れた。

「関係証拠によれば、ルーシーの左上肢及び右大腿部が入れられていた樹脂袋、ルーシーの死体を入れた各樹脂袋に付着していた粘着テープ、死体を入れたゴミ袋、ルーシーの頭部を包んでいたセメント塊、ルーシーの四肢及び頭部を入れた樹脂袋の下に埋められていたナイロン製の袋は、被告人が入手あるいは所持していた品と同種あるいは類似の品であることが認められる。

これらの事実からすれば、被告人が、七月五日夜にリゾートマンション居室内に入室して以降、同居室内でルーシーの頭部を包んだセメント塊に関連する何らかの作業を行い、被告人が同居室を離れた七日頃までの間に、損壊されたルーシーの死体を本件洞窟に遺棄したことは、優に認められるというべきである」

次は、ルーシーの死因。

「解剖の結果によれば、ルーシーが、その生前に睡眠導入剤であるフルニトラゼパムを摂取していることが認められる。（中略）被告人は当時フルニトラゼパムを手元に所持しており、被告人が七月一日にルーシーと逗子マリーナに向かった際にも、フルニトラゼパムをセカンドバッグに入れるなどして携帯していた可能性が高く、逗子マリーナのマンション居室に誘い入れたその他の被害者九名に対し、催眠作用を有する薬物を混入した飲み物を飲ませるなどして、準強姦に及ぶ犯行を繰り返していたことからすれば、被告人はルーシーと居室に入った後において、ルーシーにフルニトラゼパムを摂取させたものと認めることができ、被告人が準強姦に着手したことは明らかである。（中略）

しかし、解剖及び各検査の結果等を総合しても、ルーシーの死因については特定できず、被告人がクロロホルム等の吸入麻酔薬を使用したと認定することや、これによって、ルーシーが被告人の期待したような心神喪失状態に陥り、被告人がルーシーを姦淫したと断定できない」

高裁でも死因の断定は避けたが、「織原被告がルーシーを誘い出したそもそもの目的は『準強姦』の遂行であり、証拠も十分」として量刑を言い渡す。

「被告人は、八年余りの長期間にわたり、入念な計画のもとに、自分の資産を誇示するなどして部屋に誘い入れたカリタ他八名の被害者に薬物を用いて心神喪失に至らしめ、長時間にわたり執拗な姦淫行為を繰り返し、（中略）自己の欲望を満たすために薬物を駆使して多数の被害者らの人格を踏みにじった犯行は類例をみない極めて悪質なものであり、強固で特異な動機に基づく犯行の経緯に酌量の余地はまったくない。（中略）また、被告人の支配下で死亡したルーシーに関する死体損壊・遺棄もルーシーの尊厳を一顧だにしない非情なものというほかない。

さらに被告人は、ルーシーの死亡直後、ルーシーの身を案じる知人に対し、ルーシーが自らの意思で失踪したかのような嘘の電話をし、その後、ルーシーの失踪が公になると、繰り返し警察に対し手紙を送付してルーシーの生存を偽装しようとしていたものであり、犯行後の情状も悪く、このような工作が社会に与えた不安感は大きい。（中略）被告人が犯行への関与を否定しながらも、ルーシーの父及びカリタの遺族に対しお悔やみ金と称して各一億円相当の金員を支払ったこと、その他の被害者八名に対しても二百万円から四百万円の金員を支払い、被害者の一部から起訴の取り消し等を求める旨の上申書が提出されていること、被告人が罰金、科料の前科を有するのみであり、公益法人等に対して多額の寄付をしていることなど、被告人のために斟酌すべき事情を十分考慮しても、被告人に対しては無期懲役刑をもって臨むのが相当である」

　この判決に満足した阿部は法廷を出た。携帯電話で元捜査一課長の光眞に判決の主旨を説明する。

　報せを受けた光眞は、判決要旨をメモに書き、再就職した会社から有働が入院している東京慈恵会医科大学付属病院へ駆けつけた。

　同病院では、警視庁捜査一課の元管理官・横内昭光が光眞の来院を待っていた。警視庁を退官した後で同病院に再就職し、渉外担当として働く傍らで有働への取り次ぎをも一手に引き受けていた。さながら病院内での秘書のような役割も担っていた横内に会って、有働の病状を尋ねた。短い時間なら面会できるという。光眞は横内に案内されて中央棟十八階の個室に入り、病床の有働に声をかけた。

「お元気そうですが、お加減はいかがですか」

「まあまあだね……」

「今日、ルーシー事件の高裁判決が出ました。ルーシーに関しては有罪でした。勝ちましたよ」

「うーん、よかった、よかった。当然だけどね」。かなりやつれて見えた有働の目に光が宿り、その表情も一瞬だけだが明るくなった。しかし、握手を交わした手からは、かつての力強さが感じられず、ひどく衰弱している様子が窺えた。

「この判決について、当時の事件担当幹部として何かコメントを発表されますか。あればここで承っていきますが……」

有働に会えるのも、おそらくこれが最後の機会になるだろう。そんな予感があっての提案だった。

「いいよ、いいよ……」

有働が小さく首を振る。

「そうですか。そのうち判決文が来ると思いますが、詳細はそれをご覧ください」

「有難う。ご苦労様でした」

有働が病室で見せた最後の表情は、光眞の網膜に今でも焼きついている。

最終章　刑事たちのその後

それぞれの持ち場へ

諸磯湾の洞窟で、ルーシーの遺体が発見された後も、取調室の織原城二は相変わらず身勝手な理屈と言い訳に終始し、山代警部を手こずらせていたが、平成十三年（二〇〇一年）四月六日、織原をルーシー・ブラックマンに対する死体損壊容疑で再逮捕した。

物証には乏しかったものの、検察当局も捜査本部との打ち合わせで「状況証拠の積み上げは十分」だと判断し、二十七日には準強姦致死罪と死体損壊罪、並びに死体遺棄罪の容疑で起訴している。

織原の起訴は、同年二月十六日のカリタ・シモン・リジウェイに対する準強姦致死罪での起訴に加えて、これが七回目になった。

前年の十二月十四日には、すでに初公判が開かれていたが、織原とその弁護団は、「女性たちとの間には合意があった」として全面的に無罪を主張。裁判の長期化は避けられない見通しがすでに立っていた。

捜査本部では、ルーシー事件の送検をすませた後も捜査を続け、さらに被害者三人分の事件についても立件し、平成十三年六月二十八日の追起訴をもって捜査を終えた。捜査本部は公判対策に当たる数名の捜査員を残して解散となり、管理官以下、まったく別の事件を解明すべく、それぞれの持ち場に散っていった。

しかし、織原がカリタやルーシーの「致死罪」についても無罪を強く主張し始めたことで、捜査一課の幹部はもとより、末端の捜査員でさえも胸に一抹の不安を抱きながら、平成十九年（二〇〇七年）四月二十四日の一審判決を迎えることになる。

四国巡礼同行二人

新妻正平は、ルーシーの遺体発見直後の平成十三年三月、捜査一課管理官から理事官になり、定年までの間に残された時間はあと一年余りとなった。新妻が退職後のことを考えるようになったのは、この頃からだった。

無我夢中で走ってきた刑事人生を振り返る余裕も多少はあったが、それでも日々大きな事件は起こる。まったく気が抜けなかった。

警視庁に奉職して三十八年。これまでに出会った死体は、ゆうに一千体を超える。一度の出来事で、最も多くの死者に直面したのは、昭和六十年八月十二日に起こった日航機の「御巣鷹山墜落事故」だった。乗客乗員合わせて五百二十名が犠牲になっている。空を飛んでいた航空機が、山の斜面に激突した事故だ。四肢が揃った遺体は少なく、現場はまさに地獄絵図の様相を呈していた。群馬県警からの要請で御巣鷹山に入った新妻（当時警部補）は、自らの手で八十六体の遺体を検分した。突然起こった不慮の事故だけに、巻き込まれた犠牲者や残された家族の無念さは計り知れない。

一人ひとりの犠牲者を検分した後、線香を上げて手を合わせた。

理事官として最後の大事件は、平成十三年九月一日の未明に起きた新宿歌舞伎町の雑居ビル火災だった。

歌舞伎町の中心である新宿コマ劇場へ抜ける一番街のメインストリートに、雑居ビル「明星56ビル」がある。

火災が発生したのは、金曜日から土曜日に日付が変わった直後の深夜一時頃で、歌舞伎町が最も賑わう時間帯だった。

出火元はビル三階にあるゲーム麻雀店のエレベーター付近で、居合わせた客と従業員のうち、麻雀店では十六人、四階のセクシーパブで二十八人の計四十四人が犠牲となり、国内で発生した火災としては戦後五番目の大惨事となった。

捜査一課火災犯捜査係が出動し、新妻も理事官として現場に臨場した。

検証の結果、三階と四階の防火扉が開いていたために、この二フロアに火炎と一酸化炭素が蔓延したものと見られた。

自動火災報知機は設置されていたが、誤作動が多いために電源は切られていた上、四階は天井に取り付けられた火災報知機ごと内装材で覆い隠してあった。

現場は、まるで阿鼻叫喚《あびきようかん》の地獄絵を見ているようだった。

天井や壁が焼け爛《ただ》れた室内に、まだ幼さを残した若い女性たちが煤《すす》と水にまみれ、救助と空気を求めて折り重なるように死んでいた。

だが、焼け焦げて炭化した死体はない。

新妻は、堪らない思いで死体を検分した。

犠牲者の事情はそれぞれ違っていたかもしれないが、これからの人生に夢を馳せることもあっただろうし、幸せを見出せる可能性もあっただろう。突然起こった火災に、茫然自失となりながら、生きようと必死にもがいたであろう姿に言いようのない悲しみを覚えた。


翌年の平成十四年三月下旬、新妻正平は捜査一課理事官（任警視正）を最後に、警視庁を去った。

新妻はかねてから、退職したら亡くなった被害者の供養をする巡礼をしたいと、妻の美智子に話していた。それは警察官として双肩に背負い続けてきた思いだった。死者を供養することで、第二の人生を歩む区切りにしたかった。

夫の思いや悩みを知りつくしていた美智子は、二つ返事で同行すると言った。

退職後は請われて民間会社に再就職し、この年の盆休みは夫婦で仙台や石巻、中尊寺など東北各地を車で旅した。

緊急電話が鳴らない初めての旅だった。

翌年の春頃から徐々に準備をし、四国巡礼八十八ヶ寺参りに「般若心経《はんにゃしんぎょう》」の写経を納付する「願意」をどう書くか考えた。

京都にある真言宗智山派の総本山「智積院《ちしゃくいん》」に美智子が電話をし、長く警視庁捜査一課に在職して事件の捜査を担当していたことや、巡礼の目的などを話した。

二時間ほど後に智積院から電話があり、願意には「為・事件、事故、物故者慰霊」とし、警視庁捜査一課理事官・新妻正平と書かれたらいかがか、と教授された。

仕事を終えて帰宅後、新妻は精神統一して墨を磨《す》り、一心に般若心経を写経した。目標枚数は八十九枚、最後の一枚は、高野山に奉られる弘法大師に結願《けちがん》の報告をするためだった。

一年目は徳島県内だけの計画である。

阿波徳島は「発心の道場」ともいわれ、県内は第二十三番までだから、その分の二十三枚だけ書いた。

そして、やっと念願である平成十五年八月の盆休みを迎えた。

早朝三時に千葉県松戸の自宅を出発する。

新妻自らハンドルを握り、助手席には美智子が座って、一路徳島県鳴門市を目指した。

首都高速道路の用賀インターを過ぎ、東名高速道路をひた走る。

途中トイレ休憩でサービスエリアに入り、簡単な飲食をしたくらいで名古屋を過ぎた。

名神高速と続くが、スピード違反や事故など起こせば、何の為の「お遍路」の旅なのかわからなくなる。洒落にもならない。

急ぎたいのは山々だが、気をつけて走った。

大阪、芦屋、神戸と過ぎ順調に走り続ける。疲れは感じなかった。

隣に苦労をかけた妻がいる。一緒に巡礼をすると言ってくれた美智子が愛《いと》おしく、心から感謝している。

明石の手前、垂水から「神戸淡路鳴門道」で淡路島に入り、さらに大鳴門橋を渡り、四国の玄関口である鳴門市の横を抜け、しばらく走って板野インターで降りた。

県道一二号線に出て、カーナビで霊山寺《りょうぜんじ》をセットする。県道四一号線を越え、板東谷川を渡ると、左側に四国霊場第一番札所、竺和山《じくわざん》・霊山寺の古い山門が見えてきた。

真言宗高野山派で釈迦如来を本尊に奉ってある。

到着したのは午前十一時半頃、自宅を出てから八時間三十分で目的地に辿り着いた。八月のお盆時期だったためか、参拝の観光客が多く、駐車場は観光バスで溢れていた。新妻は駐車場に車を停め、遍路の案内書を確認する。この霊山寺で巡礼に必要な身支度を整えるつもりだったからだ。

駐車場から境内に入ると、本堂の右側に社務所があり、その中に売店があった。売店の女性に声をかけ、新妻は先ず浄衣となる遍路装束の綿白衣《めんびゃくえ》を見せてもらう。背中には墨黒鮮やかに「南無大師遍照金剛《なむだいしへんじょうこんごう》」と染め抜かれていた。

初めての遍路に必要なものを尋ねた。

売店の女性はすべて心得ていて、新妻が「車遍路です」と言うと、手早く一揃え出してくれた。

紫色の輪袈裟《わげさ》に金剛杖。輪袈裟の前垂れには「南無大師遍照金剛」と金色で書き込まれ、八角形に削られた杖には般若心経が書かれている。

持ち手の部分は赤い布で巻かれ、鈴と板書きがあり、「同行二人《どうぎょうににん》」とあった。

他に納札《おさめふだ》、納札入れ、頭陀袋《ずだぶくろ》、納経帳《のうきょうちょう》、「仏前勤行次第」という御経集が一式だという。

菅笠《すげがさ》を被ってみたが、これはいらないだろう、と新妻は思った。

「同行二人」の意味は、いつも弘法大師がそばにいて、自分一人での遍路ではないということらしい。

「金剛杖」は、遍路を導く弘法大師の化身といわれる大切な道具。取り扱いにも心を込めて、自分よりも杖を休めるようにしなければならない。宿ではまず杖の先を洗い、丁寧に拭いて合掌する。橋の上では杖をついてはいけない。その音が橋の下で休んでいる弘法大師を起こしてしまうから、とも教えられた。

輪袈裟は礼拝の正装具であり、遍路の道中修行の身支度として着装し、便所などの不浄な場所に入る時は、取り外すようにと丁寧に教えてもらった。

持鈴は、仏様を美しい音色でもてなすという意味で、お遍路さんの特徴ですと売店の女性は微笑んだ。

なるほど、と納得した新妻は出された数珠も手に取って眺めたが、以前から持っていた自分の数珠のほうが手になじんでいたので、これはいらないと辞退した。

結局買ったのは綿白衣と輪袈裟、持鈴、金剛杖、納札、納札入れ、納経帳、御経集二冊だった。

新妻はシャツの上に白衣をまとい、ついている紐で前に結んだ。

輪袈裟を首にかけ、頭陀袋に納経帳や納札入れと御経集を詰め、胸の前に下げた。

美智子も同じように支度する。照れ笑いを新妻に返した。

「馬子にも衣装だろ。お遍路さんに見えるか」

新妻は美智子に聞いた。美智子は笑いながら頷いた。

駐車場の車に戻り、着ていたものを荷物の中にしまう。

財布などの貴重品を頭陀袋に移し変え、新米のお遍路さん二人は、きょろきょろと辺りを見ながら、遍路の正装で仁王門の左側で一礼する。

境内に入り、手水《ちょうず》を取って口を漱《すす》ぎ、手を洗う。柄杓に水を受け美智子に渡した。

そのあと本堂に向かった。

ちょっと気恥ずかしい気持ちで落ち着かない。

新妻は気が昂《たか》ぶっていた。

これから一年目は徳島、二年目が高知、三年目に愛媛、四年目は香川を回り、最後には和歌山の高野山真言宗総本山金剛峯寺《こんごうぶじ》で結願の報告をすると決めていた。

その一ヶ寺ごとに般若心経を納付することで、刑事として一つのけじめがつけられる。

以前から調べていた霊場での作法通り、持参した般若心経と納札を箱に入れ、灯明《とうみょう》を点《とも》し、線香をあげ、賽銭箱に小銭をあげた後、般若心経を唱えた。美智子も声を出して一緒に唱えている。

本来、読経《どきょう》の順序は祈願文から始まり、開経偈《かいきょうげ》、懺悔文《さんげもん》、三帰《さんき》や十善戒《じゅうぜんかい》、発菩提心真《ほつぼだいしんしん》言《ごん》、三摩耶戒真言《さんまやかいしんごん》、般若心経、御本尊真言、光明真言《こうみょうしんごん》、大師御宝号《だいしごほうごう》、舎利礼文《しゃりらいもん》、回向文《えこうもん》までであって時間がかかる。

簡単に行うなら「南無大師遍照金剛」と三回唱えてお参りすればいいことになっているが、新妻はあくまで般若心経を唱えることに拘《こだわ》った。

諳《そら》んじている経をゆっくり唱えていると、殺害された被害者の顔が走馬灯のように思い出される。

新妻は警部昇任後、赤坂署刑事課長代理を経て、第一機動捜査隊班長として着任したが、その頃に起きたのが、世にいう「宮崎勤幼女連続誘拐殺人事件」だった。

昭和六十三年八月、埼玉県入間市に住む四歳の幼稚園児が誘拐された。続いて同県飯能市の小学一年生。川越市でも四歳の幼稚園児が行方不明になる。

社会を震撼させたこの事件は、マスコミでも大きく取り上げられ、連日報道された。

警視庁深川署管内でも、平成元年六月に幼女誘拐事件が起きる。平成元年九月一日、警察庁は一連の幼女誘拐事件を「広域重要一一七号」に指定する。

第一機動捜査隊の班長だった新妻は、深川署の特別捜査本部に派遣された。犯罪手口の捜査に当たり、過去に発生した刃物を使った殺人や誘拐事件を洗い出した。その数四千八百件余り。範囲を東京と埼玉に絞り込む。

そんな中、八王子署の刑事課長から特捜本部に「類似事件と犯行手口が似ている男を逮捕した」との連絡が入った。

宮崎勤は、警察の取り調べで四人の幼女を殺害した事実を認め、誘拐や殺害の模様などについても詳しく供述したが、裁判では三度に亘る精神鑑定を受けた。しかし死刑判決が覆されることはなく、死刑はすでに執行されている。

納札に般若心経

新妻は般若心経を唱えて四人の幼女を回向し、過去と惜別するかのように祈った。

そして深々と頭を垂れて踵を返す。

やっと思いが叶ったわけだが、これは残る八十七ヶ寺参拝の幕開けにすぎない。

納札に「為・事件、事故、物故者慰霊」と書き、警視庁捜査一課理事官・新妻正平と署名した後、納札箱に入れ、社務所で納経帳に朱印をいただいた。

第二番札所は、真言宗高野山派の日照山《にっしょうざん》・極楽寺《ごくらくじ》。霊山寺から県道一二号線を戻り、一キロほどの道のりだった。

この寺は弘法大師が植えたといわれる樹齢千二百年の長命杉が有名だと、ガイドブックに書かれていた。

木立ちに囲まれた石造りの階段を上りきって山門を潜る。

「疲れてないか……」

新妻は美智子に声をかけた。

「お父さんこそ大丈夫なの……」

「俺はまだ大丈夫だ」

と強がってみせた。

本堂は万治二年に再建され、約四百五十年が経ち、国宝に指定されていると案内板に書かれ、ご本尊の国宝「阿弥陀如来」は、四尺五寸の坐像で弘法大師の作と記されてある。

新妻は「おん・あみりた・ていぜい・からうん」と真言を三回唱え、般若心経を続けた。

盛夏の日照りは容赦がなく、サリン事件の後遺症で口が渇く。唾が出ないのだ。ペットボトルで水分の補給をし、やっとひと息つけた。

早朝三時に千葉県松戸から走り始めて十時間余り、疲れていないわけがない。

本堂でお参りした後、社務所で納経帳に朱印を押してもらい、第三番札所の亀光山《きこうざん》・金泉寺《こんせんじ》に向かう。

その後の第四番札所は黒巌山《こくがんざん》・大日寺《だいにちじ》。

三番札所から約六キロ、道幅のある広域農道を走って寺の駐車場に車を停め、山門に足を向けた。この寺は人里から離れ、三方を山に囲まれていた。山門の手前に渓流があり、せせらぎを渡る川風が心地よい。

新妻は油蟬《あぶらぜみ》が鳴いているのに初めて気がついた。しばらく蟬の声に耳を傾け、流れる汗を拭う。何人かの若いお遍路さんとすれ違った。

「遍路の心得」にあった言施《ごんせ》や相互礼拝では、温かい思いやりのこもった言葉をかけあい、互いに合掌するしきたりがある。

新妻は「こんにちは」とお遍路に声をかけ、合掌した。

「ご苦労様です」「お気をつけて」と口々に挨拶が返ってきた。

「若い人たちに負けないよう、元気出して行きましょう」

美智子に励まされ、苦笑いをした新妻は同じ年の妻を気遣いながらゆっくりと山門を通った。

長い境内を歩き、白濁した湧き水で喉を潤す。

この水は「蛤《はまぐり》の水」と呼び、飲むと胃腸などにいいとして珍重されているという。

「タバコの吸い過ぎで胃が荒れているから、ちょうどいいな」

新妻は独り言のように言って飲んだ。

「それならタバコを控えればいいのに」

美智子が、笑いながら言葉を返す。

奥には朱色の本堂などが厳かな佇まいを見せているが、その中に「不動明王」をご本尊として祭ってある。大日如来は秘仏となっているという。

新妻は御経集を捲《めく》り、不動明王の真言を読んだ。

普通は「お不動さま」と呼ばれ、一般に親しまれている仏で、不動とは菩提心（仏道に入り真の道を求める心）が揺るがないことを指す。大日如来の化身という役割を果たしていることから、大日如来の使者ともいわれる。

姿は左手に羂索《けんじやく》、右手に智剣を持ち、顔は憤怒《ふんぬ》の相を表し、仏道に導き難い者を畏怖せしめ、煩悩《ぼんのう》を打ち砕くとされている。

新妻と妻は本堂にお参りし、深々とお辞儀をした。

「おん・あびらうんけん・ばざらだどばん」

と声に出して、真言を三回唱えた後、般若心経を上げる。

新妻は凶悪犯罪や事故に巻き込まれ、不慮の死を迎えたすべての被害者に対し冥福を祈った。

車で来た農道を戻ると、右手に第五番札所の無尽山《むじんざん》・地蔵寺《じぞうじ》がある。この寺は四国でただ一か所といわれる五百羅漢を、奥の院に安置してあると案内書に書かれていた。

新妻が巡礼をする目的は観光見物ではないが、見聞を広めるためなら許されると自分自身に言い訳し、お参りした。同行二人、長年連れ添った美智子と一緒に見学するのも悪くはない。

ヒグラシがカナカナと鳴いて夏の夕暮れが近づいてきた。

今日の行程で最後の第六番札所、温泉山《おんせんざん》・安楽寺《あんらくじ》を訪ね、本尊の薬師如来にお参りして、今日の宿に向かう。

　空は茜《あかね》色に染まり、夏の景色が新妻の心を少し軽くした。

日常の中の幸せ

　翌年の平成十六年八月、四国霊場巡礼の旅は二年目を迎えた。

　逸《はや》る心を抑えて、新妻は深夜に自宅を出て、高知に向けハンドルを握った。

「〜土佐の高知の播磨屋橋で〜坊さんカンザシ買うを見た〜、ヨサコイ、ヨサコイ〜と」

　新妻は昔、ペギー葉山が歌い、全国に流行った『南国土佐を後にして』を口ずさんでいた。

　徳島最後の第二十三番、医王山《いおうざん》・薬王寺《やくおうじ》は前年の巡礼で回ったが、今回は再度ここから出発することにした。

「この寺をお参りしたら阿波の国は終わり、今度は土佐の国だ。で、前から気になっていたんだけどな、お前は今まで何をお祈りしていたのさ……」

　新妻は同行する美智子に訊いた。

「内緒……」

　美智子は笑いながら答えた。

「まあいいや。それはそうと阿波徳島は発心の道場、土佐高知は修行の道場だとさ。歩き遍路の人もいるが、大変な難行苦行の巡礼だそうだ。本来なら俺もそうしなければならないだろうが。まあ俺には時間を作る余裕がないからな」

「そうねえ……」

「お前が一緒だから俺も楽だ。だけど、土佐路は心身に仏道を叩き込み、善行を積む精神的な修行だと、案内本に書いてあった」

「お父さんが退職した後、巡礼の旅に出たい、と言い出しても私は驚かなかったけど、でもね、それだけ仕事で大変な思いが積み重なっていたんだなあ、と思って……」

「俺だけじゃないと思うよ。現場の警察官はみんな同じさ。事件が起きれば一か月も家に帰れない。家のことはカミさんが何とかしてくれるだろう、とは思うが、まだ幼い子供を抱えている若い刑事の家庭を考えると、あまり強いことも言えなくってなあ……」

「そうね。私も大変だった時代があった」

「日にちが経ってから発見されたコロシの現場に行くと、腐敗臭が酷くって、その臭いが着ているものに染み込んでただろう？　洗っても臭いが落ちないって若い連中のカミさんたちは困るらしい。あれ、うちじゃどうしてたんだ？」

「それはね、いったん外に置いてしばらく干しておくの。それから洗うんだけど。私も最初は失敗してね、それで先輩の奥さんから教わったのよ」

「そうだったのか……全然知らなかった」

国道五五号線は、高知県に近づくにつれ所々で海が見え、美智子がその都度、感嘆の声を上げる。

薬王寺は日和佐の町を一望する山の中腹にあり、四国一の厄除け寺として有名で、観光客も多く年間百万人もの人が参拝するという。

まるで修行僧のようないでたちの先達がお遍路さんたちを数名引き連れている。挨拶を交わした新妻と美智子はそのあとに続いた。

仁王門を潜ると、本堂まで女坂は三十三段、男坂は四十二段の石段を上る。

「この石段の下に、薬師本願経の経文を、小石に一字ずつ書いて埋めてあります。石段は厄年を現し、女が三十三歳、男は四十二歳であり、厄年に当たる人は、一段上るごとに一円のお賽銭を置くのが慣わしで、多い時は石段が一円玉で埋まり、通れないことがあったと言います」

先達が連れ添っていた遍路や新妻たちに説明した。

「皆さん、これから瑜祇塔《ゆぎとう》に行ってみましょう。二階の展望台は一見の価値がありますよ」

勧められた新妻は美智子と一緒について行った。

本堂右手の石段を上りながら、新妻は先達に、「珍しい名前の堂ですが、瑜祇塔の意味は」と尋ねた。

「まあ、表裏一体を表わす、と言われてますな」

先達はにこやかに答えた。

新妻は「つかぬ事をお聞きしますが、今まで何回ほど……」と聞いた。

「私はお遍路さんたちを先達して案内をしていますが、今までに歩き遍路を五回経験した中で、人様からたくさんの施しをいただきました。そしていろんな方と出会い、それぞれが抱えている悩みや悲しみを一緒に受け止めてきたのです。仏にすがるしか解決できない苦しみも知りました」

新妻は、先達の人柄に触れた思いで感慨を深くした。

瑜祇塔の展望台に上り、眼下に広がる日和佐の町と日和佐港、さらに太平洋と続く景色に、お遍路たちは口々に歓声を上げた。

美智子は新妻に「一緒に来て本当によかった」と嬉しそうに言う。

新妻は照れくさかったが、妻が喜ぶ姿を見て気持ちが楽になってきた。

「あなたは警察の方でしたか」

突然先達が新妻に声をかけてきた。納札のときに新妻の名前を見たのだろう。

「はい。一昨年退職致しました」

「ご苦労様でした。しかし警察の方が遍路をするのは珍しいことじゃありません」

「そうでしたか……」

「しかし、為書の願意に、事件、事故、物故者慰霊と書かれた方は余りお見受けしませんでした。皆さんご自分のことを書かれるので……。それで随分奇特な方だと思ったのです。それゆえ仏法で説諭の中、蜘蛛の糸という話を思い出しました」

「そんな大げさなものではありませんが……」

新妻は手を振って、自分が遍路の旅に出た経緯を話した。

「私は殺人事件の現場で、苦痛に歪み無念の形相をした被害者の検分を済ませて、ご遺体を家族にお返しした後、通夜でお線香を手向けに行くことが数多くありました。遺影を見上げると、どなたも穏やかな顔で微笑みかけておられる。私はそのお顔を見ながらいつも思うんです。被害者が、どんな思いで突然の死を迎えたのか、最後に何を言いたかったのか、それまでの幸せが永遠に続くと思っていた被害者は、殺される瞬間まで自分が死ぬとは考えていないのですから。死を迎える瞬間の恐怖がどんなものか。未来に向けて夢や希望を抱いていたのに、すべて断ち切られ、突然、生を絶たれなければならなかった悔しさ。残された遺族の憎しみは想像を超えるはずです。そして、その被害者たちの思いは、何百人と私の心の中に年輪のごとく刻まれているのです。遺影の前で一人の人間として空しく、しかし刑事の立場とすれば血が煮え滾《たぎ》るような怒りが込み上げてくる。犯人を絶対に捕まえてやる、その無念を晴らしてやる。この執念は殺し捜査の刑事なら、全員同じ思いなのです」

新妻は淡々と思いの丈を先達に話した。

「あなたの心の奥深くに刻まれている黒い雲は、被害者の無念さであり、悔しさでしょう。しかし、一ヶ寺ごと参詣することで、雲が少しずつ薄れて晴れていくことを祈念します。ここであなたとはお別れですが、一期一会、今日の出会いを胸に、お話承り有難うございました」

新妻は、先達に話したことで、少しだけ肩の荷が下りた気がした。

「私こそ本当に有難うございました」

新妻は先達にお礼を述べて、初めて日和佐の海を眺めることができた。

雲の切れ目から、幾重にも伸びた光が穏やかな海面を照らし、小さな漁船が沖で漁をしていた。

港に帰ってくる漁船が大漁旗を靡《なび》かせている。港には大事な家族が待っているのだろう。新妻は何気ない日常の生活の中にこそ、幸せがあったことに気がついた。

「ねぇ、あなた。青山荘、覚えている？」

突然、美智子が袖を引いて訊いてきた。

「ああ、覚えているさ。木造二階建ての古い官舎だったな」

「西日の当たる二階の四畳半。炊事場と共同トイレが一階にあってね。でもそんな時代が懐かしくて、時々思い出すの」

「なにを？」

「あの部屋で佐智子を生んだでしょう。新米ママの私が必死で子育てをしているのに、あなたは同僚の方々を連れてくる。狭いし、どこに身を置いたらいいのかって。今になれば笑い話だけれど。隣近所の奥さんたちが助けてくれたし、その方々とは今でもお付き合いをしている。辛かったけれど楽しい毎日だったわ」

「俺が丸の内署の警務課時代だったな……」

新妻も遥か遠い記憶を呼び戻すかのように目を細めた。同僚や後輩を何人も連れてきて酒を酌み交わす。狭い四畳半に大の男たちが胡坐をかいていれば、美智子と娘の居場所がない。

「そうだったよなぁ。すまなかった」と謝る姿に美智子は思わず笑い出した。

部屋の窓を開けると青山霊園が見え、乃木神社が目の前だ。外苑東通りに都電が走り、最寄りの駅が新坂町。産院は渋谷区広尾にある日本赤十字社産院（現・日本赤十字社医療センター）にした。新坂町駅から渋谷行に乗って六本木交差点を右折し、坂を下ると高樹町交差点。これを直進して坂を上る途中の駅で下車。夏の暑い盛り、日傘をさして日赤通りを歩いて通った。

記憶のなか、どこかの部屋からラジオの音が聞こえた。オリンピックの開会式の歓声だ。青山荘から直線距離で約五百メートルの千駄ケ谷に国立競技場がある。そこで開会式が行われていた。警察官の給料ではテレビなど買ってやれないが、せめて美智子を連れて行きたかった思いが今でも残っている。

「でも、楽しかったわよ。お風呂がなくて、銭湯に行った。なんていう銭湯だったか忘れたけれど、仲良くなった奥さんたちと一緒に行く一番風呂」

「あぁ、赤坂通りを下った小学校近くにあったな」

「もう、ないわね」

「どうかな？」

「お風呂帰りに八百屋さんや魚屋さんに寄って、惣菜を買うの。奥さんたちと相談してね。あなたは魚が好きだったから」

帰宅して青山荘の玄関を開けると、廊下中に惣菜の匂いが流れて空腹を刺激した記憶が甦る。

「ああ、楽しかったな……」

文通の楽しみ

巡礼の旅も慣れてくると、人との出会いも多く、写真には残せない記憶が二人の心の中に堆積してくる。

祈願も十人十色で、薬物に溺れ自分を見つめ直したいと願う人、これからの人生を考えたい人や、人生に挫折したり、仕事に行き詰まった人だけでなく、生きる目標を見出したい人など、新妻自身、世間を知っているようで知らない世界がそこにあった。

幾人か〝歩き遍路さん〟とも知り合いになれた。

三十六番札所の青龍寺《しょうりゅうじ》から三十七番の岩本寺《いわもとじ》までは約五十キロ。三十八番は、土佐清水市の足摺岬先端にある金剛福寺《こんごうふくじ》だが、約百キロと距離が長い。

歩き疲れ、道端に腰を下ろして休む人もいる。

照りつける夏の暑い盛りに、田舎の畦道《あぜみち》を懸命に歩くお遍路さんもいた。

菅笠を被る顔に汗が滴り流れ、それでも歩き続ける。

まだ青い稲穂がそよ風に揺れ、雑木林から蟬の声がジィージィーと聞こえる。

道端の大きなけやきの梢が風にそよぎ、その下に石づくりの小さなお地蔵さんが置かれていた。

夫婦連れのお遍路さんが、靴を脱いで田んぼから流れてくる小川に素足を浸けている。

新妻は車を停め、「ご苦労様です」と声をかけた。

美智子は氷を入れた魔法瓶を取り出し、夫婦に「お接待です。冷たい水はいかがですか」と手渡し、喉を潤すように勧めた。

夫婦には子供が授からなかった。何度か妊娠したが、その度流産したという。夫婦の危機はあったが、水子の供養をして生涯二人で生きていくことを決め、遍路をしていると語ったが、その間、苦難の連続で心中まで考えたこともあったらしい。その後、夫婦は無事に遍路を終え、二人して生きる喜びを見出し、幸せに暮らしていると便りがあった。

三年に亘った巡礼先で知り合った多くの人から便りを寄せられ、その都度、新妻は返信を書いている。その後に続く文通が、新妻の楽しみの一つとなっている。

愛媛県内霊場の岩屋寺《いわやじ》参拝も、新妻たちにとって思い出深い。

四十五番札所の岩屋寺は、四国霊場巡りの中間点に当たる。

寺は県庁所在地の松山市から県中部を抜けた、高知県境の久万高原町の山奥にある。今は県道一二号線の峠御堂《とうのみどう》トンネルから岩屋寺登り口に行くルートができたことで、比較的簡単に行くことができる。

美川地区の古岩屋の谷川沿いには、高さ数十メートルにも及ぶ円錐状の礫岩峰《れきがんほう》が屏風のように幾重にも連なる奇景があり、山水画の趣が見事で、新妻たちはしばし見とれて感嘆の声を上げた。

この峰を越えて二キロ余り進むと、七鳥の竹谷に出る。ここが岩屋寺の登り口だ。

最近は信仰より観光目的の人が増え、どこの寺に行っても大型観光バスが何台も駐車場を占領し、色とりどりの服を着た海外からの観光客も目立つ。

寺に参詣するには岩屋橋を渡って六百メートル余り、明治時代に造られた切り通しの急坂を登る。道の両脇は栃《とち》や杉の巨木に覆われている。

体力には自信があった新妻も、急な登り坂には音を上げた。

美智子の手を支え、金剛杖を突きながら「六根清浄《ろっこんしょうじょう》、六根清浄……」と唱えて上った。

参詣を終えて下りてくる遍路が、「もうひと息、頑張って」と労いの声をかける。

新妻は荒い息を吐きながら「はい、有難う……」と答えるのが精一杯だった。

途中休みながら息を整え、三十分ほどでやっと岩屋寺の威容が見えてきた。

古岩屋と同じ礫岩の岩壁がそそり立ち、岩壁に張り付くように本堂や大師堂が建立されている。荘厳な佇まいに新妻は我を忘れた。

明治時代、松山出身の俳聖正岡子規がこの寺を参詣し、納経所に句碑を残している。

「夏山や　四十五番は　岩屋寺」

新妻は、苦労を共にした妻と数え切れない思い出を共有している喜びを噛み締めていた。

思い切って巡礼の旅に出たことの理由はともあれ、良かった、と得心している。

手打ちうどん

平成十八年の八月、新妻は愛媛県を目指した。

もう一度愛媛県内最後の六十五番札所の三角寺《さんかくじ》まで行き、それから香川県最初の六十六番札所の雲辺寺《うんぺんじ》、そして最終の大窪寺《おおくぼじ》まで行く予定だった。

事前の調べでは、香川県内の札所間の距離は短く、比較的楽に参拝できる。

香川といえば讃岐うどんが名物だ。新妻と美智子は、まだ本場の讃岐うどんを食べたことがない。これも巡礼旅の楽しみだった。

どこが旨いのか、美智子が幾つかの旅行雑誌を眺め、探していたらしい。

新妻は長い結婚生活の中で学んだことがある。特に捜査一課出身の刑事は概ね、かかあ天下が多く、なぜか妻には反発できないのだ。新妻も例外ではなかった。

「何冊か本を読んで知ったのだけど、お遍路というのは歩いて巡礼する人をいうそうね。あたしたちは車で巡礼しているけど、本当は巡拝っていうらしいわ」

と美智子が言った。

「歩いて巡礼できたらいいけど……、俺たちにはできないよ」

「それはそうと、日本でうどんを広めたのは弘法大師空海だってね。遣唐使として中国に渡った空海が持ち帰ったのが、真言密教と御経、それにうどんだそうよ」

「本当かね……」

「たぶん。伝説と書いてあったから、どうなのかしら……」

「違うんじゃねえのかい」

「最近の小麦粉は、大体がオーストラリアからの輸入だそうね。でも、香川県だけは県内でうどん専用の小麦をつくっていて、コシの強い手打ちうどんが食べられるそうよ」

「そうかい。そりゃ楽しみだ。その楽しみはいつだい？」

「最後の八十八番札所、大窪寺のお参りが終わった時にいただきましょうね」

新妻夫婦四年目の巡礼は、香川県内第八十八番結願寺の大窪寺で、結願の証をもらい終了した。

夏の午後、空を見上げると入道雲が湧き上がり、青銅で作られた香炉からは線香の匂いが漂っている。

あとは和歌山県の高野山・奥の院に参詣し、結願報告を残すだけだ。しかし今は、楽しみに残してあった讃岐うどんを食べよう、と新妻は美智子に言った。

四年通算一万キロを超える旅の集大成が、高野山参詣であり、弘法大師に報告することが新妻の最終目的なのだ。

夏季休暇は残り少なく、気は急《せ》いたが、美智子が推奨する手打ちうどんの店に寄った。

茅葺き屋根の店は大窪寺の門前にあり、屋号は「八十八庵《やそばあん》」とあった。

小高い山々に囲まれた窪地に寺を建立した由来から寺名がついたといわれ、湧き出る良水を使い、丹念に練り上げたうどんが売り物だ。

店内は、結願の達成で気分が高揚した雰囲気の巡礼者たちで賑わっている。

新妻は案内されて席につき、人気の打ち込みうどんを注文する。美智子は冷やしで人気の団蔵うどんを頼んだ。

遅い昼食で空腹だった。運ばれてきた打ち込みうどんは、自家製の味噌煮込みうどんで、味噌の匂いが鼻をくすぐる。

ぐつぐつと煮えた汁に大根、里芋、人参、ごぼう、油揚げ、豚肉や葱が打ち立ての麵に絡み、空腹の新妻は、朱色のお椀にうどんを取るのももどかしく、お玉から直接汁を啜った。

メガネの奥で目が笑っている新妻を見て、美智子は冷やしうどんを麵つゆに浸けた。

二人が共有する幸せな瞬間だった。

新妻は店を出て、さぬき市内に方向をとった。ここから一気に和歌山市内を目指す予定だ。

その道すがら、民家の玄関先で迎え火を見かけた。平和そのものの光景だった。

翌日早朝、新妻たちは宿泊した和歌山市内から高野山に向かった。

一般的に高野山というのは県内にある標高一千メートル前後の山々の総称であり、今来峰、宝珠峰、鉢伏山、弁天岳、姑射山、転軸山、楊柳山、摩尼山が八葉の峰と呼ばれている。

峰々に囲まれている地形は、「蓮の花が開いたような」と形容され、仏教の聖地として大変いい場所であるとされている。

真言宗総本山金剛峯寺というのは、「一山境内地《いちざんけいだいち》」といい、高野山全体が寺なのだ。総本山金剛峯寺を中心に山内に点在する寺は、塔頭《たっちゅう》寺院といい、百十七ヶ寺が存在し、そのうち五十三ヶ寺は宿坊となっている。

新妻が目指したのは、真言宗高野山信仰の中心である奥の院で、弘法大師が入定された後、御廟《ごびょう》に祀られている聖地である。

和歌山市から橋本を通り、国道三七〇号線で九度山方面へ右折、さらに通称、西高野街道に向かうと高野山に入る。橋本から一時間ほどの行程だ。

奥の院に向けてハンドルを切り、一の橋から中の橋の駐車場に車を停めた。

この駐車場は、大型観光バスも停まれるほど大きい。

新妻は美智子を伴い、巡礼姿で石畳の参道を歩いた。

朝靄《あさもや》が流れ、樹齢一千年を超える杉木立の中を歩くと、心は幽玄の世界に浸る。

一羽の雉《きじ》が参道を左に向かって横切って行く。そのすぐ後に続くやや小ぶりの一羽とはおそらく番《つが》いなのだろう。前を行く雄が遅れがちの雌を立ち止まって待つ。

参道の両脇には、苔むした諸大名の墓石や祈念碑、慰霊碑などが並び、豊臣家の墓石も靄に煙る。

十分ほど歩くと燈籠堂が見えた。

堂内に入ると、消えずの火として祈親上人が献じた祈親燈が見え、仄かな明かりが辺りを照らしている。

新妻は小さな蠟燭に火を移して燭台に挿し、線香を焚いて香炉に置いた。

そして賽銭箱に小銭を投げ入れてから数珠を数回擦り、緊張した面持ちで手を合わせ、般若心経を唱えた。

これまで携わってきたさまざまな事件に思いが及ぶ。

都内八王子で起こったスーパー南平の女性三人の殺人事件。二人の女子高生が犠牲になった。世田谷で起こった一家四人の殺人事件。ルーシー事件で亡くなった二人の外国人被害者。心から冥福を祈り、深々と頭を下げ燈籠堂を後にした。

社殿受付で、般若心経の写経を奉納した後、納経所で納経帳に朱印をもらい、願意札に「為・事件、事故、物故者慰霊」と書き、「警視庁捜査一課理事官　新妻正平」と認《したた》め、箱に入れた。

ひと息ついた新妻と美智子は、橋を渡って弘法大師御廟へと足を向ける。

還暦を過ぎた二人が、四年間の歳月を費やした四国巡礼の旅も、間もなく終わろうとしている。

御廟の前に立ち、一礼してから弘法大師空海に結願できたお礼を念じ、「南無大師遍照金剛」と大師の御宝号を唱え、諳んじていた般若心経を読経する。

新妻は人生を共に歩いてくれた妻に心から感謝し、そして老いても労《いたわ》りあう約束を大師の前で誓い、この場を後にした。

これで、やっと刑事としてのけじめがつけられた。

「終わったな……。さあて、来年はどこへ行こうか」

一歩後ろをついてくる美智子に声をかけた。

「もう、やめましょう」

美智子は笑顔で答えた。

「そうだな。やめよう」

二人が肩を並べて歩き始めた時、甲高い鳥の鳴き声が御廟を包む木々に木霊して静かな境内に響き渡った。どこかで、さっきの雄雉が鳴いたのだ。

平成二十九年（二〇一七年）五月九日、井ノ口は南大沢署の署長室で新妻の訃報を聞いた。捜査一課庶務担当理事官の副島は係長から訃報の報告を受け「エッ、新妻さんが……。あんなにお元気だったのに」と驚きを隠せない。

新妻が理事官だった当時のことだ。警部昇進して所轄署から戻った副島が理事官席に出向くと破顔一笑して喜んでくれた。

「これからの一課に君が必要なんだ。思う存分力を発揮してくれ」と激励された。そして、庶務担当係長に推挙してくれたのは、新妻が退官する置き土産だったのだ。

築地署にも訃報が届いた。新妻が警視昇進後に刑事課長として赴任すると、管内で大惨事が起こった。一九九五年三月二十日に発生した地下鉄サリン事件だ。一報を受けた新妻は陣頭指揮を執り、築地駅構内に入って被害者救出に向かうと、そこで倒れた。サリンにやられたのだ。築地署に特別捜査本部が設置されたなか、治療を終えて九死に一生を得た新妻は後遺症が残るも現場に復帰。刑事課長として職務を全うした。署員からの信頼と人望を集め、有志が「正平会」を作っていたからだった。

新妻は捜査一課出身の友人たちと青森市近郊のゴルフ場を予約し、三泊四日の予定で楽しんだ。帰京する前の晩、美智子に「明日帰る、みんなにお土産を買ってあるから楽しみにして」と電話していた。「分りました。くれぐれもお気をつけてお帰り下さい」と美智子は応えたが、これが最後の別れになるとは——。

帰京する朝の七時半頃、同行していた高屋に新妻から電話があった。

「気分が悪いんだ……。薬が見当たらない……」

弱々しい声で言った。高屋はフロントに連絡してマスターキーでドアを開けた。床に倒れている新妻を見て、直ちに救急車を手配する。

市民病院に緊急搬送したが心肺停止状態だった。担当医師が救命措置を施したが、二度と息を返すことなくこの世を去った。

美智子と二女の史野《あやの》、孫の楠望《くすみ》の三人が青森に向かい、遺体と対面した。東京女子医大生の楠望は嘆き悲しみ、遺体に縋って「ジイジの病気は……、あたしが治してあげようと……。遅かった。あー、もっと早く医者になっていれば。口惜しい……」と声を上げて泣いていた。

正平会の有志が尽力し、美智子の了解を得て所轄内の築地本願寺で葬儀が執り行われることになり、日程は五月十四日に通夜、十五日が本葬（告別式）と決まった。

通夜当日、自宅で葬儀社の係員が丁寧に納棺し、築地斎場まで搬送した。

祭壇には生花が飾られ、警視正の制服を着用した故新妻正平の遺影が置かれた。受付に立った丸山とき江（任警部で退官・ルーシー事件当時被害者対策担当）が、弔問客の対応を任された。

親族席には新妻家、御代家が座り、厳かに浄土真宗本願寺派の読経が始まった。

退官後十五年が経ってもまだ新妻を慕う人が多く、故人を偲んで警視庁の最高幹部や警察庁関係者の弔問が続いた。現役だけでなく退官した人々も焼香する。

翌日の告別式も丸山が受付を担当したが、そこには懐かしい顔ぶれが揃っていた。親しさを込めて新妻を「兄《あに》い」と慕う久保正行（元捜査一課長）や、光眞章（元捜査一課長）も列席している。斎場の入り口付近には故新妻正平の写真パネルが展示されていた。参列者たちは当時を懐かしく思い出し、故人を偲んでいる。機動捜査隊時代、日航機墜落の御巣鷹山現場、築地署刑事課長当時の威厳ある姿、上野署特捜本部で管理官として指揮を執る姿、最後に警視庁を退官する時の写真などがあった。その一枚、一枚に歴史が刻まれていた。光眞も当時を懐かしみ、そして故人を偲んだ。

山代班の面々たちはお互い示し合わせることもなく参列していた。山代が神妙な顔をしている。南大沢署署長の井ノ口（後に捜査一課課長・新宿署署長）や副島がいた。児玉や浅野も、そして九々もそれぞれ個人を偲んで焼香している。そして、別々に別れて行った。

式次第が進み、弔辞は一ノ口正士（元捜査一課長・丸の内署長）が読んだ。

最後のお別れとなり、親族や友人らが祭壇の献花や副葬品を棺に入れてそれぞれが最後の別れを惜しんでいる時、孫で高校生の詩野が突然押さえていた感情を吐き出すように叫んだ。

「ジイジ、ジイジ……。ごめんね、ジイジの病気を治せなくて。死ぬのが早いよぅ……」と泣き崩れる詩野も姉の楠望と同じく医師を志していた。美智子の脇には長女の佐智子が母を労わるように肩を寄せ合っていた。

受付にいた丸山は斎場に響く声に驚いて駆けつけてみると、孫の楠望や詩野、佑佳が抱き合って泣いていた。傍にいた親族や友人たちも貰い泣きをしている。正平と永久の別れを惜しむかのように。


美智子と出会って六十二年。二人の娘、三人の孫にも恵まれて。思えば悔いなき幸せな人生だった。

戒名は「勲徳院慈温正道清居士」。墓は故郷小名浜の大原、実家に近い徳倉院墓地に建てられた。墓碑には、「警視庁捜査一課　警視正　鬼平こと新妻正平　七十五歳」と刻まれていた。

洞窟慰霊

平成十五年（二〇〇三年）二月初旬の休日、捜査一課理事官の阿部勝義は思い出深い神奈川県三浦市へ車を向かわせていた。ハンドルを握るのは佐々木久巡査部長だ。

「理事官、今年も来ることができました……。有働機捜隊長もこちらに向かっています。その他、十五人くらいが『でぐち荘』に集合する予定です」

「今年もバタバタと忙しかったけど、やっと時間が取れた……」

後部座席の阿部は東北訛りが残る口調で答えた。

「しかし、理事官がいなくなると寂しくなりますね」

「何言ってんだ。口うるさい親父がいなくなって清々しているんだろうが……」

「そんなことありません。本当のことですよ」

「まあ、いい。だけど久《キュウ》ちゃんには今まで随分苦労をかけたなあ。長い間有難うよ」

「とんでもない。それより理事官、辞めても洞窟には行くんですか」

「そのつもりだ。たとえ俺一人になっても行こうと決めている。じゃないとルーシーが可愛そうだろう。若い身空でロンドンから日本に来て二か月。東京の六本木しか知らずによ、初めて日本の海を見たのが湘南でさ、すぐに殺されたんじゃ、本人も浮かばれやしないだろう。可愛そうにルーシーが寂しいって言っている気がしてさ……」

「そうですね。では私も時間を取ってご一緒します」

「馬鹿野郎、お前がこれからもって言ったって、まだまだ現役じゃねえか。心配するな。俺の気紛れに付き合うことはないさ」

「でも、私がいないと寂しいでしょ」

佐々木が軽口を叩く。

阿部は笑いながら、馬鹿野郎、と呟いた。

ルーシー・ジェーン・ブラックマンの遺体が発見された平成十三年（二〇〇一年）二月九日以降、阿部は毎年二月になると諸磯海岸へ行く。正確な命日ではないが、阿部にとっては遺体発見日が一つの区切りになっていた。

午前十一時頃、遺体発見現場に近い民宿「でぐち荘」に当時の捜査本部関係者が二十人ほど集まった。

しばらくぶりで会う顔もいる。亀有署の光眞署長も来ていた。

「でぐち荘」の駐車場にそれぞれが車を停め、立ち話に花を咲かせる。有志たちが公務を離れて行う慰霊会だ。階級の違いは関係なかった。みんなで一つの事件を解決したという一課特有の連帯感が蘇ってくる。お互いに近況を語ることができるこうした機会はなかなか持てない。まるで同窓会のような雰囲気だ。

かつての上司である有働も、第一機動捜査隊隊長として日々多忙の中、万障繰り合わせてこの慰霊会に参加していた。

火急を要する捜査で来られない者もいたが、それはそれでやむを得ない。

「皆さん、本日はご苦労様です」

阿部は皆の顔を見ながら声をかけた。

「でぐち荘」の女将も一年ぶりの顔合わせに喜んでいる様子だった。

「慰霊を終えられたら昼食をご用意していますから」

と女将が言ったのを合図に、阿部と佐々木が先頭に立って駐車場横の獣道を歩き始める。

飛び出した岩や木の根を避けながら一列になって進むと、やがて下り坂になるが、積もった落ち葉の下に湧き水が流れていて靴底が滑る。剝き出しになった岩に足を載せ、慎重に坂を下りた。

海辺に近い洞窟の付近には、ビンや缶、ペットボトルなどが流れ着き、それらにまざって雑草が茂っている。

小さな砂浜に全員が揃い、ゴミを拾い始めた。

洞窟の入り口には簡単な柵が嵌められ、誰が置いたのか、小さな木製の十字架がかけられてあった。

一人が洞窟脇の土砂を掻き分け、さらに小さなスコップで穴を掘り、蔓薔薇の苗木を植えた。

それを見た有働が呟く。

「来年、花が咲いたら、きっときれいだろうな」

阿部は言った。

「そりゃあ、きれいだろうさ。薔薇はロンドンでも人気があるって聞いたっけ。ルーシーも花を見ていれば淋しくないだろう」

掃除も一段落したところで、光眞が薄紅色のスイートピーや黄色いフリージアなどの花束を小さなバケツに入れて柵の手前に置いた。どの花も鮮やかで美しい。

阿部は用意してきた線香に火をつけ、陶器製の皿に手向けた。太めの蠟燭三本に火を点し、柵下の砂地に挿したのは有働だった。

揺らめく蠟燭の炎が洞窟の中を仄かに照らす。

阿部は静かに号令をかけた。

「全員、黙禱……」

みな姿勢を正し、頭を垂れた。

寂しい冬の海からは帰港する漁船のエンジン音と潮騒が聞こえるだけだった。

阿部の出身地である宮城県栗駒市の菩提寺は浄土真宗である。地域周辺は信仰心に篤く、先祖を大事にする土地柄のなか生まれ育った。

その遺伝子が阿部の身体にも組み込まれている。

「どんなに世間を騒がせた事件であってもやがては風化していく。でも、俺は絶対に忘れない。ルーシーが、『ここよ、ここにいるから』と導いてくれたからこの事件は解決できたんだ」

阿部は慰霊について問われると、いつもこう答えてきた。

「ルーシーは異国の地に埋められ、淋しい思いをしたはずだ。殺されて辛かったろう。

発見した時、こんな所にいたのか、さぞや冷たかったろうと、俺はまず思った。だからルーシーが不憫《ふびん》でしょうがない。そうした気持ちが自然に湧き、溢れ出る。俺がその場に立ち会っていたという情もあるしな。ルーシーは英国人でキリスト教徒。俺は日本人で仏教徒だけど、信仰する宗教や宗派はこの際関係ない」

織原城二被告の被害者は、ノートに記されていただけで二百九人にも上ると見られていた。しかし、勇気を振り絞って被害届を出してくれたのはほんの一握りの被害者にすぎなかった。

ルーシー事件やカリタ事件では、織原城二を「準強姦致死罪」で起訴することができたが、この一連の事件の根底にあるのは性犯罪だ。ルーシーが行方不明になり、彼女の友人たちが「家出人捜索願」を提出することがなかったら、性犯罪の前科を持つ織原は今でも野放しのままで、被害者の数はさらに増大していったはずだろう。ある意味、ルーシーはその身を挺して拡大する被害を食い止めてくれたのだ。カリタ事件でさえルーシーの命が引き換えにならなければ露見しなかったのかもしれない。ルーシーの遺体が発見されたことによって全女性の敵である性の野獣は檻に封じ込められた。

「二十一歳の若い娘が不純な目的のためだけに早死にさせられたんだ。だからこそ、ルーシーの功績も同時に称えてやらなきゃならないんだ」

これが性犯罪にかかわる事件を長きに亘って捜査してきた阿部の実感だった。

翌三月、阿部は四十二年間勤めた警視庁を定年により退官した。最後の役職は捜査一課の理事官。任警視正として退官の日を迎えることができる叩きあげの警察官は極めて希だ。

長きに亘った警察官人生を振り返れば、いつまでも過ぎ去りし日々の記憶に浸っていられる。

「感傷……。今日だけはそれも悪くないだろう」

警視庁の建物を背にした阿部は、足に任せて皇居の桜田門を潜り、二重橋に抜ける道を歩いた。

宮城県と岩手県、秋田県に囲まれた県境、国定公園栗駒山の麓で育った阿部は、宮城県立若柳高校在学中から柔道に明け暮れていた。

一回り年の違う兄は、そんな阿部の行く末を心配し、親友の夏井昇吉に相談する。

夏井は敗戦の翌年に秋田県警に奉職し、二十一歳で柔道を始めるが、生来の強靱な肉体と持久力は他の警察官を圧倒し、一年三か月後に師範から三段を許されるまでになった。

夏井はその後、秋田県警から講道館へ柔道留学し、昭和三十一年の第一回世界柔道選手権では決勝まで進み、判定で相手選手を破って初代世界王者になる。

現役選手を退いてからは柔道の師範としてヨーロッパ周辺諸国を回り、やがて秋田県警に戻ってきた。

相談を受けた夏井は、「それなら秋田県警に入れろ」と言ってくれたが、田舎育ちの阿部は都会に憧れ、「どうせ警察に入るなら、寒い秋田より警視庁に入りたい」との思いから、夏井や兄の薦めを断った。

上京する朝、阿部は柳行李ひとつだけで駅に向かった。昭和三十六年三月二十五日のことだ。

旅立つ弟のために兄が買い与えてくれた柳行李には、着替えと身の回りのものがぎっしりと詰め込まれている。

三月の末といっても春まだ遠く、雪深い栗駒から仙台に出た。

仙台駅のプラットホームには粉雪が舞い、吹き溜まりに残る雪は歩く人の足を掬う。

学生服の上に着ているコートの中にまで冷気が入り込んで阿部は身震いさせられた。

初めて行く東京に対する期待と恐れ。寒さだけが身体を震わせていたのではないのだろう。

東北本線急行上野行きの夜行列車三等の硬い椅子に阿部は座った。

満員状態の車内は、人いきれと椅子の下から出るスチームの熱気で暑いくらいだった。

蒸気機関車の力強い牽引の音と共に、ボーと汽笛が鳴り、汽車は東京へと走り出した。

一年後、阿部は警察学校を卒業する。初任地は渋谷警察署だったが、新人巡査の勤務地はもちろん交番だ。明け番や休みの日には署の道場で柔道の鍛錬に励んだ。

その甲斐あってか、阿部は警視庁の柔剣道大会「個人戦二段の部」で三位に入賞し、三段に昇格した。

交番勤務を経て警備部第四機動隊に配属された阿部は、同時に体育専科助教（武道小隊）の養成コースに入って柔道のさらなる高みを目指す。

夜には日本大学法学部に通って勉学にも力を入れ、気力体力ともに充実した日々を過ごしていたが、やがて阿部は大きな壁にぶつかる。体育専科での鍛錬が一年三か月余りに及ぶ中で、柔道への限界を感じ始めていたのだ。当時はまだ柔道競技が体重別になっていなかったことから、より大きな選手にはどうしても勝てない。そこで阿部は第四機動隊の上司に願い出て武道小隊から外れ、機動隊員としての任務と勉学のみに意識を集中させた。

大学を無事に卒業し、第四機動隊から千住警察署交通課に移った阿部は、先輩の友達で家事手伝いをしていた同い年の美奈子と知り合って結婚した。

昭和五十年八月四日、警部補拝命後、目白警察署に昇任配置された阿部は、「交番のお巡りさん」を統括する係長職に就いた。

警察官なら、誰でも最初は交番勤務を経験する。

しかし、機動隊員を経てからはずっと交通課に所属してきた阿部にとって、地域課(旧外勤課・警邏)への復帰には戸惑いがあった。スピード違反や駐車禁止違反など、主に不良ドライバーを対象に取り締まる交通課とは違って地域課の職務はかなり範囲が広い。

警察学校で学んでいた時以来、あまり読んだことがなかった「警察実務用語辞典」にもこう記されていた。

「警察署の中で重要な役割を占める地域課(旧・警邏)は警察の表徴として、外で警察活動全般の効果を高めることを目的とし、第一線の触覚的役割と第一線における初期的段階を担当する警察活動全般の基盤である。(中略)言い換えれば地域警察は、刑事警察、交通警察、生活安全警察、警備警察という特定の専門的な一分野を担当するものでなく、一応は各分野の全部に亘るものであるが、それはあくまでもそれらの部門について広く浅い範囲での接触であり、警察執務上の処理段階において、一般的に各部門の初期的なものにタッチすることによって、その担当する区域について警察全般の責務に任じている」

阿部は何項目にも及ぶ運用規則をもう一度頭に叩き込まなければならなかった。

そしてまた、阿部には転機が訪れる。

地域課に戻った翌年の昭和五十一年三月、今度は刑事課四係の係長に抜擢されたのだ。前任者が機動捜査隊へ異動することに伴う人事だった。

「お巡りさん」から刑事職への異動は多くの警察官が望む。しかし阿部は、自分にチャンスをくれた小倉喜久雄署長（警視）に対して辞退を申し入れた。

「署長、任をいただいたことは大変有難い思いですが、私は今まで柔道と交通課の仕事ばかりで捜査についてはまったく経験がありません。まして刑事捜査講習を受けておりません。ですからこの仕事はできないと思います」

「そのことは知っている。だが、署長の私が特別に承認すれば人事配置はできるのだよ」

地域課の係長に推してくれたのも実は小倉署長だった。何くれとなく目をかけてくれている署長の期待にはこれからも応えていきたい。チャンスをふいにしてはならない。熟考の末、阿部はこの人事を有難く受け入れた。小倉署長が阿部の人事を置き土産のように残して警視庁捜査一課に栄転していくのはこの直後のことだった。

柔道好きが高じて警察官になる夢を抱いた阿部ではあったが、故郷を離れる決心をした頃からすでに刑事への憧れは胸に秘めていた。しかし、望みさえすれば誰でもが刑事になれるというわけではもちろんない。いきなり〝マル暴〟担当に選任されたのは少々意外だったが、僥倖《ぎょうこう》であることには間違いなかった。

目白署に残された阿部は、同僚の柔道仲間に頼んで捜査の勉強を始め、他人が扱った事件の調書まで読んで書き方を学んだ。

そんなさなか、阿部にとって忘れられない事件がこの年の初夏に起こる。

目白警察署管内駅前交番の警察官が挙動不審な若い男女に職務質問をしようとしたところ、この二人が突然逃げ出した。

警察官に追われるかたちとなった二人は、近くの特定郵便局に飛び込み、逃げ切れないと見るや人質を取って立てこもってしまった。

阿部は所轄員らとともに現場へ急ぎ、やや遅れて捜査一課特殊犯捜査係も到着した。制服警官らが郵便局の周囲を取り囲む中、かつての上司で恩人でもある小倉喜久雄警視が捜査一課理事官として臨場してきた。

小倉理事官が阿部を呼ぶ。

「阿部君、ここは君の庭場だ。どうだい、ホシの説得を君がやってみるかね」

局内から逃れてきた人たちの話では、籠城している男は女性職員に刃物を突きつけているという。

「わかりました。やってみます」

力強く答えてはみたものの、足は小刻みに震えていた。

よおし、と阿部は腹を括った。極度の緊張体験なら柔道の試合で何度も経験済みだ。

土壇場であるほど冷静になれる自分が誇らしくもある。

いざという時に邪魔になる上着を脱いで、ワイシャツ一枚になった。袖をまくって臨戦体制に入る。

部下からの報告によれば、郵便局の二階は生け花教室を兼ねた住居になっており、女性職員を伴った犯人たちはそこに潜んでいるという。

阿部はゆっくりと階段を上り、途中の踊り場で「おーい」と声をかけた。

「誰や、ワレッ」

部屋の中から男の怒鳴り声が返ってきた。

「俺は所轄の阿部だ。そっちへ行くぞ、お前の話を聞こう」

階段をさらに上っていく。

「なんじゃあ、ワレに話なんぞありゃせん。出て行け」

わめき散らしているにもかかわらず、その声は震えていた。相手は怖がっているのだ。

阿部は深く息を吸った。落ち着け、と心に言い聞かし、軋《きし》む階段を一段ずつ踏んで行く。

戸の前に立つと、かみ殺したような嗚咽《おえつ》が部屋の中から聞こえてきた。人質にされている女性の声だろうか。

「開けるぞ」

阿部は犯人にこう伝え、静かに戸を開けた。

犯人と思しき男が窓際に座っている。紺色の上着を着た女性は短刀を突きつけられ、別の女もその傍らで怯えていた。

阿部は敷居を跨《また》ぎ、畳の上にどっかりと座って胡坐《あぐら》を組んだ。

男との間合いはおよそ三メートルぐらいだろうと目測で見当をつける。男は二十五歳くらいか。とても痩せている。

「俺以外、誰も入って来ないから心配するな。だからヤッパを彼女からどけてやれ。可愛そうに怖がっているじゃないか」

男はアロハシャツの胸をはだけ、肩で息を弾ませていた。さらされている胸に刺青が見える。左手の小指には包帯を巻いていた。

「もういいだろう。見ればあんたも男を売る稼業の人間だろうよ。弱い女を盾にするのは男のすることじゃないぞ」

阿部は男の自尊心を揺さぶった。

「弾みでこうなっただけや」

阿部を睨んでいた男が、ふと目を逸らす。

「どう見たってあんたに勝ち目はない」

「そりゃそうや。ワイの負けや……。ワイの負けですわ」

男はそう呟いて人質の腕から手を放した。

「それでこそまだ男だな。ヤッパを鞘に入れてそこに置いてくれ」

男と一緒に逃げ込んだ連れの女は泣いている。

「旦那、約束してくれまっか。こいつはまったく関係おまへん。ワイ一人がやったことですわ」

「わかった。なんとかしよう。約束する」

「へい。よろしゅうに願いまっさ」

諦めた男は立ち上がって頭を下げ、両手を前に差し出した。甘んじて手錠を受けようとする仕草なのだろう。

阿部は男の手首に手錠をかけた。

現行犯で逮捕した後、阿部は目白署の取調室で男から話を聞いた。

ある揉め事が原因で徳島県内に本部を置くヤクザ組織から抜け出した男は、愛人の女と東京まで逃げてきた。どこかでひっそりと暮らせればいいと思っていたのだが、組織から絶縁状が出されている身の上では、いつ命を狙われるかわからない。

駅前の交番で立ち番をしていた警察官から思わず目を逸らしてしまったのは、護身用として短刀を隠し持っていたせいもある。

男は阿部の前で素直に供述した。

これまでの勤務実績に加え、この件での功績も考慮されたのか、阿部は昭和五十四年三月、初動捜査の要である第一機動捜査隊への転属命令を受けた。

九月には組織改革で第一機動捜査隊を分け、第三機動捜査隊が発足。阿部は新設の第三機動捜査隊に加わった。

ここで捜査の経験を積み重ね、四年後の昭和五十八年四月、いつしか念願になっていた警視庁捜査一課に迎えられた。直ちに特殊犯捜査係に配属される。

平成七年三月二十日の午前八時三十分頃。オウム真理教信者らによる地下鉄サリン事件が起こった。阿部は警部に昇進しており、捜査一課第四強行犯殺人犯捜査八係の係長職にあった。

被害者救出と捜査指揮のため茅場町駅構内に飛び込んだ阿部は、サリンガスを浴びてその場に倒れた。救急隊員に助け出され、三日間だけ点滴を受けた。気力を振り絞り捜査現場に復帰する。

捜査が一段落した翌年の平成八年三月、警部管理職となり、中野警察署の刑事課長として赴任した。

二年後の平成十年三月、警視昇任を契機に第三機動捜査隊副隊長に就任。

平成十二年二月には捜査一課管理官として強盗及び性犯罪の捜査指揮をとり始める。

柔道を続けたくて警視庁入りを果たした阿部だったが、まるで神の手にでも引き寄せられたかのようにルーシー事件の捜査に当たり、平成十三年二月九日には、三浦半島諸磯海岸の洞窟でルーシーの遺体発見に立ち会う。

　理事官就任後も事件は相次ぐ。浅草で発生した通称「レッサーパンダ事件」もその一つだ。丸山直紀管理官と共に捜査本部を立ち上げ、犯人逮捕にこぎつけた。

「新宿歌舞伎町ビル火災」は前任の新妻理事官から引き継いだ事件だったが、この事件も丸山管理官が捜査していた。ビルの所有者やテナント関係者計六名を業務上過失致死及び消防法違反容疑で逮捕した。


　理事官を最後に警察官人生を終えた阿部だが、平成二十二年（二〇一〇年）二月十三日で九回目になったルーシーの慰霊の場で、光眞と佐々木久（警部補）と再会した。三人は諸磯海岸に立ち、岩場を歩き始めた。

　さざ波が立つ小さな浜辺には数え切れないほどの流木が打ち寄せられ、洞窟の前にまで積み重なっている。定年退職した二人より若い佐々木は大きな流木を抱え上げ、少し離れた岩壁まで運ぶ。阿部も光眞も負けじと流木を退かし、洞窟の中を掃き清めた。

　百合と菊の花束を瓶に生けてから小さな灯明を灯し、線香を手向け、三人は膝を折って手を合わせた。

「ご苦労様でした」

阿部は光眞と佐々木に感謝し、浜辺で煙草を咥えた。

ふと手のひらに乗る小枝を拾って、「雁風呂、って言ったっけ……」と呟いた。

佐々木は何のことだ、という顔をしている。

「昔、聞いた話でさ、青森県の津軽半島や函館に伝わる民話だそうだが……」

光眞は「雁供養とも言いますな」と阿部に続きを促した。阿部は頷き、一呼吸置いて、

「話せば悲しい話でさ。遠いシベリアから渡ってきた雁が越冬して春になると、帰った後に、海岸の木片を拾って、風呂を焚く。何故だか分かるか、久ちゃん……」

佐々木は「いえ……」と首を振った。光眞は微笑んで「風流な慣わしですね」と相槌を打った。洞窟から流れる線香の香りが辺りに漂う。

「いや、ひけらかすような話じゃない。俺も落語を聞いて、へえっと思って調べてみただけさ」

阿部は淋しくなった頭を木片でこつんと叩いて、話を続けた。

「雁が故郷を離れるとき、木の枝を一本咥えて飛んでさ、疲れると枝を海の上に落としてよ、それに止まって休むんだそうだ。そして函館から津軽海峡を渡って、海岸にその枝を落すのさ。

そして春になって雁がシベリアに戻るとき、またその枝を咥えて飛び立つのだそうだ。だけどよ、いっぱい残った枝があれば、疲れて帰れない雁や捕獲されて死んだ雁がいる

ということだろう。それで落ちている枝を村人が拾い集めて風呂を焚いて供養するんだ。何か憐れじゃあねえか……。ルーシーだってよ、帰りたかっただろうな。無残にもこんな寂しい洞窟に埋められてさ……」

光眞が思い出したように語り始めた。

「それはそうと、ルーシーのお母さんが暮らしているイギリスのセブンオークスにルーシーのお墓があるんだそうです。スコットランド・ヤードの警察官から聞いた話では、緑豊かでとても静かな所らしいですよ」

「行くの？」

「今年の秋にでも」

「おお、そりゃいい。ルーシーに会ったらよろしく言ってくれ」

すでに現役こそ退いているものの、被害者の境遇を思う阿部の刑事魂はまだ燃え尽きていない。

令和三年（二〇二一年）二月十一日午前十時。川崎市に住む阿部の自宅に佐々木が迎えに行った。諸磯海岸の洞窟に行くのも二十回目になる。毎年、この頃になるとルーシーが埋められていた洞窟で慰霊をしているが、今、同行するのは佐々木だけ。阿部は切りのいい今年で最後にするつもりだった。

「でぐち荘」の女将は光眞も毎年一人で来ているというが、阿部には一抹の不安があった。機動隊当時は柔道の強化選手としてならしたこともあったのだが、寄る年波には勝てず膝を壊してしまったのだ。歩くにも杖がいるようになった。

「情けねえが、今度ばかりは洞窟まで行けねえかもしれねえな……」

ルーシー発見当時は「でぐち荘」から京急バス停留所の浜諸磯手前の小さな諸磯地区漁港脇の堤防を抜けて、組合の網干場から岩棚を越えて行けたのだが、今は干場入口に鍵が掛かっている。後は駐車場先の小山を上る細い通路を行くしか方法がない。道を上り切ると創価学会三崎会館のフェンスがある。そこを抜けると岩場を削った狭い道だ。浜に出るにはさらに高さ二メートルほどの崖を下る。膝が悪い阿部には過酷な道だった。

用意した献花を抱え、佐々木が「でぐち荘」から借りたポリバケツと掃除用具、線香を持ち、阿部は杖を突きながらゆっくりゆっくりと小道を上る。

崖に出た。すると、そこには真新しい手すり付きの梯子が架けてあった。

「優しいお人がいたもんだ。有難い」

「創価学会の誰かが梯子を架けたんでしょうかね」と佐々木が言った。

「それにしても、有難い」

二人は知らない。阿部たちが洞窟慰霊をするだろうと思い、梯子は光眞が数日かけて制作したものだった。昨夕、光眞夫婦が「でぐち荘」に持参して、民宿の若旦那と一緒に崖に架けたのだが、光眞の口止めもあって女将たちは二人に黙っていたのだ。

梯子を伝って小さな浜に出る。早春の海は穏やかだった。波打ち際に立つと富士山が青空にくっきりと映えている。二人は洞窟の回りを掃除したあと献花をして線香を立てた。香の匂いが流れ、二人揃って手を合わせる。最後の慰霊をルーシーに伝えて。

捜査一課長就任

捜査一課の第一特殊犯捜査担当管理官として捜査本部の立ち上がりからルーシー失踪事件の捜査に携わった光眞章警視は、ルーシーの遺体が発見された直後に板橋警察署へ異動になり、副署長に就任した。

石川県の出身で高校在学中から警察官になることを決意していた光眞は、高校卒業と同時に上京。警視庁警察学校で一年間の教育を受け、昭和四十二年に杉並警察署に配属された。この当時は学生運動がまだ盛んな時期であり、警視庁では機動隊員を増強するため所轄署から応援部隊を募る。光眞は二年間勤務した杉並署の抜擢を受けて第四機動隊に加わった。

当時「ゲバ棒」と呼ばれる角材で武装し、火炎瓶を容赦なく投げつけてくる学生たちと連日のように対峙していた光眞は、昭和四十四年二月に杉並署からの応援部隊としてではなく、警備部第七機動隊へ正式に配属された。

光眞が公安刑事の道を歩むことになる契機はこの直後に訪れる。赤軍派に対する捜査を担っていた公安部の捜査本部に第七機動隊から派遣され、その後の人事異動で公安部へ移ったのだ。

「七〇年安保闘争」の激化で日本国内はさらに騒然としていく。

昭和四十九年八月三十日の昼頃、丸の内に聳え立つ三菱重工業ビル前で爆発した時限爆弾によって死者八人、重軽傷者が三百八十五人にも及ぶという史上希なテロ事件が起こった。

十月十四日には新橋にある三井本社ビルも爆破され、連続企業爆破事件として市民は恐れ戦いた。

犯行は極左の武力闘争を掲げる「東アジア反日武装戦線」が犯行声明を出し、いわゆる「狼グループ」であることが判明する。

事件は公安一課と捜査一課が合同で捜査に当たった。

光眞も警部補として事件捜査の前線に立つが、公安と捜査一課の捜査手法の違いを実感する。

合同捜査本部で会議が開かれても、公安は情報を開示せず、捜査一課は不満を募らせた。さらに、公安一課が独自に裏部隊を編成し、極秘捜査によって犯人らを一網打尽に検挙したことで捜査一課の面子は丸潰れになった。

刑事部捜査一課は「こんなに馬鹿にされたことはない」と怒りを表し、捜査本部から捜査員たちを引き揚げさせた。

元々、公安部と刑事部とは捜査手法の違いなどからその関係は「水と油」と言われてきたが、両者の溝はこの一件で決定的なものになってしまった。

平成七年三月二十日。警備・公安畑を着実に歩んできた光眞の警察人生が大きく変わる出来事が起こる。オウム真理教による〝地下鉄サリン事件〟がそれだ。

そして三十日の朝には国松孝次警察庁長官が狙撃され、警視庁では組織挙げての捜査が必要とされた。

しかし、長官狙撃事件の捜査は迷走する。これまでのツケが一気に顕在化し、このことは国会でも追及されて責任問題にまで発展していく。

事態の深刻さに直面した警視庁の最高幹部らは、長く放置されてきた公安部と刑事部との溝を少しでも埋めるため、警視庁では異例ともいえる人事が警視総監の肝いりで発動される。これは、当時、日野警察署の警備課長だった光眞を捜査一課へ送り出し、刑事部との橋渡し役を担わせようとする人事だった。

もちろん、公安部としても形式的な人事で済ませるわけにはいかず、将来の幹部候補に白羽の矢を立てたのだ。

警察官人生を公安部で終えようと考えていた光眞にとってはまさに青天の霹靂《へきれき》であり、

光眞を慕ってきた部下や後輩たちの行く末にも影響を及ぼしかねない人事に公安部は揺れた。

警視庁の組織改革を一身に担うことになったともいえる光眞は、平成八年三月、警視昇格と同時に捜査一課の強盗犯捜査担当管理官を拝命。五十歳を目前にしてまったく違う部署への異動だ。古巣から寄せられる期待と重責は胸に秘めつつ、一日でも早く刑事部の水に馴染み、実績を上げようとする光眞の奮闘が始まった。

一方、総監肝いりの人事だとはいえ、門外漢を迎え入れることになった捜査一課の視線は必ずしも温かいものではなく、当初は「お客さん」扱いの日々が続く。

しかし、高卒で警視庁に飛び込み、巡査部長に昇格後、結婚していたが二十五歳で一念発起して国士舘大学政経学部の二部に入学。首席で卒業し、警部に昇進するのと同時に警察大学に進み、〝金時計〟組として卒業を果たした。努力家の光眞には、運をも摑む才能が備わっていたのかもしれない。

捜査一課での手腕を試そうとする事件は着任直前の平成八年二月末に発生していた。

犯行は午後十時頃。銀座の夜は始まったばかりで、行き交う人の絶えない時刻に起きた。

花椿通りを中央通りに向かう銀座八丁目周辺には高級クラブがひしめき、華やかな雰囲気に包まれている。一方通行の道路には高級車が停められ、客を送るホステスの嬌声が聞こえる。

クラブ「ノン」はそんな道路から数メートル入ったビルの地下にあった。

客足が途絶えた一瞬を狙った五人組の強盗団は、入り口に見張りを立ててクラブ「ノン」に押し入った。

突然の侵入者たちに呆然とした客やホステスたちはモデルガンやサバイバルナイフを突きつけられ、粘着テープで縛り上げられた。強盗団は自らの顔をさらしたまま平然と客の懐を探り、財布や高級腕時計、ホステスのネックレスなどを略奪していった。

犯人らが引き揚げた数分後、クラブに入った男性客が、縛られてフロアに転がされている客やあられもない姿のホステスらを発見し、警察に通報した。

被害総額は一千万円にも及ぶ。

事件を引き継いでから二か月後、光眞率いる強盗犯係は、中国人六人と手引きをした中国人の元ホステスらの検挙に成功。捜査一課生え抜きの刑事たちも光眞の手腕を認め、徐々に一課の「身内」として光眞を扱うようになっていく。その後も中国人同士の誘拐事件を解決するなど、捜査一課での実績を着実に積み上げていった。

そして四年後の平成十二年七月。光眞はルーシー事件の〝基立ち〟として捜査本部の立ち上げに参加する。

事件解決後、板橋警察署へ異動になった光眞は、その後も一課畑を歩み、平成十八年二月には、鑑識課長を経て捜査一課の課長に就任した。翌年に控えた退官まで一課全体を指揮する立場に置かれた。

刑事部の中でも花形と呼ばれる捜査一課の課長はノンキャリ組の星だ。本庁の一課や所轄署の刑事課に所属する一千人近い刑事たちが、いずれその席に座ることを目指して日夜捜査に励んでいる。異例の人事で公安部から刑事部に〝転職〟してきた光眞でさえ、あらかじめ約束されていた席ではなかった。課内の出世レースで実績を挙げ、自ら勝ち取った役職だった。

四十二年に亘る警察官人生で極めて幅の広い事件を扱ってきた光眞だが、ルーシー事件との関係は退官後も続いている。

捜査本部立ち上げ当初は拉致・誘拐の可能性もありとして投入された光眞率いる特殊犯だったが、管理官の光眞はルーシーの父親が来日した頃から「被害者対策」にも携わるようになった。

平成十三年二月に遺体発見の報せを受けて来日したルーシーの両親や妹、弟には直接会って弔意を伝えた。

捜査本部では、遺族たちに来日した証《あかし》として日本人形を贈呈しようという案も出て、光眞を中心に準備を進めたが、光眞には、「人形が亡くなった娘の代わりに遺族を癒してくれるのならばよいが、むしろ娘を思い出させて辛い日々を過ごさせることになるのではないか……」という危惧もあった。

そこで光眞は、遺族に同行して日本に来ていたロンドン警視庁重大組織犯罪課誘拐専門捜査班のティム・レッドモンド警部に相談を持ちかけた。

「なんであれ、この事件は遺族たちにとって生涯忘れられない出来事です。しかし、ブラックマン一家が日本の警察に感謝していることも確か。遺族もきっと、光眞さんたちの気持ちを汲んでくれるでしょう」

レッドモンド警部の言葉に勇気づけられた光眞は浅草橋の店で購入した日本人形をルーシーの母親に手渡し、逆に母親からは捜査に対する労いの言葉を受け取った。

光眞は千代田区隼町の管理官公舎にレッドモンド警部とその部下であるマーク・ハミルトン巡査とマーク・チェスワース巡査を招き、警察官同士で意見交換ができる場を設けた。

しかし、光眞が招いた公舎には外国人が十分に寛げるスペースや椅子もなく、床に直接尻をつけて座る習慣がない英国紳士たち三人は、長い脚を畳の上に投げ出して座るしかなかった。

日本側からは光眞と妻の由美子、鑑識課理事官の久保正行警視や通訳センターの職員なども参加したため、わずか八畳の和室に総勢八名が集うかたちになり、かなり窮屈な食事会になった。

レッドモンド警部が英国式で乾杯の音頭を取る。全員ビール・グラスを掲げて声を合わせた。

「チアーズ！」

食卓には由美子が準備してくれた牛肉と鍋が並べられている。食べ方は光眞が伝授した。

「あまり火を通し過ぎないように」

英国紳士たちはぎこちなくつかんだ箸で生の牛肉をつまみ、言われるがまま鍋の湯に潜らせた。

家の庭に新潟産の錦鯉を何尾も飼っているというハミルトン巡査でさえ〝しゃぶしゃぶ〟ばかりは初めての経験だったようで、「これでいいのか、もっとなのか？」などと言いながら戸惑いを見せていたが、ひと口食べたあとは箸が止まらなくなった。

光眞はビールに続いて日本酒も勧めてみた。銘柄は「宗玄」。光眞の出身地である石川県からわざわざ取り寄せた能登の地酒だ。もちろん冷やで飲ませる。英国紳士たちはその透き通った米の酒にくわえ、木製の四角い杯にも興味津々といった様子で唇を潤していた。

「レッドモンドさんって、007のジェームズ・ボンドに似ていらっしゃるわ」

由美子がこう言うと、警部は頰を緩めて笑った。警部が抱く定年退職後の夢は、「旅行ガイドになること」なのだそうだ。

酒の効用で座が和み、取り留めのない雑談を交わしていく中で、ロンドン警視庁の誘拐専門捜査班には、管理官級の指揮官が三人もいると聞いて光眞は少しばかり驚かされた。

日本の警視庁で誘拐事犯を扱うのは捜査一課の特殊犯捜査係だが、二つある係を束ねているのは管理官一人だけだ（当時）。誘拐事件が発生すると、捜査員はもとより管理官でさえ最低三日間は不眠不休で捜査に当たる。しかしロンドン警視庁の誘拐捜査では、被害者の身辺捜査や誘拐現場の捜査、さらには身代金交渉などを三人の管理官にそれぞれ割り振るのだという。割り振られた管理官は〝その道〟に精通したプロであり、現場捜査と身代金交渉を兼務するようなことはない。実にシステマチックな組織体系にも思えるが、いわゆる縦割り型の体制であるため柔軟性には欠けるらしい。

ロンドン警視庁が管理官の役割を明確に分けているのは、誘拐犯もまた〝その道〟のプロであることが多く、専門性には専門性で対抗するという方針が貫かれているためだ。幸いにして日本では、「誘拐は割に合わない」といった認識が一般にも広く浸透し、〝誘拐ビジネス〟の成功例も皆無に等しい。

「同じ島国でもそうしたところにはやはりお国柄の違いが出るのでしょうね。皆さんがローストして食べるビーフを我々がボイルして食べるように……」

ポン酢もゴマダレも英国紳士たちの口にはあったようだが、妻が食卓に添えた茶碗蒸しにはほんの少ししか手をつけなかった。どうやら椎茸の香りが苦手だったらしい。

やがて話題は織原の裁判に及んだ。

初公判はすでに開かれている。今後、ルーシー事件ではどう裁かれていくのか。二人の関心はその一点に絞られた。

「物的証拠はありませんが、これまでの捜査には自信があります」

「日本警察の捜査力が高いことは十分に承知しています。裁判でもいい結果が得られるでしょう。しかし、織原に自供させることができていないのはなぜですか？」

「日本の場合、取り調べで大切なのは情と理です。被疑者の人間性をよく理解した上で信頼関係を構築し、犯した罪の重さを諭す。ただ、織原の心には取調官の情や理が届かなかったのかもしれません」

日本人同士ならば言葉を尽くさなくても伝わる思いが織原には響かない。日本よりもはるかに多くの民族が混在しているイギリスの刑事たちは静かに頷いた。

さらに言えば、イギリスの警察には監視カメラの運用などといった強力な〝武器〟が与えられている。電話傍受のハードルも日本にくらべればかなり低い。

「司法の判断を信じましょう」

光眞はこう言って話題を変えた。

「ところで、都内からなら二時間もあれば富士山を見に行くことができますよ。ご案内いたしましょうか？」

酒席では互いに胸襟を開き、気さくな一面を見せることもあったロンドン警視庁の刑事たちだったが、光眞の提案には首を横に振った。

「せっかくですが、今回は公務で来ているので遠慮させていただきます。次にプライベートで来た際には、是非とも案内してください」

レッドモンド警部たちは結局、秋葉原にも浅草にも立ち寄らず、諸磯海岸の遺体発見現場を見ただけでイギリスへ帰ることになった。

捜査本部へ別れの挨拶にやって来たレッドモンド警部は、滞在中の心遣いに感謝しつつ握手を求めてきた。

「いろいろとお世話になりました。ご馳走していただいた〝しゃぶしゃぶ〟の味、本国に帰ったら家族や仲間たちに自慢するつもりです。イギリスに来られる時には必ず連絡をしてください」

「その折にはご当地の料理をご馳走していただけますか？」

光眞は冗談めかして言った。

「フィッシュン・チップスでよろしければいくらでも」

イギリスの食文化はとても質素で貧しい、と漏らしていた警部がはにかむように笑う。

レッドモンド警部を含むロンドン警視庁の警察官は、裁判の傍聴を希望する遺族たちに同行するかたちでその後も何度か日本にやって来た。

光眞はルーシー事件解決後に板橋警察署副署長となり、捜査一課に理事官（特殊犯罪対策官）として復帰した後、亀有警察署署長から刑事部鑑識課長を歴任、捜査一課長を最後に、四十一年間にわたる警察官人生を終えた。

その間、何度か裁判の傍聴や証言などでルーシーの母親ジェーン・スティアと、同行して来たレッドモンド警部やロンドン警視庁の刑事たちを、亀有警察署長官舎や碑文谷にある捜査一課長官舎に招待して歓待し、ルーシーの墓参りをしたいと約束していた。そして彼らと話すたびに光眞は、イギリス警察の「被害者支援」と我が国のそれとを比較して感心させられた。日本の警察には、被害者遺族に寄り添って海外の事件現場まで同行するなどという制度や慣行はない。

警視庁を退官してからすでに四年ほどになるが、光眞はルーシー事件の「被害者対策」に自ら望んで関わり続けてきた。

「捜査は終結しても人との縁は一生もの」を座右の銘として心に刻んできた。

激務だった捜査一課長を退職した後、一年間は充電期間として何もせず、のんびりと英気を養い、二年目から何度か近場の温泉廻りを妻の由美子と楽しんだ。

平成二十一年に夫婦で初めての海外旅行としてタイに出かけ、事件から十年後の平成二十二年十月一日、光眞は由美子を伴って成田国際空港第二ターミナルからＪＡＬ四〇一便でロンドン・ヒースロー空港に向け飛び立った。

元駐日英国大使館勤務の本多まさ恵が同行してくれ、光眞夫婦は言葉の心配もなく心強かった。ルーシー事件当時、大使館員であった本多も同邦人保護の見地から被害者対策要員として捜査に協力した経緯があった。光眞がルーシーの墓参でイギリスに行くことを聞き、自ら同行することにしたのだ。

この旅の目的は二つある。

日本の警察で指紋による個人識別制度が創設されてから、間もなく百年の節目を迎える。その記念行事を翌年に控え、光眞は指紋を発見したイギリス人医師のヘンリー・フォールズ博士の史跡を訪ね、墓を探して感謝を伝えることと、ジェーンと約束したルーシーの墓参をすることだった。

博士は明治七年（一八七四年）に医療宣教師として来日し、医療の傍ら、指紋の科学的研究を行い、明治十三年、イギリスの科学誌『ネイチャー』に世界で初めて指紋分析の犯罪科学捜査への有効性を示す論文を日本から投稿したことにより、日本では指紋研究の先駆者として称えられている。指紋研究のみならず、在日十二年間の功績は多岐に亘っている。医療では築地病院において明治十五年までに一万五千人の患者を治療し、死体解剖を行って解剖学史に名を残したほか、腸チフスの牛乳治療法や外科の防腐処置を日本で初めて導入したといわれる。さらに盲人の教育にも関心が高く、訓盲所設立のために有志を募って楽善会を結成し、今日の盲聾教育の端緒を開いた。これが楽善会訓盲院の設立となり、東京盲唖学校と改称され、現在の筑波大学付属視覚・聴覚特別支援学校となっている。

博士は明治十九年イギリスに帰国し、犯罪者を識別する手法としての指紋鑑定をスコットランド・ヤードに採用させるために努力したが不首尾に終った。

イギリスでは指紋法を統括したフランシス・ゴルドンが、フォールズ博士の優位性を明確にしなかったことから、ウイリアム・ハーシェルと先取権争いが起こり、ハーシェルが指紋研究の功労でナイト（爵）に叙せられ、フォールズ博士は失意の中、昭和五年、八十六歳で没した。このヘンリー・フォールズ博士の功績についての記録は日本の警察協会が昭和三十六年十月二十八日「日本警察指紋制度五十周年」に建立した「指紋研究発祥の地」の顕彰碑に記されている。

時差の関係で現地時間午後四時三十五分、ヒースロー空港に到着した後、ヒースローエキスプレスでロンドン市内のパディントン駅で降り、ホテルにはタクシーで向かった。

由美子は還暦を過ぎた人生の中、初めてロンドンに降り立ち、興奮を隠しきれなかった。いきかう人並みから白人社会だと意識し、周りを見渡して建物の重厚さに感嘆の声を上げ、公園に生い茂ったそれぞれの樹木の幹の太さにまた驚き、改めて歴史の深さ、重みに感激している様子だった。

普段はテレビで観る世界が、今まさに現実になったからだろうと光眞は思った。

翌日の二日は土曜日だった。光眞と由美子は朝の六時に朝食を摂り、ハイストリート・ケンジントン駅から地下鉄サークル線に乗り、ロンドン北の玄関口ユーストンスクエア駅の売店で花束を買い、午前八時発の特急電車に乗り換えた。

ヘンリー・フォールズ博士の墓地はイングランド中部、スタフォードシャー地方にある。乗車して三十分を過ぎる頃、車窓は牧場や畑の畝が続く、牧歌的な風景となった。

九時半には最寄りのストーク・オン・トレント駅に着き、タクシーを拾ってアンダーライム町郊外のウォルスタントンに向かった。

薄日がこぼれる農村集落の丘の上に、尖塔が聳え、数百年の風貌を持つ煉瓦造りの聖マーガレット教会があった。教会の中に入ると人影はなく、牧師は不在だった。教会裏手の墓地に回ると、ストーク・オン・トレントの町並みが遠望され、爽やかな初秋の風がそよいでいた。

光眞は学校のグラウンドより広い墓地で見当をつけて探してみる。目的の墓を探し出せるか多少の不安があったが、写真資料を想起しながら墓地を半周するうち、中程の一群にヘンリー・フォールズ博士の墓を見つけた。

墓石にヘンリー・フォールズと妻のイザベラ、外に二人の娘の名が刻銘されている。墓には指紋協会が設けた墓碑銘が敷設され、そこに「捜し求めれば、汝、見つけられるだろう」とラテン語で刻んである。

光眞夫婦は墓に献花し、頭を垂れて丁寧に参拝した。

だが、待てよ。ヘンリー・フォールズ博士のその後の消息はどうなっているのか、これで帰国するには惜しい気がして、調べてみなければ刑事魂が廃ると思い、「昔取った杵柄さ……」と呟いた光眞は由美子を伴って歩き出した。

教会近くの牧師宅を訪ねるが休暇中で不在と分かり、近隣に聞き込みを始めると、地元郷土史家を紹介されるが、折り悪く不在。さらに墓参の老夫婦に声を掛けると、博士のことは地元でもよく知られていると言い、遠い異国の日本から来た夫婦の物珍しさも手伝ってか、博士の史跡に案内すると言う。道すがら、

「あなた方ご夫婦は何でこんな田舎の墓まで来たのか……」

と老婦人は興味深々な様子を顔に浮かべて訊いてきた。

「私たちは日本から博士の墓参にきた元警察官です。ロンドン警視庁と同じ首都東京の警視庁に勤めておりました。その後定年退職し、博士が指紋研究を後世の我々に残していただいたことへの感謝とお礼を述べさせて頂きました」

光眞が言った言葉を聞いた老婦人は、「おや、まあ、日本の警察官から護衛を受けるなんて光栄だわ……」と冗句を返し、微笑んだ。

釣られて光眞夫婦も笑い出した。

五分ほど歩くと二階建ての建物に「ヘンリー・フォールズ住居跡」と書かれた表示板があった。

光眞が家主に銘板のいわれを訊くと、地元のニューキャッスル警察署から贈られたものだが、本当の場所は他にあり、実際の住居跡ではないと言う。家主や老夫婦に博士の子孫の消息を尋ねたが、一様に確信ある返事がない。

光眞は親切な地元の三人に礼を述べ、待たしていたタクシーで駅に帰り、午前十一時五十五分発のリヴァプール行きに乗ってライムストリート駅で下車。およそ一時間二十分の旅だったが、聞いていたこの地に博士の傍系子孫にあたる弁護士、コリン・フォールズ博士がいたからだ。

コリンの住居はイギリスではポピュラーな二階建て棟続きの家だった。

事前に連絡をしていたこともあってか、通訳の本多を通じて旧知の友のように挨拶を交わすと、同居の父親を交えて暖炉の燃える応接間に招かれ、手作りのサンドイッチとワインで歓待してくれた。

「遠い日本から遥々来訪していただいて、大変だったでしょう」

コリンは光眞夫婦を労い、続けて「日本やアメリカはヘンリー・フォールズ博士の功績を高く評価しているが、それに引き換えイギリスではハーシェルとエドワード・ヘンリーを爵位に叙して、フォールズ博士の功労をそれほど認めていない。莫迦な話だ。博士の死後にやっと評価をして、チャーチル首相時代にイギリス政府から娘たちに恩給が支給された。だが、その後も指紋研究の先駆者としての十分な名声は得られていない。イギリスの旧弊な権威主義のせいだろう」と不満を言う。

「日本では博士がネイチャー誌に発表してから百三十年を記念して、二〇一一年に関係者の集いや記念切手の制作、さらに博士のレリーフを作る計画があります」

と光眞が披瀝する。

「それは本当ですか。素晴らしい。博士に正当な評価を与えてくれたのは日本であり、その伝統が引き継がれていることが大変嬉しい」

コリンは我がことのように頷いた。

光眞が「博士のレリーフや記念切手が出来上がったら、お送りしましょうか」と話すと、「是非、お願いします。博士の身内として大変光栄なことだ」と素直に喜びの表情を浮かべた。

楽しい会話は二時間ほどで終り、光眞夫婦はライムストリート駅の売店で地酒のシングルモルト・ウイスキーを買い、ロンドン市内ユーストン駅行きの電車に乗った。

指定席に座って早速スコッチの封を切る。光眞は一口呷って口の中を転がしてみた。芳醇な香りが鼻腔を抜けていく。一時の至福を味わい、電車の揺れに身を任す。慣れない異国の地で旅をする緊張感が次第に解れ、三口目を口に含んで呑み下し、瞼を閉じた。不覚にも眠ってしまったのか、ユーストン駅の近くで由美子に揺り起こされてしまった。

ロンドンに宿泊した三日目、光眞は午前中をロンドンの市内観光に充てた。妻、由美子に対してのささやかなプレゼントだった。

バッキンガム宮殿の衛兵交替を見学した後、ウエストミンスター寺院などを廻り、午後は市内チャーリングクロス駅の花屋でチューリップの花束を買って三時二十三分出発の電車に乗り、所要時間約三十分でケント州セブンオークス駅に到着した。

第二の訪英目的であるルーシーの墓参と、母親ジェーンとの再会だった。駅にはジェーンと再婚した夫のロジャー・スティアが車を運転して迎えに来ていた。ロジャーはもう一人と駅で待ち合わせをしていると言う。

数分後、ドイツ製高級車を運転して現れたのは助手席に可愛い女の子を乗せたルイーズだった。光眞にとってルイーズと会うのはおよそ十年ぶりのことだった。

ルイーズ・フィリップスはにこやかに笑い、落ち着いて幸せそうだった。結婚したことは風の便りで聞いていたが、子供は二人授かったという。連れてきたのは三歳になった長女でルーシアと紹介した。髪の毛はルイーズと同じ栗毛色のお茶目な女の子だった。

「主人は石油採掘の会社を経営していて、結婚した頃はスペインにいました。今はこの近くの町に住んでいます」

ルイーズはルーシアを抱いて光眞に報告した。十年前も美人だった記憶があるが、主婦となったルイーズは落ち着いた雰囲気のなか、美しさに磨きをかけたようだった。

午後四時近くになるが、イギリスではサマータイムの時期で、雲の隙間から零れる初秋の柔らかな陽が差していた。

ロジャーの車に光眞夫妻と本多が乗り、シールにある墓地に向かう。

十五分ほどの道のりで聖ピーター&聖ポール教会に着いた。中世に建築された石造りの荘厳な建物で、塔の中程に時計が嵌め込まれ、正面玄関までの道は石畳が敷き詰められ、光眞は思わずカメラのシャッターを押した。

教会の玄関前でジェーンが手を振って光眞たちを待っていた。

ルイーズと娘のルーシアが先に着いてジェーンと合流したようだ。ルーシアがジェーンに纏わりついても嫌な顔も見せず、傍から見てもまるで孫をあやすような態度だった。

光眞は以前ジェーンとルイーズの間にわだかまりがあったのでは、と危惧していたが、うち融けたような雰囲気を感じた。事件が起きた約十年前、ジェーンは、ルイーズが誘わなければルーシーは東京に行かず、惨たらしく殺されることもなかった、と非難していたからだ。

だが、それも時間が解決したのだろう。

ジェーンは光眞に「ルイーズとは久し振りに会ったの。本当に嬉しい……」と微笑み、「わざわざ遠い東京から来てくださって、有り難う。お疲れ様」と礼を述べた。

光眞が「時差があって疲れますね」と言うと、「あら、私もそうでした。十年前に何度か東京に行きましたけど、成田から警視庁や六本木に直行しましたから、その時は本当に疲れました」とジェーンがにこやかに切り返してきた。

光眞は内心、しまった、と思った。当時は捜査に没頭して被害者家族の心情に対し思い到らずと反省した。言葉に出して言い訳はできず、頭を下げて詫びるしかない。

「でも、時間が解決してくれました。ルーシーのことを一人で考え、苦しんで夜も眠れない日々が続きましたが、私の心境を労ってくれるロジャーと出会って本当に良かった」

ジェーンはロジャーが差し出した手を握り、「ルーシーが待っています。こちらへ」と教会裏手の墓地に案内する。

ルーシーが眠っている場所は墓地のはずれ、木立に覆われ落ち葉が舞い散る下にひっそりと埋葬されていた。大理石の石版には、「LUCIE JANE BLACKMAN 1.9.1978-

てあった。

1.7.2000」と、生年月日と死亡した日が記され、英文で「永遠に空に輝く星」と彫られ

光眞と由美子は墓石板の両脇に花束を置き、手を合わせて静かに冥福を祈った。横にはエスコートしたロジャーとジェーンが佇んでいた。

突然枝に止まっていたコマドリが囀り始めると、ジェーンは「あれはルーシーよ、ルーシーが……。日本から来た友人の訪問を喜んでいるようね」とロジャーと手を取り合って喜んでいる。

「ジェーンはルーシーが死んだことを中々受け入れられませんでした。何も悪いことをしていないのに、なぜ惨く殺されたのかと悩み続けました。同じようにルーシーの妹ソフィーは感情を抑え続けたことから抗鬱剤を服用して過剰摂取で入院しました。ソフィーは父親側についていています。ジェーンは見舞に行きましたが、その後は会っていません。その理由は元の夫、ティムが織原から一億円ものブラッドマネー（血に塗れた金）を受け取り、ソフィーに少し分けたことを知ったからです。このことはイギリス国内で大きく報道されました。さらに私とジェーンが一緒に行った東京高裁の判決の時、ティムは貰った金で大型クルーザーを買い、大西洋で航海中でした。

家族が大金を手に入れたことで一家離散となった憂き目に苦しんだジェーンは、信仰療法の専門家に出会いました。その時、専門家は『近いうちに一羽のコマドリが庭にや

って来る』と言い、数週間後、専門家の予言どおりコマドリが私達の庭に現れて、芝生の上を意味もなく動きまわっていました。それを見て私達はコマドリに餌をあげました。それ以来、コマドリは家の庭にやってきて囀るようになったのです。コマドリが来るようになってからジェーンの心配はなくなり、今は家族のように……」

ロジャーがジェーンの代弁をするように光眞に話した。

光眞はこの話を聞いて、諸磯海岸の洞窟前で阿部が言った雁供養の話を思い出していた。

「大変良い話を伺いました。日本の民話にもそのような話があったので……」

教会周辺の長閑で牧歌的な風景を楽しみつつ散策をしながら、ジェーンとロジャーに話し始めた。

しばらく散策をした後、光眞夫婦とルイーズはジェーンにアフタヌーンティに招かれて教会から十分ほど離れた家に向かった。家の玄関横で全員の記念写真を撮り、応接間に通された。部屋はそれほど広くはないが、掃除が行き届いて清潔感に溢れ、細やかなジェーンの心遣いが随所で見受けられる。

部屋にはジェーンが来日した際、光眞が贈った日本人形がガラスケースに入れられて飾られてあった。

隣のダイニングテーブルには心づくしのイギリス風一口サンドイッチ（キューカンバ

ーサンドイッチ）やケーキ、スコーンなどが大皿に盛りつけられていた。

漆喰の壁に掛けられた棚に、ジェーンの趣味だろうか、イギリスの伝統を伝えるウエッジウッド製のティーカップが幾つも飾られ、その中から選んだカップにジェーンがダージリン紅茶を注ぐ。スコーンは近所に住むジェーンの友達が作ってくれた手製のものだという。小腹が空いた光眞たちには丁度いい量だった。

暫く歓談した後、ジェーンは、「ちょっと伺いたいのですが……」と光眞に顔を向けた。

「日本のマスコミはデリカシーがないと感じたの」

ルーシーが発見された二週間後、両親が遺体の引き取りに再来日したが、二人は顔を合わせることもなく、別々な場所で記者会見が行われた。ジェーンはイギリス大使館裏にあるダイヤモンドホテルで会見を開いた時のことを思い出していた。

「娘さんのご遺体と一緒に帰国されるお気持ちは？　と記者に訊かれたの。その時、私は何て答えればよかったのかしら……」

光眞は暫く考えて、こう答えた。

「確かに被害者家族として、最愛の娘さんが非業で無残な死を迎えた時の感情は何とも言えない苦しみや悲しみがあります。ゆえに、配慮が必要かと思いますね。マスコミはその気持ちを理解して差し上げなければいけないでしょう」

「東京で火葬した後、遺骨と一緒に帰国して葬儀を営みました。二〇〇一年三月三十日のことです。場所はケント州チズルハーストにある聖ニコラス教会で、二百六十人もの人が参列してくださった。ブレア首相や駐英日本大使からも献花を頂き、日本の警視庁からもお線香を頂いたわ。とてもいい香りが教会の中に広がっていた。そして四年後、二〇〇五年三月二十三日にルーシーの遺骨を今までいた聖ピーター&聖ポール教会に埋葬しました。きょう、ルイーズと可愛いお嬢ちゃんのルーシアと会えたし、本当に楽しかったわ」

ジェーンは明るい表情で話し、光眞たちはジェーンの言葉を最後に、「また、お会いしましょう。それまでお元気で」と別れを告げて、家を辞した。

現在、光眞は足紋の普及活動にも力を入れている。足の裏にある渦巻き紋様は、指紋と同様に終生不変で万人不同。その点に着目した光眞は、災害時における新たな身元確認の手段として活用できると考えたのだ。

取り調べ伝承官

織原城二が引き起こした事件のうち、有働俊明理事官から「是非に」と指名されてカリタ・シモン・リジウェイの「準強姦致死事件」を捜査した笹川保は、一年後に定年退官を控えた平成十六年（二〇〇四年）三月に綾瀬署から警視庁本部の捜査一課に呼び戻された。

「管理官として後進を育ててほしい」

声をかけてきたのはまたしても有働だった。有働はこのときすでに一課長に就任しており、一課の人事権を掌握する立場にあった。

カリタ事件の直後、警視昇進に伴って綾瀬署刑事組織犯罪対策課の課長職を拝命し、ここで警察官人生を終えるものと覚悟していた笹川は、「たった一年で何ができる」という思いとは別に、警視にまで上り詰めたのだから、所轄署の課長ではなく一課の管理官で花道を迎えたい、とも考えた。

これまで内助の功で警察官人生を支えてきた妻の悠子も、

「『ご奉公』できる最後の場所を与えてくださったのよ」

と、有働一課長の誘いに笑みを隠さなかった。

笹川は、自分を一人前の刑事に育て上げてくれた捜査一課へ〝ご恩返し〟をするつもりで管理官職を拝命。着任から半年後、「最後の事件」に挑むことになる。


平成十六年十一月末。

「仕事で遅くなる」

という電話を家族へかけてきた大手総合商社に勤務する男性が朝になっても帰宅せず、

会社も男性の所在を把握していなかったことから、心配した家族が野方警察署に相談。この事件の捜査も「家出人捜索願」の提出が端緒になった。

現場指揮のため野方署に赴いた笹川は、男性の足取りや身近で発生したトラブルの洗い出しを捜査員に命じる。

「生きているなら一日でも早く救出してやりたい」

こうした思いで捜査は続けられたが、情報が集まってくるにしたがって、とても楽観視はできない状況であることがわかってくる。

男性が勤める会社では、元社員が海外のメーカーと結んだ不正契約を民事訴訟で暴く手続きを進めており、男性はこの作業の中心的な役割を担っていたのだ。逆恨みされる可能性は十分にあった。

男性が自宅からの通勤に使っていた最寄り駅のビデオには、失踪当夜、改札を抜けて駅を出ようとする男性の姿が映され、何らかの理由で拉致されたのなら、その犯行現場は駅から自宅までの道のりであろうとの推定が成り立った。同夜、白いワンボックスカーを見たという目撃者も現れ、現場にはケシ粒ほどの血痕も残されていた。

白いワンボックスはレンタカーで、元社員の甥が借りていたことも判明。血痕の鑑定が急がれたが、確実な証拠を待っていたのでは年を越してしまう。

しかし、捜査幹部はクリスマスまでの事件解決と立件を強く望んでいた。任意で取り調べを行ってとにかく落とせ、と無茶なことを言う。

物証を積み上げて被疑者に迫り、最後には自供させて罪の重さを被疑者自身に自覚させる。これが笹川の信条であり、タリウム事件やカリタ事件でもそうした信条を貫いてきた。ところが、男性商社マンが拉致されたと思われる今回の一件では、実行犯を特定できるだけの十分な証拠がまだ揃っていない。捜査幹部の意を受けて性急な取り調べに打って出るか否か。笹川は大きな決断を迫られた。

「証拠がなくても落としてみせるのが本当のプロ、本物のデカだ」

平成十二年三月、警視庁は取り調べや聞き込み、情報収集などで卓越した技能を持ち、優れた実績を残しているベテラン刑事に対して「捜査技能伝承官」の称号を与え、後進の指導に当たらせる制度を設けた。笹川は庁内最初の〝取り調べ伝承官〟に指定されており、講習会や個別指導を通じて若手を育ててきたという自負もあった。笹川は自分自身にこう言い聞かせた。

「ホシと向き合えば必ず落とせる」

ならばまず、ホシの前に検察当局という厚い壁を突き崩さなければならない。

殺人罪ともなれば検察は極めて慎重な態度を示す。公判維持を考えれば当然のことだが、検事の判断いかんで捜査が行き詰まりを見せてしまうケースすらある。それでも検察は強制捜査になかなかGOサインを出してくれない。

「ホシを落とす前に検事を落とせ」

これができなければ真相究明は遠のく。草の根をわけても証拠を探し出し、検事を説き伏せる。しかし今回は、その根拠となる証拠が十分ではなかった。

刑事の評価は百点か〇点かのいずれかだ。八十点でも九十点でも及第点にはならない。犯人を逮捕し、裁判所が罪状に見合った量刑を与えて百点。それ以外はどれだけ努力しても〇点だ。かなりシビアな世界だが、それもこれも社会正義を実現するためだ。笹川は担当検事に取り調べの必要性を熱心に訴えた。

結果、検事も〝ルビコン川〟を渡る決意を固めてくれた。

「元社員とその甥、さらに共犯と思われる男三名を任意で引っ張る」

容疑者を警察署に呼んで対峙する。相手の話に矛盾はないか、破綻はないか。顔色はどうだろう。目は口ほどにものを言う。じっくりと観察し、腰を据えて話を聞く。

直接の取り調べでは笹川の〝教え子〟が期待に応えてくれた。完璧なアリバイを持つ主犯格の元社員は完全黙秘を貫いたが、粘り強い取り調べで甥が遂に殺害を自供する。

「叔父からは犯行の準備金と報酬という名目で百八十万円もらった」

四人の仲間を募って現金を分けたところ、一人当たりの取り分は十万円程度にしかならなかった。それでもこの甥には、叔父から無償で家を借りていたという負い目があった。

甥の自供をきっかけに、叔父である元社員も供述を始め、十二月二十四日には変わり果てた男性の遺体を茨城県の山林で発見することができた。しかし、

「クリスマスの夜までには男性を救出し、家族と一緒に過ごさせてやりたい」

という捜査本部の願いは結果として叶わなかった。

自分の欲得で甥の手を犯罪に染めさせ、また、見ず知らずの人物でありながら、金欲しさに殺害にまで至る人間の業。

笹川は男性の妻を前にして詫びた。

「残念ながらご主人を元気な姿で発見することができませんでした。申し訳ありません」

さまざまな事情が絡む事件だからこそ、その終わり方には苦い思いが残ることもある。だからこそ刑事は、被害者の無念を第一に考え、寝食を忘れて仕事に打ち込まなければならないのだが、事件の増加傾向に伴う多忙さによって伝統の一つが失われつつある現状には歯がゆさを覚えなくもない。

犯人の送検で捜査が終焉を迎えると、捜査本部に参加した者全員で事件の記録簿を作成するのだが、最近ではこれがおろそかになってきている。この記録簿には供述調書や事情聴取録、あるいは起訴状や逮捕状の写し、さらには事件現場の見取り図やフローチャートの類までもが綴じ込まれる。それでも必要最小限度の資料にすぎないが、刑事た

ちが手分けして紙に穴を開け、表紙と合わせて紐を通す。背表紙には「戒名」（捜査本部の名称）を記して一冊にまとめ、公判対策ばかりか後輩たちの学習教材としても用いられる。とても貴重な「刑事史」なのだ。

しかし今では多忙を理由にこうした作業が行われず、パソコンのハードディスクなどに貴重な捜査資料が死蔵されてしまっている。

これでは歴史が受け継がれない。せっかくの経験が生かされない。笹川は、「これも時代の移り変わり」なのだと自らに言い聞かせ、僅かばかりの憂いを残して退官の日を迎えた。

定年退官から二年後の平成十九年四月二十四日。東京地裁で織原に対する第一審判決が言い渡されたのち、笹川は光眞章元捜査一課長に誘われてルーシーの両親やカリタの母、そしてカリタの姉らとともに六本木の寿司屋で会食をした。

カリタ自身は日本食が好きで納豆も好物だったという。

ルーシー事件にかぎって言えば不満が残る判決だったが、カリタの準強姦致死罪では有罪を勝ち取ることができたため、笹川としてはようやく肩の荷が下りたという思いで安堵感に浸っていた。

東京地検の検事から捜査の担当者を教えられていたらしく、カリタの母親は顔を合わすなり握手を求めてきた。

「アリガトウ、アリガトウ」

片言の日本語で涙ながらの言葉をかけられ、笹川はあらためて被害者遺族たちの無念を思い知らされた。

「我が刑事人生に一片の悔いなし」

地べたを這いつくばりながらも多くの人たちに支えられてきた刑事人生だった。正直者がバカを見るような社会であってはならないという信念から、寝る間も惜しんで捜査に明け暮れてきた。物言えぬ被害者たちの声を聞き、遺族の無念さをも晴らすという仕事に携われたことは、刑事として、いや人間として冥利に尽きる。これからは少しだけ速度を落として定年後の人生を歩んでいこうと考えている。

時効寸前

平成十九年（二〇〇七年）に警視庁を退官したあと、山代悟は再就職を果たしたが、休みの日にはもっぱら畑仕事に精を出している。

自宅から徒歩で十分とかからない埼玉県西部の貸し農園が週末のフィールドだ。無心になって土を耕し、ついでに世俗の垢も落とす。

春先に播いた種や植えつけた苗たちが梅雨時を経て初夏の頃になると立派に育ち、形も大きさもそれぞれに違う実を結んでくれる。雑草取りや害虫の駆除がそのまま収穫量に影響してくるので手抜きはできない。

〝にわか農家〟の仲間たちから追肥の時期を学び、自ら入門書を紐解いて勉強もしてきた。

露地栽培はやはり気候に左右されやすい。土の養分と雨の恵みだけでも野菜は育つが、手間をかければそのぶん成果につながる。見栄えはともかく、よりよく育ってくれれば喜びもひとしおだ。

夏にはトウモロコシやミニトマト、ナスやキュウリも穫れる。特にナスだけは島根名産の〝長ナス〟にこだわっている。風が冷たくなってくる秋口から初冬にかけてはほうれん草や小松菜、大根や白菜も収穫期を迎える。

環境に左右されやすいのは野菜も人も一緒だが、少なくとも野菜は嘘をつかない。育てた野菜が仮にすべて病害虫にやられてしまったとしても、地取り捜査の日々で感じてきた徒労感よりはずいぶんましに思える。被疑者との心理戦で寿命を擦り減らすようなこともない。畑仕事から感じられるのは癒しそのものだ。流す汗さえ清々しい。

山代は戦争末期に満州で生まれた。母親の腕に抱かれ、島根に引き揚げてきたときにはまだ乳飲み子だった。

中国の東北部では、果てしなく広がる大地に土着の農民たちが鍬を入れ、貧しいながらも力強く生きていたという。そんな昔話を母から何度も聞かされた。

そうした記憶が定年後の方向性を決定づけたのかもしれない。
「人間はそもそも大地と共に生きるべきなのだ」
今ではそう実感している。

子供の頃から街場の道場で柔道に励み、高校では吹奏楽部に所属してクラリネットを得意とした満州生まれの山代に戦争体験そのものはなかったが、十八歳で上京し、警察官になると、多くの死に直面するようになった。事故や殺人の現場に残された遺体はけっして美しいものではない。無残な遺体には死者の無念が宿ったままだ。

殺しの動機にもいろいろある。思わず同情したくなるような理由でやむなく人を殺《あや》めた犯人もいれば、まったく身勝手な事情で犯行に及ぶ輩《やから》もいる。

事件はすべて情理の産物だ。恨みつらみが重なれば情理が歪んで悲惨な結末を生む。事件を捜査する刑事が歪んだ情理にかかわることができるのは、どんな場合であってもたいてい悲惨な結末が招かれてしまったあとだ。捜査の目的は、証拠に基づく捜査で犯人を検挙し、検察に送ることだが、たとえ目的を遂げることができても手放しでは喜べない。遺族の胸には怨嗟《えんさ》の気持ちがいつまでも残る。最高裁判所で死刑の判決が出たところで胸のわだかまりはなかなか消えてくれない。

遺族ほどではないにせよ、捜査にかかわった刑事たちの胸にもその悼みは残る。かかわった事件が時効を迎えて〝お宮入り〟にでもなろうものなら、死者と家族の悼みを一生涯引きずることになる。責任は重大だ。

山代はルーシー事件でも意地を見せた。捜査本部に招聘された時点では、不審人物の一人に「当たり」をつける役割が回ってきたにすぎなかったが、カナダ人女性の訴えなどをもとに織原城二へ辿りつくやいなや容疑者の身辺を徹底的に調べ上げ、逮捕後は織原本人とも対峙した。

ルーシー事件は外国メディアの関心も高く、警視庁の幹部からは「絶対に落とせ！」とプレッシャーをかけられた。その一方で、織原は「同意があった」と繰り返すばかりで埒《らち》が明かない。

外国人の犯罪者を少なからず見てきた山代の経験では、たとえ万引きの現行犯で逮捕されても外国人たちは口を揃えて否認する。素直に罪を認めて謝罪に転じる日本人のような潔さはない。これが文化や習慣の違いなのだろう。

二十歳をすぎて日本国籍に帰化していたが、在日韓国人の子として生まれた織原にも、警察機構ばかりか日本という国そのものに深い不信感を抱いている様子が窺えた。取調室では最後まで本音らしき言葉を吐くこともなく真相究明の場は法廷へと移され、〝歴史における不幸な出来事〟が今もなお日本の社会に横たわっている現実をまざまざと見せつけられた。

結果的に自白を引き出すことはできなかったが、ルーシーの遺体が発見され、積み上げられた状況証拠によって起訴は可能、と聞かされたときには心からホッとした。ルーシー事件は織原が引き起こした卑劣な事件の中でも〝本線〟として位置づけられ、ルーシー事件での起訴がなければ捜査は失敗に終わってしまうことになる。山代はじりじりとした焦りに苛《さいな》まれていた。

刑事人生を振り返れば、実に多くの犯罪捜査にかかわってきた。忘れられない事件も数多い。

定年退官を迎える前年の十月十三日。綾瀬警察署によって一人の男が殺人容疑で逮捕される。山代が捜査一課の管理官としてこの事件を解決に導いた。時効まであと二か月、起訴したのが一週間前、という危うさだった。

事件が発生したのは平成二年（一九九〇年）の十一月。

足立区内の路上で男性の遺体が発見された。男性の遺体には車に轢かれた痕跡のほか、刃物による刺し傷もあった。

検視の結果、直接的な死亡原因は脳挫傷だと判断されたが、刺されたことですでに致命傷を負っていた。当時の捜査本部では、聞き込みを中心に捜査を始め、事件現場の近くからは血液が付着した果物ナイフが発見される。

ナイフに残された血液を鑑定したところ、被害者とはまったく別のタイプのＤＮＡが含まれていることがわかり、聞き込みで容疑者も浮かび上がってきていたのだが決め手に欠けた。平成二年という年は事件捜査にＤＮＡ鑑定が導入された翌年で、鑑定精度も十分に高いとは言い難かった。

捜査本部ではもちろん、ナイフに残されていたＤＮＡと容疑者のＤＮＡを照合している。しかし、鑑定精度の問題から逮捕に踏み切ることはできず、事件はその後十五年間も解決できずにいた。

山代がこの事件に初めて携わったのは、時効の五か月前だった。

ＤＮＡの鑑定精度も飛躍的に向上し、足立区の事件に使用された刃物の再鑑定では、かねてから浮上していた容疑者のＤＮＡが「(偶然である可能性は) 一億分の一」という確率で一致。逮捕にこぎつけた。この事件もまた胸に深く刻み込まれている。

休日のみとはいえ、畑仕事を始めるようになって三年目。平成二十一年という年は台風の本州通過や天候不順のためにやきもきさせられた。それでも畑の稔りは申し分がなく、半年かけて育ててきた野菜は妻の手によって調理され、夕餉の食卓を豊かなものにしてくれる。

定年退官によって熱意を向かわせる対象は変わったが、日々の積み重ねが大切であるという考え方は今も変えていない。

あとがき

ある年の七月、
十才の少年の命の灯が消え、
ひとつの魂が
生まれました。
短い命から生まれた
小さな魂でした。
その小さな魂は、
母が恋しくて、
神に、
もう一度だけ
母に会わせてほしい
と頼みました。

神は、
その純真無垢な魂を不憫に思い、
願いを聞き入れてくれました。
そして、神は、
こう言いました。
「一日だけ、
おまえを人間界にもどしてあげよう。
ただし、人間の姿では
もどれない。
母が、おまえの姿を見つけ、
母の声を聞くことが出来たなら、
いつか再び、親子として、
人間界に生まれかわることを許そう。
しかし、
母の声を聞くことが
出来なかった時には、

魂は、消えてなくなってしまうが、
それでもよいか？」

小さな魂は、九月半ば、
母との思い出深い
彼岸花の姿をかりて、
母の住む家の近くの土手に、
ひっそりと咲きました。
なつかしい家の窓には、
悲しげに
外を眺める
母の姿がありました。

そして、
母は、
彼岸花に顔を近づけ、
語りかけました。

「もう、彼岸花の季節になったのね……。
ひろくんは、いつも、
お母さんのために、
このお花を摘んできてくれたよね。
ありがとう。」
母の目から涙がこぼれ落ち、
声にならない声を
ふりしぼって言いました。
「ひろくん、おかえりなさい。」
そう言って、
花をやさしく
手で包み込みました。
なつかしい
母の
声とぬくもりでした。

その母の

やさしい声を聞くことが出来た瞬間、
〈お母さん、ただいま！
いつかまた、
きっと、
お母さんの子どもに
生まれてくるからね。
ありがとう、
おかあさん！〉

彼岸花は、母の言葉と、
いく粒もの涙を花びらで受けとめ、
ひとすじの光となり、
空に昇っていきました。
母は、
空を見上げ、
いつまでも
祈りつづけました。

作品だった。

この詩は、一九九八年の第一回「ラジオたんぱ短編童話作品」に応募された作品『彼岸花《ひがんばな》』の中に収録されていたものである。童話集とは別の選考で特別童話賞が贈られた作品だった。

著者は林有加さんという。

本の末尾に「出版にあたって」と題し、日本短波放送（現・日経ラジオ社）出版映像事業部のコメントが掲載されていた。

「林有加さんは同年（平成十年）七月二十五日に和歌山市園部で起きた事件で、十歳で命を奪われた大貴《ひろたか》くんのお母さまです。幼い子供さんをなくした親は悲嘆の底に沈み言葉を失ってしまいますが、有加さんは大貴くんの机で童話を書き、詩を書きました。これは書くことに生きる希望を見出した有加さんの涙つきない心情の化身なのです」

なぜ私が、この作品を「あとがき」に全編記載したのか。

実は、「被害者とともに泣く」ことを信条とし、「捜査一課生涯刑事」と言い続けている有働俊明が、機会あるごとにこの詩を朗読し、後輩たちに伝えていたからである。

大貴くんが被害にあった事件は、和歌山市園部地区の夏祭りで発生した。催しの一つとして、この地区の主婦らがカレーをつくって振る舞ったところ、カレーを食べた住民たちが相次いで腹痛などの症状を訴え、病院に緊急搬送された。その結果、四人が死亡し、六十四人が重症を負った。毒物が混入された無差別大量殺人事件だった。

この事件の発生時、有働は警視庁から警察庁刑事局捜査一課課長補佐として出向していたが、和歌山県警から捜査指導の要請を受けて和歌山に出向いた。

有働は県警刑事部長、捜査一課長に「一人の捜査員として使ってくれ」と願い出た。

そして、有働からの依頼で、捜査に絶対的に外せない人物として毒物や医学分野の特別捜査官である警視庁捜査一課兼科学捜査研究所・初代科学捜査官の服藤恵三警部（当時）をスタッフに加えた。

有働は服藤の能力を認めていたから、事件捜査に協力を求めたのだが、服藤は常識に拘らないさまざまな新しい手法を駆使して期待に応え、砒素《ひそ》を用いた事件であることを解明することで、林真須美を逮捕し、犯人性の立証ができたと称える。

一方で、死亡した被害者の中に、いたいけな十歳の男の子がいた。名前を大貴くんということを、当然有働は知っていた。

母親である林有加さんが、事件から一か月半後に書いた『彼岸花』の発表は逮捕直前のことで、有働は被害者が置かれた立場の悲痛な叫びに、万感の思いで涙が止まらなかったと、かつて私に話した。

信念

平成十九年の春、有働は警察大学に講師として呼ばれた。

この年、全国から集まった警察幹部を前に、僅かに感じられる熊本訛りで、「警視庁渋谷警察署長を最後に私は警視庁を退職しました」と挨拶を切り出した。

そのあとは簡単に履歴を話し、捜査一課で取り扱った案件として平成元年の練馬中村橋交番での警察官二名殺害事件やオウム真理教による一連の事件、あるいはトリカブトによる連続殺人事件、さらに、いわゆるレッサーパンダ殺人事件、未だに解決に至っていない世田谷一家殺人事件などの捜査に、直接関与してきたことを述べた。

「〝捜査一課生涯刑事〟として、私の信条を申しますと『被害者とともに泣く』ということであります。警察は『被害者とともに泣く』を旗印として、日々実践しているものと信じ、私はそれを誇りにしてきました。

しかし、振り返ってみますと、我々が誇りに思うほど、被害者や社会が警察を高く評価してくれているかどうか気がかりです。

警察の論理、習慣の中で、被害者を置き去りにしていることはないだろうか。

事件捜査の中で、警察の常識や習慣で、被害者そっちのけで満足しているということがなかったか。

元来、刑法、刑事訴訟法等の法律というのは、被害者による仕返しを禁止し、司法によって法の秩序を維持するためにできたものです。

　そもそも被害者対策は、法秩序の面から永遠のテーマであり、刑事警察の原点でもあると思うのです。例を挙げれば、オウム真理教による地下鉄サリン事件で、被害を受けた若い女性の遺族から手記が寄せられています。それによると、『司法解剖後、自宅に帰ってきた娘の姿をみてびっくりしました。裸の娘でした』というのです。

　署に聞くと『服がサリンに汚染されていたので、遺族に返せなかった』といっておりましたが、私はその刑事に言いたい。遺体は物ではない。何故、遺族に説明して『着替えを持ってきていただけないか』と言わなかったのか。

　朝、普段の通り電車で出勤した娘が、『裸』で無言の帰宅をした。ご遺族の気持ちは察して余りある。ご遺族は、娘さんに成人式で着た振袖を着せてあげたとのことです。

　被害者をそっちのけで解決した事件は、真の事件解決ではないと思います。

　また、事件が未解決であれば、被害者は決して許してはくれないのです。

　刑事は被害者の悲しみ、怒りの代弁者であり、プロの刑事である以上、事件解決に向けて鬼の形相で仕事をし、必ず結果を出さなくてはならない宿命を負っているのです。

　先般、ルーシー事件で東京地裁は無罪判決を出しました。私も判決公判を傍聴しましたが、有罪を確信していただけに、とても承服しがたい判決でした。

　検察は即日控訴しました。

この事件は、私が捜査一課理事官の時に捜査指揮をとった事件で、詳細は省略しますが、この事件捜査の中で、被疑者がルーシーをわいせつ目的で誘い出し、逗子マリーナの海岸を背景にして撮影した一枚の写真がありました。

ある人物に『この写真がいつ撮られたのか特定できないか』と下命しました。私はできるのではないかと感じたからです。『できっこないじゃないですか』と言えばおしまい。

この写真の被写体の影、背景の海の潮位、船の特定、太陽軌道の分析を行い、写真撮影の日時を特定したのです。

『できっこない』を口癖にする刑事になってもらいたくない。『やってやろうじゃないか』『やれたじゃないか』という刑事になってほしい」

有働俊明は昭和四十四年、警視庁巡査を拝命してから三十余年、刑事警察でも殺人、強盗、誘拐などの凶悪事件を扱う捜査一課に通算十七年間在籍した生え抜きで、捜査経験豊富なプロフェッショナルだ。

昭和二十一年十一月十日に熊本県下で生まれ、甲子園優勝校でも有名な済々黌《せいせいこう》高校から中央大学経済学部を卒業後、警視庁に入った。

大学在学中の四年間、警視庁の警察官だった伯父の家に下宿していたが、正義に燃える伯父の仕事に対する取り組み方や考え方に影響を受け、自然と刑事の道に導かれていった。

有働の初任地は東京の外れ、西新井署から始まり、数年で所轄の刑事になった。

さらに巡査部長で実績が認められ、捜査一課に配属された。

以来、警部補、警部と昇進し、平成六年、第三機動捜査隊副隊長の時に警視に昇進する。翌七年三月に捜査一課管理官として着任したが、時を同じくして寺尾正大が鑑識課長から捜査一課長となった。

庶務担当管理官には前任課長からの引き継ぎで、数籐肇警視がいたが、数籐の異動が予め決まっていたため、それほどの月日を置かず、寺尾は直ちに有働を庶務担当管理官に選んだ。

庶務担当管理官は筆頭管理官である。寺尾は全管理官の前で、有働を庶務担当に選んだことを伝えた。驚いたのは突然指名された有働本人だった。

一課に着任早々、年齢も若くしての庶務担当管理官への抜擢は異例の人事だった。通例は凶悪事件担当の経験豊富な管理官が就くポストだったからだ。

庶務といっても一般の企業とは違う面がある。一課内の人事配置や装備品の手配などのデスクワークを担う一方、庶務担当管理官は捜査一課長の露払いとして一課が担当する全事件の現場に臨場し、鑑識や機動捜査隊と連携して事件の「見立て」を行う。

さらに機動捜査隊を指揮して初動捜査を展開、判断材料の収集や司法解剖のための検事との連絡、必要な令状の範囲を決めるなど、その役割は重要だ。

また、一課を捜査に投入する際、刑事部長指揮でいくか署長指揮で行うか、捜査一課長が判断するための補佐という役割も担っている。

寺尾が、若く元気がある有働を選んだ理由は、オウム捜査が途轍もなく激務になると予想したからだ。寺尾は鑑識課長の時から、オウム教団の監視と情報収集の必要性を唱え、神奈川県警が追う坂本弁護士一家の行方不明事件にも事件当初から最大の関心を払ってきた。

亀戸にある教団施設から異様な臭いが漏れ、住民が騒ぎ出した時も、寺尾の捜査勘は強く刺激されていた。

寺尾は一課長に就任する直前からオウム教団への捜査着手を決めていたが、その時に有働をそばに置き、万全な捜査指揮をとることを考えていたのだ。

警視庁捜査一課が教団の強制捜査に着手するきっかけになったのは「假谷さん拉致事件」の発生だった。寺尾捜査一課長は、鑑識管理官の塚本宇兵（警視）に保秘をもって鑑識捜査に当たるよう直ちに依頼する。

寺尾は犯行に使われた車を徹底的に調べさせるには塚本しかいないと判断した。塚本は寺尾の信頼を裏切ることなく、オウム信者が借りたレンタカーの後部シートから僅かな血痕を採取。レンタカーを借りる際に契約を交わした書類に微かに残された指紋の検出も、教団の一斉捜索につながっていく。

麻原教祖の逮捕や教団幹部らの逮捕などを経た約一年後には、あらかた事件捜査の行方は見えた。

有働が庶務担当管理官として寺尾の下についたのは一年足らずであったが、当時の経験は計り知れないと、後になって有働は私に語った。

出会い

実は、有働を私に紹介してくれたのは、捜査一課長から新宿警察署署長に栄転した直後の寺尾だった。

ハワイアンが好きな寺尾に誘われ、銀座の歌舞伎座裏にあるスナックへ行った時には、店のスタッフが奏でるウクレレやスチールギターに合わせて有働も歌った。

「高校生の頃に見た映画が『ブルーハワイ』でさ、プレスリーが最高だった。ダイヤモンドヘッドの夕日が目に焼きついて、将来はハワイに永住したいな、と思ったぐらいなんだ。以来、海が好きになってね。加山雄三の『若大将シリーズ』、いいよねえ。大ファンなんだ」

と意気投合した。同い年で、育った時代背景にも共通項があり、爾来、事あるごとに楽しい酒を酌み交わしてきた。

六本木にあるカントリーミュージックのクラブや、銀座のピアノクラブで歌ったこともある。

そんな時、折に触れて有働の生きざまや考え方に私は共鳴していった。

平成十年春、有働は捜査一課管理官から警察庁捜査一課の課長補佐へ出向した。

この時に和歌山で起こったのが「毒物混入カレー事件」だった。

事件は日本中に重大な関心を巻き起こし、私も『週刊ポスト』誌上で六週間にわたって記事を発表した。

容疑者の逮捕後、有働は警察庁に戻った。

寺尾が警察庁九州管区の刑事公安部長で博多に赴任していた時も、有働と博多で合流し、小さなスナックで一緒に騒いだこともあった。

平成十二年三月、有働は古巣の警視庁捜査一課に理事官として復帰する。

この年、二十世紀末は何か不吉なことが起きると、一般市民が心のどこかに不安を抱いた年だった。

七月初旬にルーシー失踪事件が起こり、容疑者は逮捕されたものの、師走に入ると都内各所で凶悪事件が発生、大晦日の朝に世田谷区祖師谷で起こった一家四人の惨殺事件など、有働の気が休まる時はなかったはずだ。

平成十三年八月、有働が捜査一課理事官から巣鴨警察署長に栄転した後、私は署長室に彼を訪ねた。しばらく会っていなかったので顔を見たいという名目にしたが、本音は「世田谷一家殺人事件」の捜査見立てを聞きたかったのだ。

有働は嫌な顔も見せず、話せる範囲で捜査の進捗状況を口にした。

「人は時間が経つと記憶が薄れる。事件も過ぎ去って、人は忘れて、被害者だけが取り残される。俺たち刑事は何としても犯人を挙げ、真相を追究し事件解決を見たい。そうでなければ被害者も浮かばれないからさ」

有働は、自分が手がけた捜査が進展しない状況を打破したがっていた。

「一縷の望みは、目撃者だ」

その為にはもう一度、マスコミが取り上げなくなった事件を週刊誌などで書いてほしい、と言った。

私は平成十四年、講談社が発行していた月刊誌『オブラ』（現在、休刊）二月号に『「世田谷一家殺人事件」の犯人があなたの横を歩いている』というタイトルで記事を発表した。

有働はその後、第一機動捜査隊隊長も経験し、警察人生の大半を刑事警察、特に捜査一課で過ごしていく。

そして平成十五年二月二十四日、第六十一代捜査一課長として昇進した。さらに平成十六年八月三十日、渋谷警察署長に就任して捜査現場からは離れることになった。

平成十八年三月、警視長昇任と同時に警視庁を退職した有働は、第二の人生を東海旅客鉄道の総務部長として再出発した。

少し落ち着いた頃、私は有働に電話した。

お互い手短に近況を伝えあった後、

「一課在職中にはできなかったゴルフが、最近は毎週行けるようになった。腕も上がったぜ」

と有働は明るく話した。

九月に入って、有働から連絡があり、数日後、品川駅構内で落ち合った。

彼の案内で構内を抜け、駅にほど近いホテルのラウンジバーでコーヒーを飲みながら、また雑談として世田谷一家殺人事件の捜査状況を尋ねた。

事件から五年以上も経過していた。

もし捜査に支障がなければ、新たに判明した事実を私が週刊誌に書くことによって、世間の関心を呼び戻す手助けになればいい、と思ったのだ。

有働の協力を得て、『週刊現代』の十月七日号から同月二十八日号まで、四回に亘り連載記事を載せた。

この記事は、その後の捜査で判明した新事実を多く載せたことから、一般読者のみならず、マスコミでも大変な反響を呼んだ。

そして多くの情報が、捜査本部に寄せられたという。

有働は言った。

「毎年、今もなお事件が起きた日の夜半同時刻頃、警視庁最高幹部や捜査幹部、捜査員、すでに退職した人たちまでが事件現場に立ち、被害者の冥福を祈った後、新たな気持ちで真摯に捜査を続けます、と誓っているんだ」

警察官たちのこの姿勢に私は驚かされた。

連載が最終回に近づいた頃、有働が今度は捜査側の立場から見た「ルーシー事件の顛末」を『週刊現代』で連載できないか、と言ってきた。

編集部は検討したが、この時点では東京地裁での裁判が継続中であり、結果を待ってからと返答があった。有働も了解し、私もさらに取材を進めていった。

だが、捜査内容を調べてみると、とても週刊誌の枠に収まるような話ではなかった。

単行本でしか発表できない、と私は有働に告げた。

当初、事件捜査に絞って書くつもりであったが、多くの捜査関係者に取材すればするほど、一課捜査員それぞれの人間性と事件に対する思いが伝わってきた。

捜査員一人ひとりの人生観にまで踏み込まねばならない……。

取材に当たって、それぞれにこのことを了承してもらい、データ原稿を、積み重ねていった。

悲しい別れ

平成十八年の晩秋、「ゴルフの最中に有働が腰の激痛と脚の痛みを訴えて途中で止めた」と新妻から聞いた。

年に二回、健康診断を夫婦で受け、「身体健康、どこも悪くない」と自慢していた有働が、突然どうしたのかと多少訝《いぶか》ったが、私はゴルフの練習のしすぎで腰を悪くしたのだろうくらいにしか思わなかった。

この頃私は、ルーシー事件の取材で頻繁に有働と連絡を取っていたので気軽に電話をかけた。

「いやあ、たいしたことはないんだ。実はこのあいだゴルフに行ったんだけど、突然脚の付け根が痛くて動けなくなって、皆に迷惑をかけるから途中で止めたんだ。残念だった。

その後すぐに病院に行って検査したけど、何も出ない。それで他の病院でＭＲＩを撮ってもらったら肺に癌が見つかってさ。一週間後に慈恵会病院に入院するけど、肺癌は手術しなくても抗癌剤で治療できるということで、安心しているんだ。ただ、長期間休んでいるので新しい勤め先に申し訳ないと思っている。一か月もあれば退院できるからさ、その時は前から約束していたゴルフにでも行こうよ」

「よかった。今は先端医療が発達しているから、ガンマ線治療や抗癌剤で治るとどこかの本に書いてあった。元気になったらゴルフを一緒にやろう。待っているから」

私は有働の元気な声を聞いて安心していた。

翌年も数回、有働と話せる機会があった。一時退院して自宅療養していることや、「年末には手を合わせるだけでもいいから世田谷に行きたい」と言っていたので、だいぶ良くなったのだ、と思っていた。

しかし、有働との会話もこれが最後だった。

慌ただしい年の瀬も過ぎ、有働の体調が思わしくないと私が聞いたのは、平成二十一年の正月が明けてからだった。

肺癌が腰に転移しているという。

まさか。まだ書き上がっていない。取材すればするほど、わからない箇所が出てくる。それを理由にする気はないが、有働との約束が果たせない。私はそれが気がかりだった。

そして二月七日午後、寺尾から沈痛な声で「有働が亡くなった」と告げられた。

多少は予期していたものの、私と同じ年に生まれた有働が亡くなったことは、悲しいというよりも、残念だという思いのほうが強い。まだ若すぎるし、やり残したこともいっぱいあっただろうに。

二月十一日夕刻、所沢市内にある浄土真宗本願寺派「昌平寺」の別館での通夜は、そぼ降る冷たい雨の中、しめやかに営まれた。

故人を偲んで参列したのは警察庁長官・吉村博人（当時）、安藤隆春次長（当時）、米田壯刑事局長（当時）、片桐裕官房長（当時）、金高雅仁総括審議官（当時）などで、警視庁からは米村敏朗警視総監、植松信一副総監（当時）、舟本馨刑事部長（当時）、三浦正充組織犯罪対策部長など多くの方々が参列に訪れた。

阿部が傘を差しながら、赤色誘導灯を振り、駐車場の案内を買って出ている。新妻はコートも着ずに玄関先で来客を迎え、席に案内していた。二人とも一課理事官までやった男たちだが、とうに還暦を過ぎた今でも、有働への厚き友情で動く。

焼香に参列したのは警察関係者ばかりでなく、さらにJR東海関係者や報道関係者、ご近所の方々も列に並んで、故人を偲ぶ。

住職山口顕俊が読経する阿弥陀経や正信偈《しょうしんげ》が朗々と、静まり返った場内に流れた。祭壇に飾られた故人の遺影は、捜査一課長就任直後に撮られたものだった。

私も、寺尾正大元生活安全部長夫妻の後に続いて、焼香の列に加わる。香の匂いに混じって菊花の匂いが漂い、有働の遺影を見つめると、いろいろな思いが去来して目が潤んだ。

翌日の告別式は一転して青空になった。

午前十時に読経が始まり、順次参列客の焼香が続いた。通夜に訪れた客は六百余人と聞いていたが、告別式にも多くの人が見えた。それだけ故人の人徳が篤かったのだろう。

棺で静かに眠る有働が祭壇にあった菊花で飾られた。

私も一輪有働に手向けたが、溢れる涙で有働の顔がぼやける。

有働の横には、藤沢周平作『蟬しぐれ』の文庫本が置いてあった。

有働の専攻が剣道だったことは周知だが、この本に対する有働の思い入れは深い。同郷の熊本出身で中学校の同級生であり、親友だった脚本家・黒土三男さんが脚本と監督を務めて映画化したのが『蟬しぐれ』だったからだ。

ひと通り焼香が終わると、葬儀委員長を務め、有働が兄貴と慕う一ノ口正士・元捜査一課長が、万感の思いで『刑事』という歌の歌詞を読んで挨拶とした。

最後の別れの時が近づき、それまで気丈に振る舞っていた妻のエミが有働の頰にそっと触れ、

「お父さん、もうゆっくり休んでね……」

と言った。エミの頰にも涙が溢れ、拭うそばからすぐに流れる。

そして棺が閉じられた。

「出棺のお時間です」

葬儀社の係員の声が冷たい空気に響き渡った。表に霊柩車が到着し、棺が担がれた。有働が好きだったスタンダードジャズの調べが流れ、フランク・シナトラが歌った『マイウェイ』のメロディが有働を送る。

私も好きな曲で、英語の歌詞が頭の中をリフレインする。


有働と同じ年の妻エミとは恋愛結婚だった。

有働俊明は、心からエミが好きだった。

「お母さん、踊ろうか」

有働は最後にその愛しい妻の手を取って踊っている。

遺影を見上げた私には、そう思えた。

平成二十二年十月吉日

高尾昌司

（文中の敬称は省略しました）

本書は二〇一三年に刊行された
文庫の増補改訂版です。

文春文庫

刑事《けいじ》たちの挽歌《ばんか》〈増補改訂版《ぞうほかいていばん》〉
警視庁捜査一課《けいしちょうそうさいっか》「ルーシー事件《じけん》」

定価はカバーに表示してあります

2022年12月10日　第1刷

著　者　髙尾昌司《たかおしょうじ》
発行者　大沼貴之
発行所　株式会社　文藝春秋

東京都千代田区紀尾井町 3-23　〒102-8008
TEL　03・3265・1211(代)
文藝春秋ホームページ　http://www.bunshun.co.jp
落丁、乱丁本は、お手数ですが小社製作部宛お送り下さい。送料小社負担でお取替致します。

印刷・大日本印刷　製本・加藤製本
Printed in Japan
ISBN978-4-16-791938-2